中國哲學會學術集刊 05

台灣社會的多元發展與融合

序一

　　2020年中國哲學會年度重頭戲——學術研討會，在國立臺灣大學哲學系林主任明照的全力支持下，順利圓滿完成，在此特別向臺大哲學系表示謝意。本年度學術研討會主題是「台灣社會的多元發展與融合」，子題分別是：一、差異、斷裂、趨同與調和。二、寬容／寬恕與正義。三、儒家的「天下」觀與「和而不同」。四、與世界哲學對話。五、其他與主題相關之議題。這個主題與子題的研究方向，說明了中國哲學會立足臺灣、放眼世界的視角，尤其是此次主題關切到近幾年社會各界所關注的臺灣社會的多元發展，以及在此場域中是否能創造彼此可以聚焦、對話產生意義與價值的氛圍。作為學界的一分子，我們關心這塊土地的未來發展，再從知識分子的角度而言，也是本會的社會責任。

　　從公告主題、甄選推薦到發表論文，感謝獲得甄選推薦之學者將本次研討會視為學術界難得的盛宴，論文可說是篇篇精彩，加上與會的學界同道、本會會員踴躍發言討論，會場氣氛熱烈，具體實踐「以文會友，以友輔仁」之意涵。

　　我們從研討會所發表的論文中，經過嚴謹審查甄選出其中的七篇，加上兩場主題演講的概要，約占會議發表論文篇數的21%，概分為「多元與融合」、「台灣社會現況的觀察與芻議」、「從古典到現代」三大類，內容豐富，具學理性與實踐性，可稱是擲地有聲。

　　本次學術研討會能順利進行，感謝許多師長、會員的積極參與、本會理監事們的指導、工作人員的努力與奉獻犧牲，皆是本次研討會成功的關鍵。也特別感謝許多單位與個人在經費上的支持與贊助。本期學術集刊的投稿者、審稿者與執行編輯的付出與用心，可敬又可佩，是本集刊能順利發行的重要推手。在出版前夕，特為之序，感謝大家在愛智的殿堂共同學習與成長，是繼往也是開來。

中國哲學會理事長

吳進安

2022年1月於雲科大人文學院

序二

　　中國哲學會於2020年了舉辦了年度學術研討會，主題為：「台灣社會的多元發展與融合」。旨在從哲學的角度，為臺灣社會的多元性及其發展方向作出思考。在此一主題下，又設立了數個子題，涉及了諸如差異與調和的張力、寬容或寬恕與正義的關係、傳統儒學中的和、同關係等，將哲學思考與時代處境緊密結合，是相當有價值的討論方向。臺大哲學系這次有機會參與協辦此會議，格外有意義。

　　作為臺灣哲學界最重要的學術單位，臺大哲學系一方面除了培養優秀的哲學專業人才、提供引領學界的學術研究成果，同時也願意為哲學社群的合作做出貢獻。中國哲學會長期以來致力於推動國內中國哲學的發展，近年來更著力於與國內其他哲學社群的交流與合作，同時也關懷社會與文化的價值方向，在國內哲學社群中扮演的角色日益重要。因此，在此次的中國哲學會年度學術會議中，臺大哲學系也略盡綿薄之力，支持此次活動的進行。

　　一如前幾次的年度會議，此次學術會議發表的論文亦在通過外審程序後，收錄並出版為論文集專書。此輯的論文集，共收錄七篇極具價值的論文，以及兩篇主題演講的大要。七篇論文探討的主題，包括了多元與一致之間的關係、從古典墨家或儒家探討當今社會的和諧之道與人觀、博雅教育的策略，以及古典儒家的禮樂觀及音樂文化等，論題既有其多樣性，又多能圍繞著會議主題。整體而言，此輯的論文集內容豐富

且具學術價值，值得逐篇深入閱讀。

在多元社會中，更深刻的反思與對話格外重要，而哲學思考在此中扮演著重要的角色。此本論文集作為中國哲學會關懷臺灣多元社會發展的具體表現及成果，我們相信藉由其中的文字，也能為社會的發展注入正面而有意義的力量。

國立臺灣大學哲學系系主任

林明熙

2022年4月於國立臺灣大學哲學系

目　錄

主題演講一：多元、多元社會，與他者之間的異議

黎建球

天主教輔仁大學哲學系講座教授

摘　要

　　多元並不來自雜多，多元構成的社會也不來自紊亂，多元社會根源於人的內在期望接納、和諧及共融，以建構可以共同發展的社會，彼此之間的包容排除了非我族類的他者，而以互爲主體的際間關係爲內含。

關鍵字：多元、多元社會，他者，互爲主體。

壹、前言

多元從來不是和一元或二元對立，多元容許多樣化及包容，當然也容許一元及二元的存在。但相反一元或二元是否容許多元的存在則不是多元需要計較的。

多元很容易被納入多元主義的框架，一旦成為主義，就容易造成對立。

因此，我們要論究的是多元社會還是多元主義社會？

多元社會容許各種不同的生活型態存在於社會之中，多元主義社會則祇容許多元主義社會存在，反對其他生活型態。

多元中的存有與存有者是一體的，主客體合一，思想與思想者一致；存有內在於存有者，思想內在於思想者；存有不在時間內，存有者可以在時間內思想存有，也可以不用在時間內思想存有，存有者的超越必須超越界限，界限可以是時間、可以是存有者，也可以是關係，但不是存有；關係以我者與他者為軸線：我者以自我為核心，找與他者的關係可以是平行線，也可以是同心圓，關係的建立可以是一元，可以是二元，也可以是多元，重心不在幾元，而在於關係在存有者中的認知與依附，我者與他者的聯結是關係，彼此關係的性質與發展，建構了深度與超越性，因此，在與他者之間不僅靠同理心，也靠基於共有存有的無限性。

貳、多元與多元主義

不論從那一個角度觀察，拉丁文和英文都用同一個字根「plural」（拉丁文：pluralis），都是指一種結構性的說法，例如：複數是由單數累積而成，多元是由一元產出，這也如同，老子：「道生一，一生二，二生三，三生萬物。」[1]

---

[1] 《老子・四十二章》。

　　但也有另一種說法以為：系出多元，同時、異地、不同的狀況，出現不同的結果。例如：《劍橋哲學辭典》記錄：「多元主義（哲學），一種許多基本物質組成現實的學說。」[2]但在社會學說中以為「認同一個以上的終極真理與價值，只要各有其理性基礎，並適當地作為選項供個人選擇。」[3]

　　這二種系出多元的說法皆有同一的困難，就是當系出多元時必須由不同的條件在同時、異地、不同的狀況，出現不同的結果，這是如何可能？而終極真理與價值就是唯一，如何可能又是同一又是多元？即使從進化論的觀點來看，物種和進化是二種不同的情況，物種本身是否含蘊可以進化的潛能及可以成為的現實，不是靠自身的意志決定的，而是靠成為物種的他者所擁有的可能性而定，同時從進化本身來看，進化無法單獨存在，必須依賴他者，因此進化不是一個歷程，而是經由他者，進化才得以發生。

　　多元主義無法從形上學成立，但在倫理學、認識論及社會學的角度上可以討論，但不能倒果為因，以為在倫理學、認識論及社會學的角度上可以討論的，在形上學上就可以成立，除非倫理學、認識論及社會學的結構是來自形上學。

　　多元主義的基本結構不是來自多而是來自元，從拉丁文「pluralis」來看，「plural」是複數之意，「is」是他或他者之意，也就是說多不是來自於自身而是來自於他或他者，沒有他者則複數無法成數，也因此以他者為因，以複數為果。

2　　a doctrine according to which many basic substances make up reality.

3　　William R. Hazard and Madelon Stent, "Cultural Pluralism and Schooling: Some Preliminary Observations," *Cultural Pluralism in Education: A Mandate for Change*, eds. Madelon Stent, William R. Hazard and Harry N. Revlin (New York: Appleton-Century-Crofts, 1973), p. 13.

　　多元主義的本質既來自他或他者，有無可能他或他者仍是多元？基本上這是循環邏輯的謬誤。也因此，不論是新康德學派的價值哲學、集體無政府主義或相對主義都呈現了同樣的狀況。[4]也衹有在應用上的多元才有可能。

　　多元主義在實際上的應用助長了社會民主化的發展則是不爭的事實，特別是在世俗主義興起之後，基本人權的認知愈來愈廣泛，生活型態的範圍愈來愈自由，似乎生活的模式必須以多元為經、價值多元的判斷為緯，不經由此似乎不足以構成人的意義與目的。

　　但在反思的過程中，這種經緯的判斷卻成了生活紊亂的根由，就如最近台大三日五生死的案例，論者皆以為缺乏輔導人員，似乎補足了輔導人員墜樓事件就可以杜絕，這種倒果為因的想法遍地皆是。

　　沒有一元的多元是虛的，多元主義的結構不可能來自多元，多元中的每一元都來自於一元，即使如新康德主義西南學派，在其透過價值哲學的價值關聯理論中，也是以價值之先驗必然來取代康德必須預設物自身做為對象客觀性的來源；又如新康德主義馬堡學派，則在貫徹康德的先驗方法，以語言、神話、宗教、藝術皆為人類精神之客觀建構的事實（fact），而使我們能在追問其可能性的條件時，將時空及範疇等認知條件，擴大成「符號形式」的建構作用，而符號則在統整認知條件。

　　同樣的，海德格1927年發表《存有與時間》（*Sein und Zeit*），隨後在1950年的《林中路》（*Holzwege*）與1959年的《走向語言之途》（*Unterwegs zur Sprache*）等作品中，海德格展現了思想上的極大變化，在寫作手法和風格上也發生變化。他放棄了嚴密的邏輯語言，轉而用強烈的語

4　布魯格編著，項退結編譯（1976）。《西洋哲學辭典》。臺北：國立編譯館、先知出版社印行。頁278。

言批判歐洲傳統的理性、主體性、人類中心論等思想，並建立自己的「存有哲學」。主客體的融合，不是從海德格開始，但海德格意識到「存有」的焦慮不是以「存有本體論」來回答「存有」問題：而是如果要破解「存有」的意義，必須從存有者著手。這種存有者是「為存有本身而存有」，而不是為成為什麼東西而存有。作為「存有」問題的發問者，「人」便具有這樣的特性。海德格因此賦予「人」一個特定的名稱，叫做「此在（Dasein）」，意思就是說：人必須不斷地親臨「存有」。這和「present」有異曲同工之妙。

Present（臨在）在現代哲學的解釋中常是以神的親在作為引子，但在傳統哲學中卻放在知識論及人學中討論，這表示主體際關係，也就是人和人、人和神的位際間的關係，新多瑪學派的費南斯（J. De. Finance）修正了多瑪斯的看法，他以為在存有的完整意義下（身心靈），人的理智是可以臨在於人的認識活動中，[5] 也就是說，人的存有可以完整的認識多元的外在及實體，這和柏拉圖及康德的看法有一些差異，人的內在統一性的目的就在使我們可以面對外在紛雜的世界，建構多元的發展。

某些多元主義的極端看法，否定內在的統一性，不認為身心靈的靈魂能力具有整合或統一的能力，就如亞里士多德靈魂論所宣稱的，但從理論的結構及發展來看，不論多元的如何紛雜，總在一個具有智情意的主體上，沒有此主體，任何的可能性都無法存在。

5　參見袁廷棟（1985）。《哲學心理學》。新北：輔仁大學出版社。頁344-347。

參、多元與多元社會

多元社會的形成不是來自社會而是來自人，人的結構的內在統一，外在發展的多元，造成了多元社會的可能性。

所謂人的結構的內在統一，不衹是包含個人，也包含他人，彼此間具有共同的人性，共同的意識乃構成一種文化，此種文化型構了共同的生活模式，進而構成了可以共存、共榮、共同發展的社會。

「亞里士多德以為魂有三種：生魂、覺魂和靈魂，而且用『靈魂』（Anima）一字就包含了三種作用，『人』於是成了統一的『人』。」[6]聖多瑪斯在回答靈魂具有統一其他魂（覺魂及覺魂）的能力時說：「我解答如下：為探討靈魂之性質，先要假定所謂魂，是指在我們周圍之生存者的生命的第一根本。」[7]

就如笛卡兒所謂的我思是所有事物的首先原理，如果不能思自然不會有發展，因此，多元社會的基礎不在社會，也不在多元，而是在於人，如果人不是一個能統一、能整合的人，則發展出來的思想必然是一個身心分離的不一致的思想，發展出來的文化或社會也必然是不一致的。

一個能統一的人或社會必須建立在一種共識上，這種共識結構了共同的生活規則，走向共同的目標。

這種共識包含了理性、包容、共存、共榮的特性。

但在以往的多元社會理論具有這樣的特徵？

「由賽勒斯大帝創立的阿查梅尼德帝國（The Achaemenid Empire

---

6 鄔昆如（1972）。《西洋哲學史》。臺北：國立編譯館出版，正中書局印行。頁174。

7 聖多瑪斯·阿奎那（2008）。《神學大全》第三冊75題。中華道明會、碧岳學社聯合出版。頁2。

founded by Cyrus the Great）遵循融合和容忍各種文化的政策。」[8]可以是其開端。

而在當代多元文化的政治哲學中，側重於社會被相信或應該對文化和基督教差異作出反應的方式。它往往與「身分政治」，「差異政治」和「承認政治」有關。這也是一個經濟利益和政治權力的問題。最近，政治多元文化主義意識形態的使用不斷擴大，以包括和定義弱勢群體，如：非裔美國人、LGBT，爭論往往集中在種族和宗教少數群體，少數民族，土著人民，甚至殘障人士。正是在這種情況下，人們最普遍地理解了該詞，定義的廣泛性和範圍及其實際用途一直是辯論的主題。[9]

當這種政治多元文化主義意識形態的使用不斷擴大時，前述的理性、包容、共存、共榮的特性就逐漸消失了，代之而起的就是暴力、破壞、令人心生畏懼的情緒及寒蟬效應，彼此的信任及依賴也逐漸失去了意義。而信賴保護原則也就應運而生。

信賴保護原則（Legitimate expectation），起源自英國行政法的概念。法院在進行違憲審查時，乃在保護人民對於國家正當合理的信賴；人民因信賴特定行政行為所形成之法秩序，而政府安排其生活或處置其財產時，不能因為嗣後行政行為之變更而影響人民之既得權益、使其遭受不可預見之損害。

行政法係以不溯及既往為原則、溯及既往為例外。法律適用之基本原則中有所謂「不溯及既往」，此是源於法治國家內涵之信賴保護原則思想。基於此原則，立法機關於制定法律時，以衡量公益與利益保護之結

[8] Menek, İbrahim Halil (2020). "A HISTORICAL EXAMPLE OF MULTICULTURALISM: ACHAEMENID EMPIRE MULTICULTURALISM". Gaziantep Üniversitesi İktisadi Ve İdari Bilimler Fakültesi Dergisi. 2 (1): 118–138. ISSN 2651-267X

[9] Multiculturalism – Stanford Encyclopedia of Philosophy.

果，會明定行政法規得例外的溯及既往；行政機關於適用法規時，即應遵守該原則，不得任意擴張例外之解釋而使行政法規之效力溯及於該法規生效前業已終結之事實或法律關係，以維持法律生活之安定。[10]

「自成立以來，正當期望理論一直被視為自然正義的一個分支。公平行為義務是行政法的核心原則，也是自然公正規則適用的主要特徵。由於每個人享有自然公正和公平的權利，正當的期望加強了公共機構公平行事的責任。正是這種對公平的保護，使法院承認合法期望。聯合王國法院在闡述這一理論時，採納了司法審查的其他關鍵方面，如韋德內斯伯里的不合理性（Wednesbury unreasonableness）、公平性、和濫用權力，以證明存在和保護合法期望是正當的。」[11]

從這裡看來，多元社會的本質是彼此信賴，共同藉由理性建構一個可以安居樂業的環境，但一旦自由的無限擴充破壞了彼此信賴的基礎，多元就成了一元，就成了獨裁，使得權利的使用不能不依賴法律，但如果法律又成了執政者的工具時，則來自於理智的包容、共存和共榮就成了一種夢魘，破壞了人的基本尊嚴。

馬克斯・韋伯（Max Weber, 1864-1920）也認為在現代社會中目的－形式合理性逐漸獲得其獨立性與自主性，這類強調目的與工具合理性的領域無限擴張，如行動與制度越來越講求效率化與科學化，而致使原本的價值合理性如人性價值與自由問題等隨著資本主義的發達與成熟而逐漸被限縮、遺忘，其結果是目的理性逐漸取代了價值理性，主體能動與自主性逐漸地的喪失，人最終會因而困在理性的鐵牢籠（iron cage）之中失去自由[12]。

---

[10] Hilson, Chris, Policies, the Non-Fetter Principle and the Principle of Substantive Legitimate Expectations: Between a Rock and a Hard Place?, Judicial Review, 2006, 11

[11] Schmidt v Secretary of State for Home Affairs (1968) EWCA Civ 1, (1969) 2 Ch. 149 at 170–171, Court of Appeal (England and Wales).

[12] 葉允斌（2008）。〈試論哈伯馬斯的科學技術觀——理路及其轉折〉。《網路社會學通訊》第73期。頁3。

　　但哈伯瑪斯認爲他們之所以有如此悲觀的想法，是因爲他們對理性只有一種角度的解釋，如果能擴展對理性的理解，就可以看到另一片景象[13]。哈伯瑪斯認爲現代西方社會的擴張，理性被視爲非常關鍵的因素，而其在社會這個實體演化進程中的影響，應該分爲兩個層次：系統和生活世界，系統的演化是以增加綜合性和複雜化以提高社會控制能力爲衡量標準，而生活世界的提升則是透過文化、社會和個體的分離，以符號的再生產增加其理性化。兩者不僅僅是有區別的，還是對立的，系統雖然同是理性分化的結果，但系統的物質性、技術性和非語言性會在已分化的社會中形成一種對理性增進的阻礙，進而威脅實質理性的演化，因此，我們必須對於生活世界進行分析，藉由生活世界與公共論域可以互換的理念，以確保富理性和批判的公共論域得以充分推進，而公共論域代表的是溝通的權利，生活世界也與溝通能力有關，透過這些言說辯論和認可，則賦予制度合法性的要求。[14]

　　既然溝通是多元社會中必須的工具，如何能保證在善意及溫和中達成呢？

　　雅斯培的互爲主體或許可以做爲一種參考，他說：「我確實在一切他者之中，在我們相互依存的狀態中有一部分的我。但是，我無條件與之相聯繫的那些熟悉者，卻並不僅僅是這樣的關係。那些我能與之交往如我自己的人們，我不把他們與其餘人同日而語。……我和這些少數知己可能是游離者之外的。」[15]

---

[13] Brand, A. The force of reason: An introduction to Habermas' theory of communicative action. Sydney: Allen & Unwin.1990

[14] 許書榮（2017）。《從哈伯瑪斯「溝通行動理論」探討警察對話與溝通》。桃園：中央警察大學行政管理研究所碩士論文。

[15] 黃霍（1992）。《雅斯培》。臺北：三民書局。頁75。

　　這表明了互爲主體是多元社會良性發展必要條件，但不表示可以和任何人互爲主體，可以和任何人溝通，也因此哈伯瑪斯主張理性的溝通，但哈伯瑪斯的理論卻未在諮商及社工的實務中得到重視，特別是在家庭系統及政治對話中，究其原因，在一個多元社會中，絕大多數的社會成員是無法以哲學語言做爲交談的工具，如何引導整個社會可以在哲學的氛圍中溝通，反而更優先於哲學對話。

　　哲學的氛圍的產生不僅是靠哲等家，更有賴於可以運用哲學語言的教師，就像蘇格拉底，他的哲學角色造成了他的死亡，他的語言造成了溝通的障礙，縱有美好的概念，卻無法在語言及角色上彰顯；在多元文化的發展上必然牽涉到社會成員的角色，及彼此的互動，

　　美國心理學家弗洛姆就以爲良性的溝通必須在尊重的情況下進行，他以爲「愛一個人要按照被愛者所是的樣子與他結合爲一，並非把他當作一個和我所用的物品來需要他。」[16]，他以爲「成熟的愛是在保存自己的完整性、保存自己的個人性之條件下的結合。愛是人生命中一種積極主動的力量,這種力量突破將他與他的人類隔離的牆堵,把他與他人結合起來;愛使他脫出孤立與隔離狀態,然而仍舊允許他是他自己。」[17]而在這樣的情況下，溝通的基礎就已構成，方法的講求祇是根據內含的需求來設定，如此才能達成理性溝通的結果。

　　多元社會的發展不祇是靠執政者的意志，也要靠全民教育的共識，當國家的教育政策不是根據人民的需要而是根據執政者的意志時，多元社會的發展就受到了戕害，即使最保守的社會發展理論也是以人民的福祉爲優先，即使最古老的哲學家也是以人民爲優先，如孟子所說：「民爲貴，社

襯次之，君爲輕。」[18]。從此看來，多元社會中的一元原則其實已包含在
其中了。

肆、與他者之間的異議

多元從來不排斥一元，甚至肯認多元的起始來自一元，一元發展多
元，多元的根源本自一元，如果多元以多元爲根源，則多元必須各自有其
根源，甚至以自己爲根源，如果以自己爲根源則仍然是以自己爲絕對，如
此仍是以一元爲根源。

在多元發展的過程中，他者的地位何在？他是一元的對立，還是多元
中的他者，還是因爲同是一元又多元的他者？

列維納斯（Emmanuel Levinas）在海德格的思想中看出一種隱藏的暴
力，他認爲當存有者重新接納自己的存有，完全掌控屬於自己的可能性，
暗含了一種激進的自我中心的暴力，因爲一個完全承擔自己存有的存有
者，一定是一個擺脫和無視外界一切限制的自由自決的存有者，但這樣的
哲學必定是一種自我中心的哲學。當一種哲學過於高舉自我時，容易滑向
對他人的忽視、無視、甚至奴役等。因此，他提出了一種以「他者」爲中
心的倫理學，認爲作爲存有者的人應該要走出自己，面向他者，承擔起爲
他者服務的倫理責任。他大力提倡爲他者承擔倫理責任，甚至認爲爲他者
承擔倫理責任，不是人的主動行爲，而是由於看見他者的「臉容」（法：
visage／英：face），他者的「臉容」彷彿召喚我要承擔責任。在這個意
義下，人是全然被動的，是被他者的臉容所凝視下，被捲入一種倫理承擔
當中。[19]

---

18 《孟子・盡心上》。

19 《香港01》App：https://hk01.onelink.me/FraY/hk01app

　　列維納斯批評自我中心的存有論可能是一種可能性，但自我中心可能完全消除，完全滑向他者嗎？如此不是又成了以他者為中心的自我中心主義？列維納斯說：「客觀經驗本身所預設之根本經驗，即是與絕對他者的經驗。此為無可比擬的經驗。如同無限的概念超越笛卡兒的思維一般，絕對他者因我的權力與自由而失其比例。絕對他者與自我之間的不平等，精確來說便是道德良知。此道德良知並非價值觀之經驗，而是對外在存有的評估：外在存有即是無可比擬的絕對他者。」[20]

　　但列維納斯這樣的批評是合理的？其實這和許多人對傳統哲學的看法很相近，「西方傳統哲學中，『我』即是一切主體自身的認知源頭與中心。走進在西方哲學神聖的殿堂，立即映入眼簾的是一面面直聳、清晰、明亮的理性鏡子：有柏拉圖的『理型』、亞里斯多德的『善』、笛卡兒的『我思』、洛克的『白板』、斯賓諾莎的『存有努力』、康德的『無上命令』、黑格爾的『絕對精神』、齊克果的『信仰』、胡塞爾的『超驗自我』、海德格的『此在』與梅洛龐蒂的『眼』等。這些鏡子都照映著同一客體：『我』。與其說西方千年的哲學歷史只不過是柏拉圖的註腳，不如說這一系列豐富的愛智之學是『我』如水仙花般的。」[21] 自戀影像。

　　文中所言似乎全是以自我為中心的理論，但是他們全都是停在自我？為什麼不提天主教哲學？難道在西方近3000年的發展歷程中，天主教哲學毫無意義？全世界近1/2人的信仰，以犧牲奉獻為精神的教義，難道不是最佳的由自我轉向他者的典範？天主教哲學的言行一致不但在倫理學、知識論上的一致，更在存有論上達到合一的目的。

20　賴俊雄（2014）。〈眾裡尋「他」：列維納斯的倫理洞見〉。《人文與社會科學簡訊》15卷3期。頁63。

21　同注20。頁60。

安提約基的聖依納爵（Saint Ignatius of Antioch, 69-107）說：「我致書與各教會，並告知眾人：我甘願為天主而死，你們不要阻止我。我請求你們，不要向我表示不合時宜的善意。請你們讓我成為野獸的食物，是牠們把我送到天主台前。我是天主的麥子，將被獸牙磨碎，好能成為基督的極純潔的麵包。請你們為我懇求基督，使我藉野獸的行動而成為獻與天主的祭品。」[22]

以絕對的他者為目的，一切的思維皆是由我而起，但是否就是由我而止？依納爵的做法就是在絕對中的合一。

而實際上，柏拉圖的「理型」不是走向絕對？亞里斯多德的「善」不是走向絕對善？笛卡兒的「我思」不是走向存有？洛克的「白板」不是走向經驗的發展？斯賓諾莎的「存有努力」不是走向普遍？康德的「無上命令」不是走向實踐？黑格爾的「絕對精神」不是走向與天地遊？齊克果的「信仰」不是走向合一？胡塞爾的「超驗自我」不是走向互為主體？海德格的「此在」不是與彼有的聯結？梅洛龐蒂的「眼」不是一種洞察？，這些都是企圖不要停在自我，這種由自我發展走向他者的方法才是哲學的目的。

主客體的融合，或者互為主體的觀念不是今天才開始，從希臘哲學的尋求對大自然的了解到認識自己，中國哲學尋求的天人合一，都是由一元走向多元，再在多元中回到一元的方法，這種周而復始的精神構成了一種動態的實踐。唯一能補充前述哲學家的狀況就是動態的能量。

朱熹：「半畝方塘一鑑開，天光雲影共徘徊。問渠哪得清如許？為有源頭活水。」[23]。就在說明動態的發展，就在說明動態中的溝通。

---

[22] 聖依納爵主教（殉道）（1988）。《致羅馬人書・我是天主的麥子，被獸牙磨碎了》。每日頌禱（3），天主教中國主教團禮儀委員會出版。頁1220。

[23] 朱熹。〈觀書有感〉。

　　所謂動態，即是指在多元互動中彼此的關係是在一種具有生命意義上的發展，人的生命從來不停在某一個定點上，從出生到死亡，沒有一分一秒是停止的，當二個主體在不同的生命點上相遇，彼此是如何的了解及溝通？在了解及溝通的過程中又誰是主、誰是客？從文化社會學的角度來看，當然是那些擁有文化社會優勢的一群人為主，但這一群人一定是精英？還是在某種文化社會學定義下的精英？從基本人權來看，多元社會的意義及價值就是人人等值，沒有任何多數可以霸凌少數，沒有任何精英可以侮辱弱勢。在多元的意義下，多數尊重少數，精英扶助弱勢才具有多元的意義。

　　動態的進行當在生命共融、價值共享、意義共體的情況下進行，他不祇是良性的互動，也是向善向上的發展，唯有如大學所言：「大學之道，在明明德，在親民，在止於至善。」將意義、眾人一起帶向至善，才是源頭活水。

　　源頭活水表達的是生命意義的無限性，祇有在絕對的存有中，生命才有依靠，聖多瑪斯深信「任何真的，無論何人說出，都是出自聖神。」[24]

　　在良性的互為主體中，蘇格拉底認為完美的理想城市應該具有四種德行：智慧（wisdom）、正義（justice）、勇氣（courage）及節制（moderation）。在構成多元社會的體系中，擁有活水的泉源就是良好的判斷背景，以便主體之間的溝通可以在清明的理性中進行，因此，他者不是自外於我的他者，而是在多元共融中的他者，彼此生死與共，休戚相關，彼此的相待全在手足一體。

---

[24]　《神學大全》。I-II, 109, 1 ad 1。取自Ambrosiaster之句，見In Prima Cor 12,3。《拉丁教父集》17。頁258。

伍、後語

一元的內在豐富性構成多元的可能，多元的形成來自眾多的具有共識性的一元，眾多的一元結構成多元社會，在多元社會中，彼此互為主體，互為他者，形成和諧社會。

主題演講二：公民哲學：一種讓我們立足臺灣來重新探問並反思重要哲學問題的途徑

鄧育仁

中央研究院歐美研究所所長

　　今天要談的題目是公民哲學。公民哲學是我心中想要寫的三本書的第一本書。這本書是已經執行的科技部人文行遠寫作計畫的研究成果。科技部裡以前有個為自然科學設的學術攻頂計畫，那個時候，身為人文學者的我們，要負責有個特色的計畫，有學者提出寫專書，這個專書要嚴謹，要有機會成為經典，要……等等的要求，請大家來申請。「人文行遠」是臺灣大學中文系鄭毓瑜教授命名的。這個命名有個小插曲，自然科學要學術攻頂，攻頂有不小心掉下來的時候，人文行遠則讓我們一步一腳印，中間如果很累的時候不要過勞死，停下來休息一下，再繼續往前走。今天來這裡，把這個成果來和大家分享。我第一次參加重要的哲學會議，就是參加中國哲學會議，那時候是羅總主教，今天很榮幸能夠來這裡，當時自己還年輕，幾十年過去了，多年來一步一腳印做出來的東西，竟然有機會在這裡分享。

　　公民哲學是我想提出的一種觀念，一種發展哲學的方式，其中包括後設的思考，以及怎麼問問題的方式。過去在美國伊利諾大學留學，有幸遇到一位教授──Mark Johnson，他做認知哲學，是我的指導教授。我有幸參與了一件事。那時候認知語言學剛好是在典範建立的時期。那時候，在美國，語言學界影響力最大的是Chomsky。不過，美國西海岸，包括柏克萊加州大學，語言研究的新典範，後來所說的認知語言學，正在成形茁壯。我的指導教授一直和那邊有合作關係，我有幸逐步的捲入。一開始不太懂，不過就參與其中了。通常學術創新初期階段，是哲學最能參與的時候。觀念的分辨，預設的發掘、方法的思考，都是帶著後設思考的哲學課題，是哲學人可以積極參與。我把這些經驗帶回來，繼續做我在美國學到的那部分，並且問，我們在臺灣做哲學，可以怎麼做呢？那時候，我心中有一個很大的企圖，至於做得到做不到，再說吧！

　　大略來說，宏觀來問，問題的起點是：臺灣在全球處於一個特別的位置，美國主導的歐美文明和中國傳承的古典文明邊緣交會的位置。這是一

個特別的位置。這不是說只有臺灣才特別。每個地方，都有它的特點，各自的獨特性，很多時候要當地人自己去發掘。我在思考一個問題，怎麼從歐美文明和中國古典文明邊緣交會的位置，發掘一種可取的、值得發展的新觀點、新典範。在這個時代，在臺灣，要仔細思考的重要問題，或關鍵問題，是什麼？這樣的問題不一定很明顯的是哲學問題，因為要建立新典範，是要打破原來的框框。在原來的框框裡面，也許一開始看起來不像是哲學問題，但典範建立起來後，它就變成哲學問題了。就好像是畢卡索的畫，畫一個女人，畫一個肖像，你看怎麼畫成這個樣子，完全不像，畢卡索說，以後就會越來越像。我試著做，也邀請大家秉持這樣的心情，嘗試看看，做看看。

請看橫躺著的臺灣地圖。我第一次看到橫躺著的臺灣地圖時，一下子沒有看出是臺灣地圖。我想藉這個例子，邀請大家用新的角度看臺灣，從兩大文明體邊緣交會的位置，打開新的視野。臺灣是個島，這個島很特別，是個移民社會，匯集各方的英雄豪傑，而且陸陸續續還有各方人傑進來。進來之後，不管是從族群來看，帶來的文化來看，語言風俗習慣來看，就開始展現出多元的特色。還不只這樣子，臺灣現在有一個很重要的特色，我們實現民主憲政，至少看起來不錯的民主憲政，至少有政黨輪替，我們可以直接選總統，你罵總統不會被抓去關。在這裡我們看到了還稱得上是良好的民主憲政。根據過去政治史、政治論述、政治哲學研究，良好的民主憲政社會，自然會成為價值觀多元的社會。價值觀多元有很多好處，這些好處大家都聽過，不過，也會產生一些深刻的問題，需要我們去面對。

簡要來說，價值觀多元的社會情境裡，三不五時會爆發衝突，一種價值衝突的問題。在這種價值衝突下，什麼是重要的利益，彼此觀點不一。有時，我認為重要的問題，你認為不重要，甚至認為不是問題。我認為事

實是這樣，你卻認為明明不是這樣，而是那樣。這種紛爭，反映在學術上，是這樣的。兩千年前，人類文明仍在理論匱乏的年代時，只要對一個問題提出一個答案，提出一個理論，就是很大的貢獻了。現在不一樣了。在現代，問題不是沒有答案，而是有太多答案，你不曉得哪一個答案才是合宜的。每個答案互相衝突，你問這個答案背後有什麼樣的支持時，總會有人可以找到一套深刻嚴謹的理論和哲學論述來告訴你。這意味著多元價值的觀點背後隱藏著理論的困境。我們現在不是沒有理論，而是有太多理論，那怎麼辦？我們要以新的方式，面對這些問題。

讓我們來思考看看，面對上述這些問題，在臺灣可以怎麼做，可以有怎樣特色來發展？臺灣剛好處在一個美國跟中國激烈的制度、理念和價值的衝突當中，特別是美國總統大選，算是結束了，但餘波盪漾，有人說還沒結束，不過大概是拜登當選應該是沒有問題。這個衝突也表現在這個島上，而且不只在這個島上，在每個人的心智當中，在你我的心理、語言、認知的系統當中。你會傾向哪一邊？有些人是選擇這邊，有些人傾向那邊，有些人還在看情形，大概是這樣子。美、中的變局，基本上還是在美國主導下的全球遊戲規則展開，是美國作為民主大國影響下的國際秩序。臺灣實行民主憲政。民主憲政是我們珍惜的，而且是現代重要的人類文明資產。雖然民主憲政有很多的問題，但是這種制度是目前最能夠尊重到每一個人的政治制度。過去的政治制度，可能會因為某種因素，有些少數人不用去尊重，而且還理所當然，義正嚴詞，理直氣壯。民主憲政的最大優點，就是要求在制度上公開的尊重到每一個人。

民主憲政，以及其中展現出來的價值和文明傳承，是美國作為民主大國影響下，國際人權要求的底蘊。除了這個規範要求外，我們還有很長遠的東亞文明傳承，包括中國的古典文明傳承。讓我們由儒學來談這件事情。儒學是一個重要傳承，也在東亞政治領域扮演過主導性的角色。從歐

美文明來說，在做論述的時候，是必須要求我們提出嚴謹的、深刻的、清晰的分析和論證。這是一種理論主導的文明傳承。不過，在此提醒一下，如前所說，在現在，在二十一世紀，是有所謂的理論困境的。過去西方哲學發展兩千多年來，最大的特色是邏輯清晰、論述清晰，連寫詩都寫得長篇大論。對比來看看，中國古典文明精美絕倫的五言絕句，比起他們的長篇史詩，真的非常簡潔短小，就是這個樣子。儒學在政治領域的實踐智慧，經常是通過歷史考驗下簡明簡易的經典話語，少了傳承自西方學術理論要求中的嚴謹度、清晰度和長篇展開的論述，也少了個人觀念創新的要求。在這種對比下，還有上述提到的理論困境，我們要怎麼來思考問題，以展開臺灣邊緣但關鍵性交匯位置的新觀念和新論述呢？

在思考這樣的問題時，臺灣現階段要好好注意的問題有哪些？我個人注意到的是，第一個是民主憲政，第二個是科技民生。我們的科技是重在民生。科技包括科學和技術。我在《公民哲學》書稿中引進認知科學這部分重要的研究成果。由於時間的關係，沒有機會充分展開觀念和論述。我希望以上所談的如何來思考，特別是如何調整觀點和如何問問題上，多少說清楚了公民哲學的起點和方向。以下就來談談如何接上「公民」的視角，雖然不能充分展開，但算是個交流的起點，希望《公民哲學》出版後，還有機會再討論。

前面提到，良好的民主憲政，自自然然會走向多元價值觀的社會。多元價值觀的社會有很多美好的地方，但它時不時會爆發一種，我稱之為「深度歧見」的價值衝突。深度歧見的價值衝突，在論述上，展現成為理論困境的問題，是現階段需要克服的。基本上，我是這樣做的：選擇一些本於經典文本、通過歷史考驗且落實在庶民生活裡的古典智慧，也就是通過歷史的考驗，到現在還是很重要，到現在還影響著我們的行為舉止，到現在仔細來看，已經融入我們的生活脈絡，影響著我們怎麼思考，塑造著

我們的人生價值，左右著我們的價值選擇的簡明簡易的經典智慧，帶著這些智慧，走進當代的民主制度，走進當代的民主論述，看看能不能打開值得關注、值得拓展、值得深入探索和反思的問題、觀念和視野。在理論論述方面，我挑了幾個重要的美國的哲學家，其中一位是John Rawls，他稱得上是美國二十世紀最偉大的政治哲學家，他改變了當時的學術格局。另一位是Ronald Dworkin，他大概是至少在美國人看來，最重要的法律政治哲學家，他是法學出生的，他是學法律的。我也參考德國哲學傳統，例如Axel Honneth，不過沒在書中正文展開討論。這幾位哲學家都有一個特色，在現代的政治及政治哲學問題上，他們都強調啟蒙，強調理性的重要性，強調人性，強調拓展人性的智慧。在面對多元價值時，他們強調政治問題要從公民視角來出發，來重新來論述，重新展開哲學觀點。公民哲學則以深度歧見的問題作為哲學論述的試金石，直接要求本於自由平等的公民地位、互惠合作的社會觀點和公平合理的人際要求，由公民視角，重新出發。在面對當代多元紛爭的理論困境中，我選擇由承接本於經典文本、通過歷史考驗、屬於菁英養成同時也體現在庶民生活中（或借《中庸》的話語來說，理想上「極高明而道中庸」）的實踐智慧，與當代理論對話，並嘗試重新框設問題，探索未來方向。我提出的公民哲學方案，嘗試以自由選擇與因果必然性連動展開的觀點為核心，通過分析、對話與論述，把我們生活裡「多元價值」與「命運共同體」的政治想像，通過公民視角的洗鍊，凝鍊成「公民共同體」的理念與論述。我一直覺得臺灣不能用民族主義來對抗中國，共同體，或者說，命運共同體，也有人說，生命共同體，在公民視角的展開與約束中所成就的公民共同體，可以是合宜的方向。

　　以下我舉兩個例子，來跟各位報告。今天沒有辦法做深入的分析，但是，可以把其中的觀點和問題起點，略加說明。第一個是「政治自由主

義」。政治自由主義強調每一位公民都享有自由平等的地位，每一個公民都有起碼的資源，來追求他要追求的理想，來實現他要想要實現的價值。自由平等是民主憲政的首要價值，必須以清單方式，條列充分且彼此相當的基本自由與權利，在憲政層次給予保障。這個基本自由，有集會、結社的自由，有言論的自由，有宗教信仰的自由，有遷徙的自由等等。人人都應享有公平的教育與工作機會。經濟制度必須能讓每位公民擁有足夠的經濟條件，例如足夠的財富與收入，以實質享有基本的自由與權利。在自由市場的經濟制度裡面，有很多老闆，老闆掌握資本和生產工具。臺灣是有很多小老闆，也有大老闆，這個老闆對你不滿，你可以選擇到其他老闆的公司上班。對政治自由主義來說，生產工具公有化，比起生產工具國有化或私有化，是更好的方案選擇。公有化，比起國有化和私有化，是在制度比較中，能讓經濟弱勢獲益最大的制度。略去公有化、國有化和私有化的複雜問題不談，原則上，在制度比較中，能讓經濟弱勢得到制度性相對更好位置的制度，就是比較可取的制度。儒學則提出能讓民眾享有良好的生活條件，以及在輕度賦稅承擔下，過上不錯的生活，再加上「食祿者不與民爭利」的制度性要求，展開來說，也就是「沒有人（包括法人）可以利用政治權力，牟取不當的經濟利益，也沒有人可以利用財富與經濟優勢不當影響政治進程，而從中獲得更大的政經實力」的制度性要求，政府就不要在經濟上多加干預。從公民視角論述「食祿者不與民爭利」的觀點如何介入當代公平分配的制度性議題，是公民哲學的重點之一。

雷科夫（George Lakoff）是當代知名的認知語言學者。他由認知語言學出發，分析美國政治言說。他問了幾個問題：為什麼由對「當自己的幼兒半夜哭泣時，你有沒有將他抱起來？」這問題的回答，多少就能測出回答者的政治態度呢？為什麼共和黨總在談家庭價值？為什麼共和黨堅持死刑以及民眾持有致命性槍械的權利，但卻在墮胎議題上力主生命的重要

性？雷科夫的分析，很具洞見和啟發性，不過，因時間有限，在這裡我跳過去。我在《公民哲學》書稿裡，借用雷科夫家國模式的分析，在適當的觀點調整後，來面對臺灣的同婚議題。

同志遭到許許多多的不平待遇，這是明明白白的事實。然而，在梳理同婚議題時，我發現，衝突的核心，其實不在平權，而在以伴侶關係為主導，還是以親子關係為主導的兩種家庭價值理想的制度之爭。或許在此值得提一提，在臺灣，許多父母認為，自己的孩子是在有了孩子後，才算成家立業。這和西方傳統裡，那種在神父見證下雙方締結婚約成為夫妻的婚姻家庭觀，很不一樣。在這此初步的對比觀察下，我注意到平權的論述，伴侶的論述，都在公共領域中有著相當清晰的論證和訴求。親子關係為主導的家庭價值理想，則是在公投中才在公共領域呈現它清晰的身影。容我用楊渡《水田裡的媽媽》家族故事裡第十章〈真像一場眠夢〉裡初為人父的一段話，來反映以親子關係為主導的家庭價值理想：「我曾許諾自己要流浪，到世界的盡頭；我曾希望，擺脫這小小的格局，去無限的天地開拓。而現在我明白了，即使再怎樣想擺脫家族的糾纏，想擺脫父母的羈絆，想擺脫家庭的束縛，但這個孩子，宣告了我的生命，無論怎樣想遠離，終究是這一條命運之線、血緣之脈的延續，我是其中的一個，勇敢承續，再也無法脫離。」用這段話來反映，千萬不要誤以為要用這段話代表反同，而是提醒我們要注意到，在價值領域裡，價值多元（以及相應的心智多樣性），是無可迴避的基本事實。人之間不只是長的不一樣，不只是社會背景不一樣，人類文明發展到現在，價值多元以及由此引發的深度歧見的價值衝突，已經是我們避無可避且必須正視的基本事實。公民哲學嘗試正視這樣的基本事實，理解由此引發的問題，並提出方案。

多元與融合

以「基督徒哲學」會通對終極真實之表述芻議社會多元與合一

林之鼎

天主教輔仁大學校牧、

天主教輔仁大學全人教育課程中心助理教授

摘　要

　　東西方思想之會通一向爲教廷所重視，但天主教一些神哲學家對於跨越士林哲學所設立之架構仍多所踟躕。終於1998年若望保祿二世教宗簽署《信仰與理性》通論，使東西方彼此跨越希望的門檻更爲可能，鼓勵神哲學家勤勉地走向圓融無礙的全球性思維。本文因此從《信仰與理性》所標誌的「基督徒哲學」出發，凝視終極眞實的一體性，而以圖表方式呈現會通聖三、有無、陰陽等關鍵思維的可能。又將一體概念連結「關係」而分有限與無限二情況討論：以無限一體初步理解終極眞實、以有限一體理解非終極者，如此再從終極角度切入非終極的人類社會時，則可嘗試梳理幾個在有限層面未臻相容的思想，如：正義與和平、人類的自由等，以芻議一個根據終極眞實而在關係中展開的社會多元合一理論。

關鍵字：終極眞實、聖三、一體、關係、多元

壹、前言

　　世界似乎日趨複雜多元，東西方思想如何會通？本文希望以融合東西的「基督徒哲學」[1]加以回應，用簡單的邏輯梳理看似複雜的幾個議題，如：終極真實（聖三、有無、陰陽）、多元與合一、正義與和平、自由等。「天主教」（Catholic）本身即承載著「大公」（catholic / universal）的意涵，此時更需要以梵二大公會議的對話精神與「外推」[2]接觸世界，以期能產生一個適用於理解終極真實、並理解社會現象的理論。

　　教會所相信的天主既為終極真實，則祂的啟示必然也應屬全體人類，只是人散佈全球，因之人對終極真實的理解與表述也必有地方性特色，卻又都指向同一的終極者，而啟示更予以成全，因此教會不應該犯「哲學的驕傲」[3]以希臘－拉丁哲學體系為全人類不二的思考極則。終於1998年教宗若望保祿二世（Sanctus Ioannes Paulus PP. II，1920-2005）簽署了《信仰與理性》（Fides et Ratio）通諭，以「不要誤以為有所謂的教會官方哲學」[4]一語，而使教會在立足於希臘－拉丁哲學體系之際，可以更廣博地向世界開放，去欣賞並融合其他可貴的哲學，以重新並加深認識「天主－終極真實」，也同時再探人類自身以及所處之世界的情況。如此態度符合catholic本身的意涵，使東西方彼此進一步跨越希望的門檻更為可能，並鼓勵所有人勤勉地走向圓融無礙的全球性思維。

---

[1]　有關「基督徒哲學」的介紹，請參見林之鼎，〈一起尋找真理──基督徒視域中的跨文化宗教交談〉，《哲學與文化》，第47卷，第六期，2020年6月，頁79-97。

[2]　「外推」（strangification）這一概念沈清松先生將其發展至文化交流，使它不但適用於「微世界」（micro-world），也適用於「文化世界」（culture world），甚至宗教世界。參見沈清松（2009）。《對比、外推與交談》。臺北：五南圖書。沈清松（2012）。《跨文化哲學與宗教》。臺北：五南圖書。

[3]　《信仰與理性》4（2000）。本文引用版本皆為教宗若望保祿二世，《信仰與理性》。臺北：天主教會臺灣地區主教團祕書處。後文採縮寫FR。

[4]　FR 76。

本文因此而由天主教立場出發，希望能在過程中拋磚引玉，與其他文化與宗教人士共享良性的交談與互動，以終極真實爲「最大公約數」而嘗試融合一些東西方思想，從凝視終極真實的一體性（unity）而看到聖三、有無、陰陽等關鍵性思維會通的可能，又以圖表展現一體性的內容和結構而看到「關係」，並藉由有限和無限兩個層次探討人類社會和終極真實應是如何的，從而將人類的正義與和平、自由幾個界定上的尷尬稍加梳理，以芻議一個社會結構是在關係中和諧的多元合一理論，同時呈現終極真實如何是此社會的原型與典範。

貳、以「基督徒哲學」會通東西方對終極真實之表述

「基督徒哲學」是《信仰與理性》所提出的專有名詞，非爲教會官方哲學，而是指一種與信德緊密相關的基督徒式的哲學探討。之所以與信德有關，是因爲教會相信「以哲學反省所得的真理，和啟示的真理，不會相互混淆，也不會彼此排斥。」[5]因此，基督徒可以適當地融合儒學、佛學（此處非指佛教）以及道學（此處非指道教）等，而在忠於啟示中表述三位一體。[6]教會如此以理解天主時，首先需深自反思如何認識終極真實？又此認識是以何種邏輯及語彙來表達的？終極真實雖必然爲「一」，但文化眾多，對同一終極真實的表達則自然爲「多」。教會在人類共通的「不

---

[5] FR 9。

[6] 教會是「根植於聖三內的奧跡」（教宗方濟各（2016）。《福音的喜樂》111。臺北：天主教會臺灣地區主教團祕書處）。此奧蹟「除非由天主啟示，是不能被人認識的」（中國主教團祕書處譯（1996）。《天主教教理》2347。臺北：天主教教務協進會。後文採縮寫CCC。「基督真理有拯救的效果，所以每一個途徑都可以走，只要它是導向最後的目標，換句話說，就是到達耶穌基督的啟示」（FR 38），也就是達到對聖三的認識。

矛盾律」[7]基礎上，持續致力於東西方思想與表達的融合。

　　本文以圖示表達對終極實在天主聖三的理解，首先以教會士林傳統簡述，再以道家「有－無」表述，進而又以儒家「陰－陽」來論聖三。

一、教會傳統士林哲學表述三位一體的模式

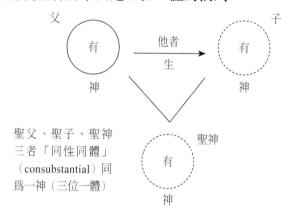

圖1　教會傳統士林哲學表述三位一體的模式

　　以圓比喻終極真實時，三個圓應該也都是終極無限的，因此三個圓應該相互穿透寓居（perichoresis）[8]而形成一個無限的圓——此圓既然無限則理應無邊、且為「大象無形」[9]的唯一之「圓」。既然無形，則又非本圖所能呈現，只能請讀者想像將圖面三圓無限擴大而成一「圓」。[10]

---

[7]　一事物在同一意義下既是又非則為矛盾。「不管時代怎麼改變，知識怎麼進步……哲學知識的核心，這在思想史上是不會改變的。譬如不矛盾原理、目的及因果原理。」（FR 4）「真理的一致性是人類推理的基本前提，不矛盾原理已清楚地表達出來。」（FR 34）

[8]　Perichoresis，參見Dennis Cali, *Trinity as Trope in Claritas*: Journal of Dialogue and Culture, Vol. 2, No. 1（March 2013）pp. 50-67；Yves Congar著，陳開華譯（2016）。《人的神，天主之神》（*Esprit de l'homme, Esprit de Dieu*）。新北：輔大書坊。頁43-44。

[9]　《道德經·四十一章》。

[10]　無限之圓既然無邊，是否還能稱之為圓呢？套用《道德經·一章》之說，應可稱此圓是「非常圓」。

二、參酌道家之基督徒哲學表述三位一體的模式

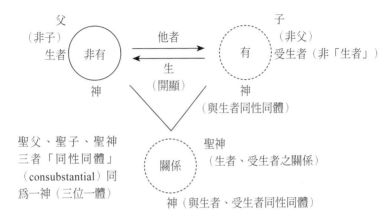

圖2　參酌道家之基督徒哲學表述三位一體的模式

特別需要注意二點：

（一）當「有」（being）意指「存在」時，「有的他者」（「有」的「非己者」）即為相對的「非有」（nonbeing），但這「非有」並非否認存在本身，卻與「有」一起因無限而相互穿透寓居是為「一體」（union），並保有「有」與「非有」在無限一體中的辯證性相對。對於此身為「他者」的「非有」可以二種情況理解：a. 存在的否定，b. 存在的對立（反）面。[11]前者是矛盾的虛無而不能成立，後者則其本質仍是存在，只是現象上非以一般理解之「有」的存在方式呈現，而可以說是「非

11　參見李震（2005）。《基本哲學探討》。新北：輔仁大學出版。頁116。

常存在」（extraordinary being）。[12]此「非常存在」既是在一體中的「非有－他者」，那麼又該何以名之呢？人類語言的限度不得已[13]而勉強稱其為「無」。[14]

（二）基於「大道汎兮，其可左右」，[15]可說「大道」此一體是「左右」相互穿透漫溢而成的，於是可推演一體即是「左R非左」[16]（或「右R非右」），又可據此邏輯以「有、非有」而推演一體即是「有R非有」（或「非有R非非有」），而其中「關係R」是由「有」與「非有」兩極所共發、而又不同於兩極的第三者。因此可依此邏輯而將「聖父、聖子、聖神」表述為「非有、有、關係」，此三者以無限之觀念來理解，即為「同性同體、同出而異名」。「非有」與「有」在「關係」中相互穿透而使此三者終成一體，如此終極的一體為教會而言即為一神，且是「三位一體」。

表述三位一體時，在傳統士林哲學模式與參酌道家之基督徒哲學模式間有三點需要注意：

---

12 回應「道可道，非常道；名可名，非常名。」（《道德經‧一章》）

13 「不得已」呼應《道德經》的「果而不得已」（《道德經‧三十章》）

14 參見李震。《基本哲學探討》。頁120-121。
多瑪斯論「是否有適合天主的名稱」時，指出「我們能夠根據本原或因果的關係，依卓越及隔離或剔除（不成全者）的方式，而由受造物去認知天主」（S. Th., I, q. 13, a. 1, c.）。此處以「無」指涉「聖父」時，不是剔除不成全者（否則矛盾），而是依卓越的方式，與「有」在邏輯上分別為「非有」（無），但在認知上並不能將此「有」與「無」分割。

15 《道德經‧三十四章》。

16 R為「relation」之縮寫。需要澄清的是：一整體的「非左」當然不是「左」而是「右」，既然左與右（非左）在一體中擁有（possess）同樣的本質，在這種情況下探討左右之相同本質時，才能理解「左即是非左」的敘述是不矛盾的。所以「非左」既不是「左」的自我否定，也不是「左」在同一意義下既是又非的矛盾。

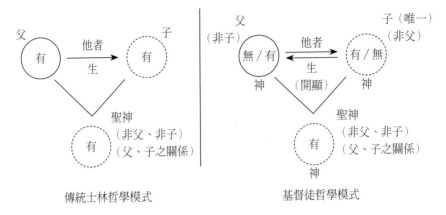

圖3　聖三表述對照圖

1. 道家之「無」不是教會認為矛盾的虛無主義

《信仰與理性》提醒：「同一名詞後面卻隱藏著不同的意義。因此，一個事先的解釋是必要的。」[17]同一個「無」字，代表的意義不同、語境也不同，所以道家的「無」與士林哲學的「無」既然不是在同一意義上既是又非的概念，當然也就不互相矛盾。

三位一體的「三位/三者」（3 persons/3 individuals）的「本質」同一，即為士林哲學所說的「存在/存有」。道家所謂的無是於存在整體[18]中討論的——就器物性（形下）來講，當其無，有車、有器、有室之用，[19]所以「無」不是指本質矛盾的虛無主義（Nihilism），而是「有的對立面（反面）」、並與「有」相對且與「有」在關係中形成一體；就形上而論，此「無」既是與「有」同性同體、同出而異名，所以是卓越的

17　FR 4。

18　參見李震。《基本哲學探討》。頁120, 150。

19　「三十輻，共一轂，當其無，有車之用。埏埴以為器，當其無，有器之用。鑿戶牖以為室，當其無，有室之用。故有之以為利，無之以為用。」（《道德經‧十一章》）

「非常有」。如果所講的「無」是終極性地與「有」沒關係而獨立存在的，那才是教會所不能同意的矛盾「虛無」。

2. 道家之「有與無」是「在關係中」的「一對」（dyad）非時空之「存在」

以舉例呼應聖三：爸爸帶五歲獨子出去吃飯為他慶生，準備了一張千元鈔票在口袋中。吃完飯付帳時爸爸口袋居然沒錢，反倒是孩子從口袋裡掏出鈔票……原來爸爸已經把錢拿給孩子付帳了。[20] 父沒錢的現象，反映父已經把錢全給了子，但父口袋沒錢的事實不但不使父的身分（identity）[21] 消失[22]，反而更確認父正是一切的來源。父與子共同構成一體（一個整體論域）。士林哲學與道家哲學在父子與有無這個例子上，正呈現不同的表達方式：

a. **採士林哲學之說**──子之「有」源自父之「有」，父子共發關係（而關係是「有」）。

b. **採道家哲學之說**──子之「有」源自父之「無」，父子共發關係（而關係是「有」）。

以上兩種表述雖然看起來相反，但所表述的卻是同一件事。簡單來說，道家亦是由「存在」而理解「無」，且「有與無」因存在著「關係」

20　「父愛子，並把一切交在祂手中。」（若3:35）

　　「就如父是生命之源，照樣他也使子成為生命之源。」（若5:26）

　　「凡父所有的一切，都是我的。」（若16:15）

21　天父的「父」的身分從不失落──「拉丁傳統的信經承認聖神『由聖父和聖子（Filioque）所共發』。1439年的翡冷翠大公會議清楚說明：『聖神的本質與存有同時來自聖父和聖子，祂永遠發自聖父如同發自聖子……，有如發自獨一本原、藉著獨一噓氣……這是由於凡父所有的，除了父的身分以外，都在父生子時全給了子。因此，聖神的這種由子所發，是自永遠中便從祂的父那裡所領受的，這父是在永恆中生了子』。」（CCC 246）

22　天父永遠是父──「耶穌啟示天主是『父』，其意義是前所未聞的：天主是父，不僅因為祂是造物主。祂永遠是父，是因為祂與其獨生子的關係。同樣，子若失去與父的關係，就不再是子。『除了父外，沒有人認識子；除了子和子所願意啟示的人外，也沒有人認識父』（瑪11:27）。」（CCC 240）

而共成不可分割的一體、同一論域，也因此「有與無」是「一對」dyad[23]
之事實，此一對是於一存在的「關係」中完全相互「授－受」而成就的事
實，於是「無、有、關係」可理解是集三因素而成為「三而一」（trini-
tarian）的一個事實──終極來說，一天主就是「父、子、關係」所成的
一體，亦即「授、受、關係」所成的一體，也就是「聖三」（Trinity）。
子與父的本質相同而又身分相反（子是非父、父是非子）：子的本質源自
於父（由父所生），而父子的身分正是在相互間同時產生的，由此理解不
正可謂「有生於無」[24]且「有無相生」[25]嗎？

3.「聖神－關係」突顯終極整體的二端使無的現象具本體意涵

「關係」突顯一體中相對的兩極，兩極本質同一、極性相反。按如
此的邏輯推演並終極而言，可以說「關係」突顯一體中相對的「有」「無
（非有）」兩極，此「有」「無」兩極本質同一、極性相反。以神學語
彙來說，則可說「有、無」是「同一的（identical）」、又是「有別的
（distinct）」[26]；以《道德經》而言，一體的「有、無」則是「同出而異
名」的。由此所理解聖三中的父子，也可說是「同出而異名」（本質相同

---

23 Dyad──柏拉圖在《第七封書信》中清楚的說有關第一原理（終極實在）的思想他從未寫下來，
　　也永不會寫。根據柏拉圖的弟子亞里斯多德對老師言語的回溯，這個「第一原理」即是Dyad：
　　「在這個問題上柏拉圖清楚的提出：很明顯的，從已經說過的，他只用兩個原因：一個是形式的
　　原因，另一是物質的原因。事實上，觀念是其他事物的形式原因，一則是其他觀念的形式原因。
　　在究竟什麼是在物質底下的問題，在感覺的領域可以以觀念去稱述，在觀念領域能以一去稱述
　　的，他回答那是Dyad，亦即大和小（great-and-small）。」亞里斯多德明確的指出觀念是感覺事物
　　的形式原因，而一則是觀念的形式原因。而不限定的Dyad則是多的不限定原理或者說大和小的不
　　限定原理。參見丁福寧（2007）。《多瑪斯形上學》。臺北：臺灣商務印書館。頁25-26。

24 《道德經‧四十章》。

25 《道德經‧二章》。

26 「同一」與「有別」常用於說明聖三的位格，參見S. Th., I, q. 28, a. 1, ad. 2; q. 42, a. 6, ad. 3。

而名分identity/person[27]相異）的。

「有、無、關係」此「三」者呈現各有其身分／名分（identity/person）的「現象」而彼此不可分離──特別是在終極情況中所討論的「無」，此無的「現象」是具有「本質」意涵的。又因這個「無」的現象與本質都是專屬終極真實者，所以爲終極真實而言此「無」並非不存在，也就與「有」的存在不矛盾，只是需要釐清「有」「無」之名指涉爲何。聖多瑪斯（St. Thomas Aquinas, 1225-1274）在《神學大全》中表示：「凡是在天主內的，都與天主的本性相同」[28]，因此，道家所言之「無」、「關係」以及與士林哲學所共通之「有」，三者都是同一本體性（ontological）的「存在」、且因無限而共成爲「一」。

三、「有－無」代換爲「陰－陽」

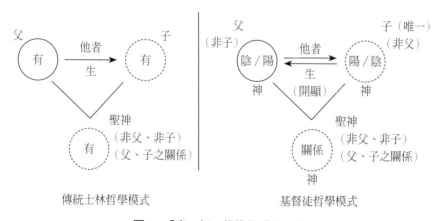

圖4 「有－無」代換為「陰－陽」

---

[27] 位格──教會用「位格」或「自立體」一詞，來指明父、子、聖神彼此間的實際區別。（參見 CCC 252）。

[28] S. Th., I, q, 27, a. 4, ad. 1.

　　將「有無」兩字代換爲「陰陽」而理解聖三的結構與內容，此舉除可助由有限與無限情況梳理中哲的陰陽，[29]同時也讓聖三神學得以建構的西方哲學系統產生新的氣象。

　　《說文解字》陽，高、明也；陰，闇也。「陰陽」是中國哲人從一整體道「一」的角度著眼而泛指一切對立的「二」，同時藉以研討對立的情況如何能夠協和並結合爲「一」。龐樸指出：

　　　我們用一個「陰陽」，不僅包容了天地人各界的對立，也概括了相反、相關等各類對立；經之緯之，籠之統之，萬物於是皆備於我了。作爲不甚注意分析對立雙方如何對立的補充和結果，中國哲學家花過很大力氣研究對立如何協和結合；而這一方面，恰好是西歐哲學家所很少注意的。[30]

　　正如道家的「有與無」彼此從來都不是沒有關係而存在的二獨立個體，「陰與陽」也是如此。有言「孤陰不生，獨陽不長」，而陰陽從來都是在不可分割的「關係」中理解的。雖然講陰陽表面沒有提到關係，但是若沒有關係、則陰陽無以立說，甚至在一體中講陰陽實則是在講陰陽的關係。如此使得陰陽與dyad的連通性自然浮現。可說陰陽即一體的「兩極／兩端」，而兩極必在「關係」中而形成一體，使得「一陰一陽之謂道」[31]的「道」實際上是「聖三性」（trinitarian）的。

29　「陰陽」之說，最初從大自然的日照光影現象，概念化而爲中哲思想之共同論述資源；本文無意捲入「陰陽」爲道家或儒家等特定典籍立場的探究，以及「陰陽」爲氣或爲道等議論，而以中哲之東方思想概括之。

30　參見龐樸著，劉貽群編（2005）。〈對立與三分〉。《龐樸文集》第四卷。濟南：山東大學出版社。頁79-80。

31　《周易・繫辭上》5。吳怡（2011）。《新譯易經繫辭傳解義》。臺北：三民書局。

　　承襲「聖父聖子共發聖神」的模式，如今也可以談「陰陽共發關係」。有言「形而上者謂之道，形而下者謂之器」，[32]那麼「一陰一陽之謂道」所展現的陰陽「關係」也應該先從形上的無形無限加以理解，而陰陽和合所形成的世間萬物「器」既然有形有體而彼此有別，那麼世間萬物「器」的「關係」也理當從形下的有形有限而加以理解。據此，則「關係」之討論應分「無限」與「有限」兩個層次，但討論時宜從有限開始。

參、由一體之「關係」探討人類之正義和平與自由

一、關係分有限與無限

　　以一直線代表一體，有分「有限一體」與「無限一體」，而一體中除了兩極、還有「關係」為不可少的第三因素——「有限一體」可因其「有限關係」表徵非終極的人類社會，「無限一體」則可因其「無限關係」表徵終極真實。陰陽所牽動的「關係」之探討，看來以老子「大道汎兮，其可左右」的「左右」之喻最為生動。[33]

　　關係必然是在有限的線段中才清楚開顯，在形下情況中**有限一體**才會出現「消長」[34]的大小互動——「左大則右小」（圖5）、或「右大則左小」（圖6）。

---

[32] 《周易・繫辭上》12。

[33] 「一陰一陽之謂道」（道只能為一）與「一左一右一直線」看起來兩者恰能相互呼應，且直線能夠代表某物的長短大小、有限或無限。

[34] 林建德認為：就《老子》「負陰抱陽」、「有無相生」之相反相成的觀點，除了說明一切皆在對立統一之中，同時也說明陰陽、有無是此消彼長的變化關係。參見林建德（2008）。〈《老子》有無觀之哲學新解〉。《長庚人文社會學報》，第1卷，第二期。頁378-379。

圖5　左大則右小　　　　　　　圖6　右大則左小

有限一體除非找到並維持在一個平衡的「中」點[35]（圖7），否則左右就必然產生大小消長的情況。

圖7　有限的左右大小等同，若不持守以中點為平衡點則產生消長

但是**無限一體**則一反有限一體[36]而沒有左右消長的情況，只有相互穿透寓居而不矛盾的和諧。消長只發生在有限情況，而在無限（形上）情況中，左右無限延伸的直線其左如何無限、右即如何無限，所以沒有大小消長的問題與現象，左右只有各自無限延伸，兩者「動而愈出」[37]而彼此相互穿透寓居。「道」本體既無限而無疆，所以任何消長的大小現象以及相對語彙都不足以指涉道不變的本體。在理解道之混沌的本體時，無限形上可突破有限形下的消長變動而使得二概念相容為一，此理解過程一方面是「可名－非常名」的超越之途（transcendental），另一方面是辯證方式（dia-

---

[35] 一般有限整體的「中心點」是在非左亦非右的兩極之間，也是劃分左右兩極的參照點，是一整體左右兩極之外不可少的「第三極」。參見龐樸著，劉貽群編（2005）。〈一分為三〉。《龐樸文集》第四卷。濟南：山東大學出版社。頁95。
　　然而無限整體的「中心點」可說任何一點都是，因此也可說任何一點都不是。無限的中心點的「是－非」並不自相矛盾，反映出二極相互穿透寓居的混沌狀態。
　　《莊子・應帝王》的「中央之帝——渾沌」非南非北、獨立為中，不正是以有限器物性（physical）的情況而指涉著無限形上（metaphysical）的情況？終極實在的「第三極」（中——關係）實在適當以此而類比推知。

[36] 「玄德深矣，遠矣，與物反矣，然後乃至大順。」（《道德經・六十五章》）

[37] 《道德經・五章》。

lectic）以「反」呼應著「反者道之動」，[38]使超越與辯證二路徑也能不矛盾地融合爲一。

圖8　無限的左右大小等同，左右各自無限延伸而無消長，二者動而愈出

由**有限的一體**線段可以得見有限情況的關係，而可指涉非終極的人類社會，其對立的左右兩端（陰陽：勞－資、藍－綠、共和－民主……）有消長、大小與多少的問題，於是也有正義與和平的問題，而有正義才有和平。

由**無限的一體**直線可以得見無限情況的關係，而可指涉終極真實，其對立的左右兩端（陰－陽／聖父－聖子）既然都無限，即沒有誰大誰小的問題，只有相互寓居和諧共存，由此可知終極真實是爲人類社會和諧的原型與典範。

以上的分析使人可以重新探討：在非終極的人類社會中的正義與和平、自由等課題。

二、正義與和平、自由

表達正義的圖像常是正義女神，各國法院常以天秤象徵公正審判。[39]有公平公正的審判才有正義，而既是有關審判，則必有判斷與衡量（比較／對比／對照）、以及衡量比較所依據的基準（原型）。

---

[38] 《道德經·四十章》。
[39] 參見徐昌錦。〈會說故事的大法庭〉。《司法週刊》。中華民國108年8月30日，No. 1967。

1. 由關係之有限與無限而至正義與和平的理解過程

a. 無限的「一」究竟是萬物的根源，基本上也就是「無形」，既無形則無象而無從解析，只能以同一律而說「一就是一」，但如此說了其實也像沒說。若要加以解析，必須從可感觸的（tangible）有限者開始。

b. 有限的「一」有分左右（陰陽），如此才得以開顯左右（陰陽）的「關係」，「陰－陽－關係」三而一（或說是「一陰一陽之謂道」二而一）的理解模式於焉產生。是在有限的情況，「消長」或「平等」的關係也才得以被觀察感知，而消長之間如何平等的「公平/正義」議題也才得以形成。

c. 「有限一體」因對立的左右（陰陽）有大小，如此的「關係」在消長中可能不睦緊張敵對、也可能和諧共存共榮（co-prosperity），以人的社會而言，端賴人如何自由以理智和意志[40]在應對進退中執行；「無限一體」則因左右（陰陽）皆無限而沒有大小消長，只有不矛盾地相互穿透寓居而和諧共融（communion）。[41]

d. 有限的人畢竟是處於「有限的關係」，可自由選擇和諧共存共榮而使人與社會「得一」，[42]也可選擇不睦緊張敵對分裂而失去一。選擇前者的話，則是以終極真實為典範、且在和諧中反映並落實無限的關係，[43]

---

[40] 參見李震。《基本哲學探討》。頁327。

[41] 「共榮」（co-prosperity）一詞曾被日本軍國主義和極端民族主義利用，以「大東亞共榮圈」為藉口發動不應之侵略。共榮詞意本身雖然有其積極意涵，卻因有限狹隘的「圈/圓」概念導致人類極大的悲劇。「共融」（communion），希臘文「koinonia」。「Com-」意指共同、一起（with），已含有「多」（severalness）之意，加上「union」而指涉「合一」。

[42] 「昔之得一者：天得一以清；地得一以寧；神得一以靈；谷得一以盈；萬物得一以生；侯王得一以為天下貞。其致之，天無以清，將恐裂；地無以寧，將恐發；神無以靈，將恐歇；谷無以盈，將恐竭；萬物無以生，將恐滅。」（《道德經·三十九章》）

[43] 「人法地，地法天，天法道，道法自然。」（《道德經·二十五章》）

故而成爲「德者」；[44]若選擇後者，則因不睦緊張敵對終而顯現其爲「失（德）者」。[45]

　　e. 陰陽「對立」只不過是在一體中相對的客觀事實，不直接等同「敵對」。兩極彼此相反相成、有陰才有陽。若以爲能斬除異己而後快，則除陰之際，陽亦無存──這點尤其在討論社會及政黨消長輪替時更應注意。

　　f. 人類社會瞬息萬變，其關係變動是相反[46]相成的，但無論如何變動都是在有限一體之中。陰陽兩極在一體中的關係正是唇齒相依、唇亡齒寒。

　　g. 若沒有形下器物性「有限一體」（人類社會），則人無從類比而理解形上終極性之「無限一體」（終極眞實），而「無限一體」是「有限一體」的原型及典範。有限者常因失德而未能善於呈現無限者。

2. 基於有限關係而論人類社會中的正義與和平

　　a. 在有限一體中將兩端平衡，則社會基本的正義與和平可以達成。但若左派右派只維持在中線，這僅是社會基本訴求的不矛盾衝突，卻通常都是高度緊張的結果。這種均衡看起來達到正義與和平，在牽制中很難產生人所嚮往的舒適自在。

　　b. 人類社會有限一體中的兩端若要舒適自在，則互動的關係必須適當公允，因此才有「普遍的法律正義」（general and legal justice）與「個別正義」（particular justice）的劃分。

　　「普遍的法律正義」著眼於團體公益，又有分配正義和交換正義之別：

44　「從事於道者，同於道；德者，同於德。」（《道德經‧二十三章》）

45　「失者，同於失。」（《道德經‧二十三章》）

46　「反者道之動。」（《道德經‧四十章》）

分配正義（distributive justice）──團體成員應依照其地位、才幹和力量去分配負擔與義務，以及榮譽與利益。

交換正義（commutative justice）──團體成員彼此間應該把每人權利所應得的付給對方；這種正義首先用於給付與對等給付之間，以保持同等價值（equivalence），比方在經濟往來（貿易）時保持等值。

「個別正義」對比於「普遍的法律正義」，著眼於團體成員個別利益的分配正義與交換正義。[47]

由以上整理分析可見，其實「正義與和平」議題可說即是「關係」議題──兩端的關係若允當，正義與和平在和諧中便自然浮現。從有限關係（人類社會）反推，其原型與典範即是終極眞實，而終極眞實所呈現的無限關係即是無限一體的「完美的正義」，此為正義之根源與基準。

3. 探討自由時的盲點與人之自由

探討「自由」的盲點，即在於未先釐清所討論的自由是套用在誰身上？又是在有限或無限的情況討論？而若探討「人之自由」，則應是在於「善用法則」。

美國可說是最講自由的國家之一，其〈獨立宣言〉認為自由是「不言而喻（self-evident）」[48]的。但特別在論證人的自由時，難道就不需要考慮人的有限情況嗎？布魯格（Walter Brugger）加以界說：

---

[47] 參見Walter Brugger著，項退結編譯（2004）。〈Justice正義，公正〉。《西洋哲學辭典》。臺北：華香園出版。頁296。

[48] "We hold these truths to be self-evident, that all men are created equal, that they are endowed by their Creator with certain unalienable Rights, that among these are Life, Liberty and the pursuit of Happiness." (*United States Declaration of Independence*) 「不言而喻」中文採自美國在臺協會（AIT）網頁 https://web-archive-2017.ait.org.tw/zh/declaration-of-independence.html （2020年11月10日下載）

　　普通說來，自由是指不受外力壓迫或限制的狀態，同時連帶著某種內在的自決能力。……人的本性既屬有限的、合精神和肉體的、理性的、社會性的存在，當然他的自由不能漫無限制。……理性本身要求人按良心服從道德律，而不是由於外力壓迫；且應以保持人格尊嚴的方式積極參與基於自然的社會秩序。[49]

　　海德格（Martin Heidegger, 1889-1976）謂人是「在世存有」（being-in-the-world），他在日常生活裡必然與由人所組成的「共同世界」（with-world）及非人的其他事物所組成的「周遭世界」（environment）產生互動關係，所謂「此有（Dasein）是一個居住於世界，且必然與世界之內它所通達之其他一切非此有性存有者發生關係之存有。」[50]於是人的自由必須在人的整體脈絡（context）中討論，也就是在人有限的情況中討論。

　　探討自由的盲點在於：未先釐清所討論的自由是誰的自由？又是在有限還是無限的情況？若是討論終極真實的自由，則其自由理當是無所限制；若是討論人的自由，即應考慮無論個人或群體的情況都在關係中是有限的，否則即與現實脫節。但若將人的自由與終極真實的自由混為一談，以為人一有任何形式的限制即失去自由，或誤以為「漫無限制」即是人的自由，那已經僭越了人有限的情況而將如火車出軌般造成災難。

---

[49]　參見Walter Brugger著，項退結編譯（2004）。〈Freedom自由〉。《西洋哲學辭典》。臺北：華香園出版。頁216。

[50]　德文「Dasein」一字係由「Da」和「sein」組合而成，海德格之原意為「具體存在的人」。請參閱Heidegger, M. (1977). *Being and time*, Trans. by John Macquarrie & Edward Robinson, Harper & Row, New York, pp.153-163.（參見蔡淑麗，〈從「真、善、美、聖」談專業素養〉。《朝陽學報》。第二十期。2015年7月。）

人可以有所判斷而在其自主自決下有所選擇，於是人的自由得以展現。為不造成人及社會敵對或毀滅的矛盾，可說「人的自由」即在於「善用法則」，這也顯出有責任歸屬而應擔負其責的倫理道德。人之德性的有無與深淺，也就由人的選擇與踐行而可得見。因此社會的正義與和平端視人的自由抉擇，若不加以釐清而將人的自由誤等同於終極真實的自由，恐怕法國大革命期間羅蘭夫人（Madame Roland, 1754-1793）的最後喟嘆，勢必繼續迴盪人間：「自由自由，天下古今幾多之罪惡，假汝之名以行！」

肆、結論

適當地理解東西方哲思而一同回歸終極真實時，「一陰一陽之道／有無相生之道」（二而一）與「三位一體之神」（三而一）的表述自然可融鑄為一，從而將「關係」以有限與無限做出分析，以釐清人類社會中的正義與和平、自由等概念。人類社會的多元可從陰陽以及聖三此一基本的「多」而得見，又可從陰陽之道以及三位一體而得見「一」。理論由簡而繁、復由繁而簡，而社會的複雜也可因落實正義與和平而令人舒適自在，端視人在自由中如何選擇。人類社會之多元發展與合一的原型與典範，正就是終極真實。

參考文獻

丁福寧（2007）。《多瑪斯形上學》。臺北：臺灣商務印書館。

中國主教團祕書處譯（1996）。《天主教教理》。臺北：天主教教務協進會。

吳怡（2011）。《新譯易經繫辭傳解義》。臺北：三民書局。

多瑪斯著，高旭東等譯（2008）。《神學大全》第一冊。臺南：碧岳學社。

李震（2005）。《基本哲學探討》。新北：輔仁大學出版社。

沈清松（2002）。《對比、外推與交談》。臺北：五南圖書出版股份有限公司。

沈清松（2012）。《跨文化哲學與宗教》。臺北：五南圖書出版股份有限公司。

余培林註譯（1993）。《新譯老子讀本》。臺北：三民書局。

林之鼎（2020）。〈一起尋找真理——基督徒視域中的跨文化宗教交談〉。《哲學與文化》第47卷第六期。

林建德（2008）。〈《老子》有無觀之哲學新解〉。《長庚人文社會學報》第1卷第二期。

思高聖經學會（1980）。《聖經》。香港：思高聖經學會。

徐昌錦（2019）。〈會說故事的大法庭〉。《司法週刊》No. 1967。

教宗若望保祿二世（2000）。《信仰與理性》。臺北：天主教會臺灣地區主教團祕書處。

教宗方濟各（2016）。《福音的喜樂》。臺北：天主教會臺灣地區主教團祕書處。

Yves Congar著，陳開華譯（2016）。《人的神，天主之神》（*Esprit de l'homme, Esprit de Dieu*）。新北：輔大書坊。

Walter Brugger著，項退結編譯（2004）。《西洋哲學辭典》。臺北：華香園出版。

蔡淑麗（2015）。〈從「眞、善、美、聖」談專業素養〉。《朝陽學報》第二十期。

龐樸著，劉貽群編（2005）。《龐樸文集（第四卷）》。濟南：山東大學出版社。

Dennis Cali, *Trinity as Trope* in *Claritas*: Journal of Dialogue and Culture, Vol. 2, No. 1 (March 2013)

Martin Heidegger (1977), *Being and time*, Trans. by John Macquarrie & Edward Robinson, Harper & Row, New York, pp.153-163.

Preliminary Theory on the Structure of Social Diversity and Unity according to the Ultimate Reality inspired by "Christian Philosophy"

Rev. Raphael Ling

Chaplain of Fu Jen Catholic University

Assistant Professor, Holistic Education Center, Fu Jen Catholic University

Abstract

The integration of Eastern and Western thoughts has always been valued by the Holy See. However, some Catholic philosophers and theologians are quite hesitated to go further beyond the structure set by the Scholastic philosophy. Pope John Paul II finally in 1998 signed the Encyclical Letter, *Fides et Ratio*, to facilitate the Eastern and the Western crossing the threshold of hope, and encouraged the philosophers and theologians diligently taking steps toward a harmonious global thinking. This article sets out from "Christian Philosophy" which marked by *Fides et Ratio*, and gazes on the unity of the Ultimate Reality, attempting to integrate some key notions like Trinity, Being-Nonbeing, Yin-Yang illustrated by some charts. The notion of unity, relating to the understanding of "relation", is discussed by finite and infinite two situations-infinite unity is applied to interpret the Ultimate Reality, while finite unity is applied to interpret the human society. Thus, from an ultimate angle delves into the non-ultimate human society, it is possible to smooth some issues which are not so compatible in terms of the finite situation, like justice and peace, human freedom, etc. The goal is to suggest a preliminary theory of the structure of social diversity and unity according to the Ultimate Reality.

Keywords: Ultimate Reality, Trinity, unity, relation, diversity

多中求一的莊子哲學[*]

何佳瑞

天主教輔仁大學品牌與時尚經營管理學程暨全人教育中心副教授、

天主教學術研究院副研究員

---

[*] 本文以〈全球化時代下的文化交流：以莊子哲學中的人性論為起點的探索〉為題，首刊於《哲學與文化》，第45卷，第10期，總第533期，頁23-42。

摘　要

全球化時代的來臨使得價值衝突的問題變得更加尖銳化，因為不同文化之間所產生的價值衝突來自於其不可磨滅的差異性，夾帶著這個差異性，各個文化向彼此宣示著自身價值的正當性。文化之間的相對與敵對，似乎是每一文化宣誓自身價值之正當性的必然結果。然而，如果各個文化之間本身既是異質的且不可共量的，那麼，文化之間的對話、交流與相互豐富，必將成為不可能。同時，自啟蒙時代以來，以理性為平台、理性至上的文化交流模式，也因理性之侷限性所產生的種種弊端，而無法再持續。

在此脈絡之下，本文以莊子哲學的進路為依據，重新反思了多元文化中的「多與一」、「個殊與普遍」以及「差異與共通」等問題。一方面，我們避開了一種完全由理性主導的、概念化的普遍性（此普遍性傾向於壓平各文化間的差異，取消各文化本有獨特性），另一方面，我們也無須為了捍衛各文化本有的特殊性和正當性而拒絕任何超越之真理的可能（亦即，拒絕在多中求一、在個殊中尋求普遍以及在差異中尋求共通的可能）。據此而論，莊子哲學似乎幫助我們在多元文化世界中走出了第三條道路，其價值和啟發可謂是深具意義的。

關鍵字：全球化、莊子、道、多元文化

壹、前言：多元文化的世界與人性

在後現代的哲學思潮當中，關於「他者」的論題受到了人們的重視。在我們所處的多元文化的時代當中，「他者」意涵的突出，表現出了自笛卡兒（René Descartes, 1596-1650）哲學以降，主體性思想的一種消解。加之，隨著全球化時代的來臨，多元文化的現象本是我們生活當中的一種活生生的處境，這意味著，以何種方式來面對不同文化中的他者，以及面對不同文化之間的交流和價值衝突，成為了當代人不能逃避的、既切身又實際的問題。和解與包容，往往成為了人們在面對多元文化中的他者時，在態度上的一種必然訴求：

後現代思想中和解包容的意義可以從兩個層面來講，一是「從主體走向他者」，包容與主體不同的聲音，甚至是衝突的立場的聲音，但並非反而使與我們衝突的聲音成為權威，而是用解釋的方法，讓各種立場的全貌都能呈現，並且是以一種關懷他者的態度，走入他者的世界，看到更多的他者；一是重視「主客體的互動」，除了主體之外，也應重視客體，以及其間的互動，所以「多元解讀」、「觀眾參與性」被強調出來……。[1]

但如果往深處探究，後現代思潮面對著多元文化並存的世界，並給予多元理解的空間，並非是多元文化論題的終點。因為承認「他者」之後，不僅僅是讓「他者」呈現而已，還必須進一步轉化衝突，走向相互補充、相互豐富的道路。然而，從面對不同文化的一種和解包容的態度，再到文化之間能夠化解衝突、相互豐富的理想結果之間，仍然存在著一個巨大的間隙。

---

[1] 謝攸青（2006）。《後現代藝術教育：理論建構與實例設計》。嘉義：濤石文化。頁65-66。

　　然而，我們並不是要說後現代思潮中所蘊含的一種和解包容的意義是不重要的。相反的，從「主體走向他者」，破除主體的封閉性，向多元他者開放，讓各種立場都能有一席之地，並且拒絕權威，排除某一文化可以成為最佳文化典範的後現代式的立論（百年來在各個領域中或多或少的歐洲中心主義傾向——即以歐洲文化為最佳的文化典範，在這種立論中便再也無立足之地了），在我們所身處的多元文化情境中，為每一文化存有的正當性提供了一個堅實的理論基礎。

　　承認每一個文化都有其存在的正當性，若這種立場走到盡處，有可能在這種文化之間平等的關係之上（即每一文化之存有皆有其正當性，故它們之間是平等的，並無高下優劣之分），發展出一種論述，主張每一個文化依據其各自的不同的社會與文化脈絡，其所形成的價值系統和文化內涵，皆是異質的（heterogeneous），換句話說，各個文化之間是彼此不可共量（incommensurable）的。例如，Richard Rorty就曾經表明，所有的價值論述（無論是關於宗教或是世俗的論述），都只是在特定的社會文化環境下所成就的一種偶然的「終極語彙」（final vocabularies），[2]據此，不同文化下的價值即成為不可共量的。所謂真理，不過是在各自的社會文化脈絡下由其自身的語彙出之才得以循環證成的。然而，為了維持公領域中人們的和平共處，雖然在私領域，人們完全有權利依附於自身所熟悉的、特定的社會文化下所形成之價值模式，但到了公領域中，他們就必須採取一種中立的態度，尊重其他的人也依其自身所屬的價值體系來生活，例如，Rorty就曾經在宗教信仰的議題上，指出了一種不相擾（live and let live）的原則。[3]

---

[2]　Richard Rorty, *Contingency, Irony, and Solidarity* (Cambridge: Cambridge University Press, 1989), p.73.

[3]　Richard Rorty, "Religion in the Public Square: A Reconsideration," Journal of Religious Ethics 31.1(2003): 141-142.

不相擾（live and let live）的原則，在某種程度上已經最大地蘊含了一種和解包容的模式，因為沒有什麼比讓自己做自己，讓他人做他人更好的「共在」（co-exist）方式了。只不過，有時候這樣的和平是以取消溝通作為代價而獲得的。這裡確實容許了多元，但卻有可能變成一種彼此不相干的多元。這種多元可以和諧，也不會有對立，因為每一種文化都與其他文化不可共量，解決問題和衝突的溝通便不再是必要的了。就像Rennie對於Rorty所提出的批評一樣，「當其他族群文化與自由反諷者本身的終極語彙彼此衝突，為了不違背自我，自由反諷者只好退回私領域，因為在私領域裡，再多的再描述都無關他人，也不會對他人造成傷害……。」[4]退回私領域的方式，只迴避了文化的衝突，但卻沒有真正處理文化交流的問題。我們不禁要追問，Rorty以「避免他人受苦」且「不再相信超越之真理和實在而只接受偶然性」的「自由主義的反諷者」（liberal ironist）所組成的烏托邦，是否真的解決了當代社會中多元文化、多元種族以及多元思維模式之共處的問題了呢？人們可以在多大的程度上不相擾呢？在涉及了公共事務、資源分配、公民義務等諸多論題之上，不相擾是可能的嗎？文化之間的不可共量性在給予所有的文化以其存有之正當性基礎的同時，卻成了各文化之間企求溝通和交流之可能性的肉中刺。

不同的社會、種族與文化之間，不但需要交流，更需要溝通，如此才能獲致真正的包容和和解（而非是各自苟安的、一種漠然的包容態度），進而透過真正的交流而達至文化間的融合和創新。正如沈清松教授所言：「在全球網絡化的脈絡中，人的欲望、理想、責任不斷延伸，驅使所有區

---

[4] Rennie對於Rorty的批判轉述自洪如玉（2007）。〈後現代教育是否可能？Rorty自由反諷教育觀研究〉。《師大學報：教育類》52.1: 54。Rennie原文請參見Stuart Rennie, "Elegant Variations: Remarks on Rorty's 'Liberal Utopia'," *South African Journal of Philosophy* 17.4(1998): 313-342。

域性的經濟、政治與文化邁向全球化，其中所印證的是筆者所謂的動態關係的存有論，以及指向他者以形成存在意義的人性論，在此歷程中與其強調由大眾搶回主權，不如提倡經由外推，達到互濟互補、相互豐富的境地。」[5]唯有如此，一種跨文化的豐富性才能真正為我們的時代帶來益處。

然而，文化之間交流和溝通之可能性的基礎，應該放置在什麼樣的位置上才適當呢？理性的基礎還是可行的嗎？正如西方哲學一直以來所堅持的，作為一理性存有的人，難道不應該以理性為基礎來談論人與他者、文化與文化之間的溝通基礎嗎？正如John Rawls所表明的，「公共的正義，不僅僅是在推論上有效的，同時，其論證也對他人有效：論證由前提導向結論，我們所接受和所思考的前提，他人會合理地（reasonably）接受，我們所思考的結論，他也同樣會合理地接受。」[6]他人之所以能「合理地」接受，正是因為他人也是理性的存有，依據其理性便會接受其他理性存有者由理性而導出的結論。結論應該是普遍的（至少在所有作為理性存有者的人身上是普遍的），所有人、所有文化都應該接受這種普遍性。一旦這種普遍性推展到了一種絕對的程度，人與人之間的差異、文化與文化間的差異，都成了虛假的表象。文化間的異質性消失了，這個世界又再次只剩下一種人，一種文化。但是，後現代思潮原來不正是為了反抗這種高舉人類理性萬能的現代性而發聲的嗎？不正是為了在多元文化中保有每一文化的差異並為每一文化所呈現的差異提供其存有的正當性而奮戰的嗎？究其實，理性所提供的普遍性平台，最終只不過是人類理想化的完

---

[5]　沈清松（2014）。《跨文化哲學論》。北京：人民出版社。頁100。

[6]　John Rawls, *Political Liberalism: Expanded Edition* (New York: Columbia University Press, 2005), p.465.

美設計，絕對的普遍性在人類實存的處境中只是水中月、鏡中花，我們只曾在實踐中體驗過某一原則以及某一觀念的不同的可普化（universalizability）程度，卻沒有人真正找到過純粹而絕對的普遍性。每一文化的內部都存在著那經由其自身歷史、社會、環境和經濟條件所交織出的一種獨特的內涵，任何其他的文化都無法找出完全相同的東西，有時甚至連能夠勉強對等的東西也找不出來。我們所說的這種內涵，便是該文化中最為獨特的、無法被任何其他語言翻譯出來的精神內核。我們顯然無法再走回頭路，理性平台向我們提供的解決方案漠視了多元文化之間存在著不可相互替代的獨特內涵。

我們所追問的問題不斷地把我們帶回到了原點，文化與文化之間到底是同質的（homogeneous），還是異質的（heterogeneous）呢？若說各文化是同質的，那是基於縱然存在著文化的多樣性（diversity），文化間卻仍保有普遍之理性作為文化溝通的平台，然而，這樣的平台卻罔顧了每一文化所具有之獨特的、不可被轉化、無法被翻譯的特徵或內涵，理性平台與其說是用來溝通的，還不如說是用來「同化」（assimilate）多樣文化的一種削足適履的刑台，理性的侷限性也由此無可避免地暴露了出來；若說文化是異質的、不可共量的，在各文化之獨特的存有和價值獲得了保存的同時，達至文化間溝通的可能性卻消失了，文化交流的問題不但沒有獲得解決，反而成了一個更棘手的難題。

面對不同文化的交流問題，個殊與普遍、差異與共通、多與一，這些概念又必須再次回到我們的目光之中。Rorty透過反諷者（ironist）的人物典型，取消掉了傳統中據以為一切普遍性之基礎的超越真理和實在，創造了一個能夠容許多元存有的烏托邦。然而，筆者卻以為，齊頭式的、僅僅容許一種最好的、「最合理的」文化的那種普遍性，卻並非來自於超越的、絕對的真理和實在，而是來自於人無限上綱的理性，以及理性的侷限

性。就像我們之前已經說過的，無人曾經直面絕對純粹的、普遍的和超越的真理，人類所經驗到的，從來只是某一真理、某一原則的可普化程度，既然如此，超越的真理如何能夠規限、拘束不同的文化，甚至抹平各文化中的獨特性以及文化間的差異？

人性允許差異，那是人性最美的價值之一。質言之，每個人的獨特存有的方式，即是人性之中所允許的、某一種可能性方式的實現。於是，人越是獨特，就越是對我們揭露人性，人永遠在其獨特之中孕育了普遍性。或許，現在該是我們離開抽象的理性普遍性，而開始重新思考一種從屬於人性的普遍性的時候了：一種從來沒有所謂完全的實現、永遠在自身可能性的發展中不斷地重新自我認識和自我定位的、蘊含了人的所有可能性和彈性的普遍。無可否認的，理性的鞋子是在多處地方讓人夾腳的。說穿了，理性只是人性的一部分，人性之可能性的實現，不僅僅是理性的實現，而更是人的整體存有的一種實現。或許，我們應該做的正是，「在特定傳統的根基礎處揭示普遍性，而不是從特殊性中抽象出普遍性。」[7]

上面所述有關於多元文化交流問題的思考，實在是一個相當複雜而又龐大的論題。筆者自知能力有限，所以既無意也不可能在一篇短短的論文中提出一套周詳的回答，面對這樣一個複雜而又迫切的問題，這篇論文必是有很多不足的地方。然而，我們仍然期待暫時跳開西方哲學的思維脈絡，在東方的智慧中尋求可能的回應方式，追問一種更廣闊的、打破理性之侷限性並向更多人性之可能性開放的普遍。由此，本文嘗試從莊子哲學中的人性論入手，盡可能地在能力所及的範圍之內重新思考多元文化中「一與多」、「個殊與普遍」、「差異與共通」等問題。

---

[7] P. H. A. I. Jonkers（2016）。〈相互性能成為全球倫理的原則嗎？〉（Can Reciprocity Be the Principle of a Global Ethics?）。《南園學術》6.4: 600。

貳、盡其所受於天：莊子哲學中人性的根源

若論莊子的人性論，就必然要問到這個「性」字。《莊子》一書中的內七篇，一般人皆公認為莊子所作，但裡面竟沒有一個「性」字。《莊子》的外雜篇中，使用到「性」字的地方就多了起來。[8]內七篇中的內容就真的沒有關於萬物之性的任何指涉了嗎？大抵《老子》中所謂「道生之，德畜之」的觀念，也在內七篇中延續了下來：「內七篇的德字，實際便是性字。因為德是道由分化而內在於人與物之中，所以德實際還是道。」[9]

道是「無」，是「初」，是「始」，它由從無分別的「一」，化入形形色色的「萬」物之中。易言之，從道到德，即是由一分化為多的過程，故曰「道生之，德畜之」，故曰「物得以生謂之德」、「生非德不明」（《莊子・天地》）。由此，蘊含於萬物之中的「道」，便是「德」，便是道分化後存於萬物之中的「性」。[10]

8　〈外〉、〈雜〉篇中，除了幾篇有疑義之外（如蘇軾在〈莊子祠堂記〉中指〈盜跖〉、〈漁父〉若真詆孔子者，而〈讓王〉〈說劍〉皆淺陋不入於道），其餘與莊子哲學精神若不違背的論述（或出於莊子之手，或出於後學對其思想的發揮），本文也視之為莊學的系統而在適當的時候予以引用。

9　徐復觀（1969）。《中國人性論史：先秦篇》。臺北：臺灣商務印書館。頁369。

10　蕭裕民在〈論《莊子》的「德」字意涵──個別殊異性〉一文中指出：「在既有的研究中，對於《莊子》中的「德」，除了以偏向儒家的德性意涵或某種修養境界理解以外，另一種常用的解釋是「得」。例如馮友蘭認為「德者，得也」、王叔岷認為「德者，得也」、吳汝鈞認為「德指萬物的所得」……等。這些解為「得」的解釋，雖在不同的脈絡中大致皆強調了「德」源於「道」的意涵，但僅以「得」來理解似乎仍隔了一層，不夠清晰，解釋範圍也較有限，而且，各學者說法仍有差異，亦有所不足或不安。」（參見蕭裕民（2005）。〈論《莊子》的「德」字意涵──個別殊異性〉，《高雄師大學報》18: 151-152。）據此，蕭裕民將「德」表達為個別殊異性。多數學者都能接受道與德的關係極為密切，所謂德者，得也，萬物有所得於道。道之為道，眾人已有共識，然若將道放到一旁，單以「德」字論之，就微妙了許多。德不能直接以儒家的道德方式來解釋，這樣就明顯窄化了莊子的「德」字一義，但是，德雖由道而來，卻不同於道，在萬物之

　　據此，我們便可以理解，何以在外雜篇中，德與性常常聯袂出現。例如，「且夫待鉤繩規矩而正者，是削其性者也；待繩約膠漆而固者，是侵其德者也」（《莊子‧駢拇》）、「同乎无知，其德不離；同乎无欲，是謂素樸。素樸而民性得矣」（《莊子‧馬蹄》）、「天下不淫其性，不遷其德，有治天下者哉」（《莊子‧在宥》）、「壹其性，養其氣，合其德，以通乎物之所造」（《莊子‧達生》）等等。

　　所謂（作為萬物之一的）人之性，即是道從「無分別相」入於「殊相」，亦即，由「一」轉為「多」的德。然而，雖然德已經入於萬物之中，但是它卻有如道在萬物之中的種子，在人身上之德，實是在人身上之道。因此，人生命的最適當發展，還是要藉著這個種子，重新回到道的懷抱當中。人如若「忘其所受」，即是從道所賦予人之性當中逃遁而去，「古者謂之遁天之刑」（《莊子‧養生主》）。人之「所受」者為何？不正是由道而來的德、由道而來的性嗎？由此，「盡其所受於天」（《莊子‧應帝王》）一語，即道破了人生命之發展所應遵循的方向：人要將我們所受於天（道）者，徹徹底底地活出來。此一思維之理路，與孟子所言之「盡其心者，知其性也；知其性，則知天矣」（《孟子‧盡心》），實乃同一發展軌跡。又如法國哲學家馬里旦（Jacques Maritain, 1882-1973）所言，「人必須透過他的意志，完成刻畫在他本性之中的東西。」[11] 如此看法，亦得與莊子的思想相互呼應、引發。

中，又各自呈現為不同的性分，所以蕭裕民指德是「個別殊異性」。在我看來，德由道而來，於萬物中又各自殊異，故將之視為萬物各自的本性，應是說得通的，所以徐復觀的看法有其可行之處，雖然其中可能含有推論的成分。此外，萬物雖有各自性分，但人若要透過德而返回道，卻仍需要修養功夫，因為人雖由道而「得」其「德」，但作為本性言，卻不是指萬事俱備，就如小孩子有讀書識字的能力，但是沒有好好學習讀書識字，仍然可能大字也不識一個。故德雖是人關聯於道的樞紐，但若沒有修養功夫，便有如明珠蒙塵，是難以體道的。

[11] Jacques Maritain, *The Education of Man* (IN: University of Notre Dame Press, 1967), p.182.

　　據此，「不忘其所始」（《莊子・大宗師》）、「反其性情而復其
初」（《莊子・繕性》），以及「性脩反德，德至同於初」（《莊子・天
地》）的一貫理路，可謂是莊子哲學不斷反覆、重申的不變主題。所謂
「始」，所謂「初」，其所指者，皆爲道。究竟來說，莊子的人性論，其
實就是他的道論。莊子的道論，已經不再是老子所言之純粹客觀的道了。
道一方面是客觀的存在，但另一方面，此一客觀的道已經收攝、轉化爲人
之中的德，而人透過其精神之修養，便能夠從自身出發，回到其根源之
處，亦即，由德返回道中。正如徐復觀所言：

　　……老子的宇宙論，……雖然是爲了建立人生行爲、態度的模範所構
造、建立起來的；但他所說的「道」、「無」、「天」、「有」等觀念，
主要還是一種形上學的性格，是一種客觀的存在；……但到了莊子，宇宙
論的意義，漸向下落，向內收，而主要成爲人生一種內在地精神境界的意
味，特別顯得濃厚。由上向下落，由外向內收，這幾乎是中國思想發展
的一般性格；儒家是如此，後來的佛教也是如此。換言之，中國思想的發
展，是澈底以人爲中心；總是要把一切東西消納到人的身上，再從人的身
上，向外向上展開。[12]

　　在莊子看來，人若要活出他應有的樣子，就應該由其本性著手，
重返人性之根源──道當中，過著「遊乎天地之一氣」（《莊子・大宗
師》）、遊於「无何有之鄉」（《莊子・應帝王》）的一種與道冥合的生
活，那麼便是所謂「盡其所受於天」了。

---

[12]　徐復觀（1969）。《中國人性論史：先秦篇》。頁363。

參、因是、兩行、寓諸庸：文化的多元平等

　　既然道已經從一分化爲多，並且寓於萬物之中，這是否意味著由道而來的萬物皆無分別了呢？莊子的「齊物」一詞，當眞泯滅了各物之別了嗎？《莊子・齊物論》在正式表述「道通爲一」之前，莊子藉南郭子綦之口，指明了人籟、地籟以及天籟的不同層次：

　　子綦曰：「偃，不亦善乎，而問之也！今者吾喪我，汝知之乎？女聞人籟而未聞地籟，女聞地籟而未聞天籟夫！」

　　子游曰：「敢問其方。」

　　子綦曰：「夫大塊噫氣，其名爲風。是唯无作，作則萬竅怒呺，而獨不聞之翏翏乎！山林之畏佳，大木百圍之竅穴，似鼻，似口，似耳，似枅，似圈，似臼，似洼者，似汙者；激者，謞者，叱者，吸者，叫者，譹者，宎者，咬者，前者唱于而隨著唱喁。泠風則小和，飄風則大和，厲風濟則眾竅爲虛。而獨不見之調調，之刁刁乎？」

　　子游曰：「地籟則眾竅是已，人籟則比竹是已。敢問天籟。」

　　子綦曰：「夫吹萬不同，而使其自己也，咸其自取，怒者其誰邪！」

　　人籟乃由竹簫所吹出的樂聲，而地籟則是作爲「大塊噫氣」之風吹入了諸多不同情狀的孔竅而發出的不同聲音，萬般情態之聲響，被子綦生動地形容爲「似鼻，似口，似耳，似枅，似圈，似臼，似洼者，似汙者；激者，謞者，叱者，吸者，叫者，譹者，宎者，咬者，前者唱于而隨著唱喁」。但問到天籟，卻實在沒有具體的聲音可以形容了，於是南郭子綦只能說：且看看各種孔竅發出的不同聲音，這些聲音之所以千差萬別，是因爲各孔竅依據其自身的不同狀態而導致的，而那使它們發出各自聲響的還

有誰呢（夫吹萬不同，而使其自己也，咸其自取，怒者其誰邪）！易言之，天籟，是道的聲音，具體是形容不出來的，它是無聲之聲，亦是萬聲之聲。無論如何，地籟的譬喻，告訴了我們，孔竅得以根據自身各種不同的樣態而發出各自的聲音，其千差萬別，正如我們眼前的萬物千差萬別，而道乃是使萬竅發聲、萬物相別之根源。

正是道本身的演化，允許了分別，並且成就了差異。齊物不在於泯滅差異，而在於透過人精神之修養，洞悉差異背後之共同根源。是故，人應當「不忘其所始」、「復其初」、「反其真」（《莊子‧大宗師》），乃至最終達到「上與造物者遊，而下與外死生无終始者為友」（《莊子‧天下》）之生命境界。按照這樣的理解，荀子說莊子「蔽於天而不知人」（《荀子‧解蔽》）的看法，卻是片面的了，因為莊子實是對於人存在處境中所面臨之萬物的殊異與變化，有著極深刻的體會。

《莊子‧齊物論》中著名的「道通為一」，也細細地考慮了物物有別、有分的真實情態，是以，「道通為一」乃是與「寓諸庸」、「因是」、「兩行」等概念一起論述的：

可乎可，不可乎不可。道行之而成，物謂之而然。惡乎然？然於然。惡乎不然，不然於不然。物固有所然，物固有所可。无物不然，无物不可。故為是舉莛與楹，厲與西施，恢恑憰怪，道通為一。其分也，成也；其成也，毀也。凡物无成與毀，復通為一。唯達者知通為一，為是不用而寓諸庸。庸也者，用也；用也者，通也；通也者，得也；適得而幾矣。因是已。已而不知其然，謂之道。勞神明為一而不知其同也，謂之朝三。何謂朝三？狙公賦芧，曰：「朝三而暮四，」眾狙皆怒。曰：「然則朝四而暮三，」眾狙皆悅。名實未虧而喜怒為用，亦因是也。是以聖人和之以是非而休乎天鈞，是之謂兩行。（《莊子‧齊物論》）

小草和大木、醜癩之女和美貌西施，形色怪異之千形萬狀，以道觀之，皆可通為一（舉莛與楹，厲與西施，恢恑憰怪，道通為一）。但是，萬物有分、有成、有毀的背後，只有「達者」洞察到了其共通之根源是一（唯達者知通為一），他不固守事物之成與毀，而能寄寓在諸物各自的功用上（寓諸庸。庸也者，用也）。這就是所謂的「因是已」，即因物之自然。聖人不同於猴子，不為「朝三而暮四」或者「朝四而暮三」而心喜或發怒，因他深知名與實並未有任何變化，故而不受是非所累，而能得自然均平之理（和之以是非而休乎天鈞／成玄英疏：「天均者，自然均平之理也」），[13] 這就叫做「兩行」，亦即兩方皆可行，正如王先謙所說：「物與我各得其所，是兩行也。」[14]

據此，道通為一之所以成立，正在於人要從殊相中得見其中無分別之「一」。萬物各有功用，各具性分，各按自然，它們之間彼此不同，但卻是均平的（天鈞），沒有高低、貴賤之別，更無好壞、是非之判。基於道通為一的體察，聖人能夠依照事物各自之功能與性分以因應萬物，如其所如，任其自然，又或者說，是讓萬物「使其自己，咸其自取」，正如大地之諸般孔竅，依各自情狀而發出不同的聲音。若不同事物依其各自本性運行，我們實不能說它們之間有何高下貴賤之分，萬物之分別本皆由道演化而來，由此說來，事物越是依其本性而運行，越是自然而然，便越是向我們揭露不同事物之中所孕育的共通根源。聖人不會再將不同情狀之事物，以是非、美醜、成毀的方式對立起來，萬物自有其生，自鳴其意，乃道孕育萬物、賦予萬物的自然演化。「達者」、「聖人」面對萬物所採取的態度，正是莊子一再強調的「因是」、「兩行」的態度。「因人之所是而是

13　清・郭慶藩集釋（2018）。《莊子集釋》。臺北：商周出版。頁64。

14　摘錄自陳鼓應（1975）。《莊子今註今譯》上冊。臺北：臺灣商務印書館。頁73。

之，則天下有是而無非。兩行，是雙方都行，而無一方之不行，這便無可爭論，也不可相凌涉。」[15]按照此一說法，「兩行」這個概念與Richard Rorty所說的不相擾原則（live and let live），實頗有相似之意趣。

現在，如若我們以莊子的哲學原則來思考多元文化的問題，毋庸置疑的，世間所有的多元與差異，乃是道的自然演化，這種差異卻並非是一種相對主義（relativism），因為相對主義中所顯現的差異，總是在沒有可參照之最高真理的情況下而相互對立起來的。然而，莊子所說的、人所經驗的世界，確實是一真真切切的多元主義（pluralism），它們彼此有別，卻有著共同的根源和參照點（即道），它們各自據其本性而有所不同，而其本性亦是由道而來，是以，各物之本性沒有高下之分，它們既是其所是又如其所如，各自為是而不為非（此即因是、兩行），並且彼此之間也是平等的（天鈞）。如此一來，在多元文化的對話中，每一個文化依據其特定的歷史、人文以及自然條件所發展出的文化內蘊，便同樣是「是其所是而不為非」了，它有著據其自身本然而然的基礎和理由，再也沒有哪個文化可以說自己比其他文化更高尚或者更優秀。文化與文化之間的和諧，正存在它們安於各自的不同，亦即，存在於一種平等的「因是」和「兩行」的關係之上。

---

[15] 徐復觀。《中國人性論史：先秦篇》。頁401。

肆、無己、喪我以破除自我之封閉：文化溝通的可能性

文化之間各安其各安其份的平等，是否就是莊子哲學的全部啟示呢？莊子所說的萬物彼此平等、各得其所、各安其份的這種狀態，與Rorty由各文化間基於其不可共量之異質性所引出的多元平等，是同一種東西嗎？答案是否定的，因為兩者之間存在著根本的不同。Rorty以拒絕超越之真理和實在以及擁抱偶然性的方式來證成的多元平等，迥然不同於莊子以作為終極且超越之真理的道為基礎而成就的多元平等。

之前已經說過，文化之間也有可能存在一種和諧，是以不相關、不溝通的方式做到的。在公領域中不同意見所造成的衝突，在私領域中就不成問題了，人們可以回到各自的私領域中去自掃門前雪。但是，這種做法以莊子思想的脈絡來看，其實是行不通的。在《莊子·天下》中，記載了惠施所言「氾愛萬物，天地一體也」，卻遭到了莊子評為：「惜乎！惠施之才，駘蕩而不得，逐萬物而不反，是窮響以聲，形與影競走也，悲夫！」但如果惠施「氾愛萬物」，又豈能稱之為「逐萬物而不反」？難道莊子不愛萬物嗎？事實上，在評論惠施「合同異」之論前，莊子已然提出「獨與天地精神往來而不敖倪於萬物，不譴是非，以與世俗處」的論述。「敖倪，同傲睨，猶驕矜也；不敖倪，即不傲視萬物」，[16]足見莊子待萬物態度之謙和。「不譴是非，以與世俗處」，更說明了體道的生命並不是要睥睨萬物、棄絕世俗，而是要謙和順物地與世俗共處。莊子曾說：「與物有宜而莫知其極」（《莊子·大宗師》），又說：「與物為春，是接而生時

16　關永中（2006）。〈不敖倪於萬物、不譴是非——與莊子懇談見道及其所引致的平齊物議〉。《臺灣大學哲學論評》32: 48。

於心者也。是之謂才全。」（《莊子·德充符》）「與物有宜」、「與物為春」，才是莊子待萬物的真情。莊子沒有說泛愛萬物，但是一個體道的生命、一顆涵融萬有的虛靜之心，又如何能夠不愛由道而來的、千姿百態的萬事萬物呢？於是，這就成了徐復觀先生所說的：「他不言泛愛萬物，但自然與萬物同其呼吸，雖欲不愛而不可得。」[17] 了。因此，究竟來說，惠施「氾愛萬物，天地一體也」的看法莊子也是同意的，只是惠施以「遍為萬物說，說而不休」（《莊子·天下》）來得出結論的方式（以論辯來應接萬物，最後只能落得「逐萬物而不反」），為莊子所不取耳。

是以，人與世間萬事萬物的和諧，並非採取淡漠的不相關態度而來的，人與萬物不但有關係，而且是彼此和順、相互悅納的關係。人的生命也無所謂公領域、私領域之分，面對公與私的，都還是那同一個生命之整體。由此，「因是」、「兩行」所展現出來的多元與平等，應該是一種彼此悅納的多元，相互承認的平等。文化與文化之間有可能做到各任其性、各得自由，而與此同時，彼此間仍卻能夠相互悅納嗎？這個問題實是文化間溝通、交流的核心問題。我在這裡用了「彼此悅納」的說法，而沒有用「包容」、「容忍」這類詞語，因為「包容」、「容忍」有可能暗示了某一文化以己為中心，對其他文化施以寬宏大量的「包容」與「容忍」，但卻不一定是高高興興的接受，如此一來，便不符莊子謙和順物、安時而處順（《莊子·養生主／大宗師》）的本意了。

質言之，「因是」、「兩行」的態度所獲得的文化間的多元和平等關係，和摒棄了最高真理而由文化異質性之論述而來的多元平等，儘管在表面上相類，但其真正的內涵卻是不一樣的。其一，「因是」、「兩行」的態度，其實是在「道通為一」的基礎上成立的，亦即，是落腳在一個超越

---

[17] 徐復觀。《中國人性論史：先秦篇》。頁365。

了萬物又涵融於萬物之中的終極真理（或說，終極真實）之上才成立的；其次，「因是」與「兩行」所成就的多元，彼此之間不是冷漠的，在各因其是、各得自由的同時，它們不會相互傲睨（不敖倪於萬物），它們彼此不譴是非，是相親而悅納的，用莊子的話來說，就是「有宜」，就是「爲春」。然而，這並非能夠輕易達至的事情，說到底，就像之前提及的，只有「達者」、「聖人」才能真正做到。換句話說，文化間真正平等而和諧的交流、對話以及溝通，其可能性也就必然寄託在「達者」、「聖人」的成就之上了。

「達者」、「聖人」洞悉了萬物之「道通爲一」、「同於大通」，是以能夠用「因是」、「兩行」、「寓諸庸」的方式以與世俗處。然而，人是如何能夠洞悉萬物「道通爲一」、「同於大通」之理的呢？其關鍵正在於人的精神修養功夫。莊子哲學的精神修養功夫，是一門大學問，已經有無數的先賢與學者們給予了深刻的論述。然而，本文的目的不在於全面地闡述莊學的修養功夫，而僅僅提出「無己」、「喪我」等關鍵概念，作爲文化間溝通、對話之可能性的開啟。這是一方面是因爲莊子哲學從一再強調這些概念，表明了它們爲人之精神修養而言的重要性；另一方面也因爲「無己」、「喪我」之旨，頗能相應於全球化過程中人應破除封閉之自我以向他者開放的時代訴求。莊子曾言：

> 至人无己，神人无功，聖人无名。（《莊子·逍遙遊》）
> 大同而无己。（《莊子·在宥》）
> 道人不聞，至德不得，大人无己。（《莊子·秋水》）

《莊子·齊物論》中，子綦也以「今者吾喪我」來表達其當時的精神境界。由此可見，破除封閉之自我是修養之始，如果封閉於某一立場之

中，美醜、是非、成毀等相對性的便相應而來，紛然錯亂，難以分辨。是以莊子言：「自我觀之，仁義之端，是非之塗，樊然淆亂，吾惡能知其辯！」（《莊子・齊物論》）[18]莊子所說的「成心」，正是把自己的精神限於封閉自我之圈圈當中。單單「圈」一字，已道盡了封閉自我之窘境。

> 夫隨其成心而師之，誰獨且無師乎？奚必知代而心自取者有之？愚者與有焉。未成乎心而有是非，是今日適越而昔至也。是以無有為有。無有為有有，雖有神禹且不能知，吾獨且奈何哉！（《莊子・齊物論》）

依據人本有的「成心」出發而得來的知，其知的特性是主觀的、相對的，也是排他的。如成玄英所說：「域情滯著，執一家之偏見者，謂之成心。」[19]莊子對於心知的作用很是警惕，一不小心，人就會受成見、欲望之裹脅而逐物奔馳，陷入相對之是非當中。然而，人真有可能不受到自身原有之經驗、環境以及歷史的影響來進行認知嗎？Hans-Georg Gadamer（1900-2002）曾在《真理與方法》（*Truth and Method*）一書中，指出了歷史與傳統存在於人理解中之不可避免的作用。「如果我們想要公正地對待人類這種有限的、歷史性的存有模式，那就有必要在根本上重新為成見的概念恢復名譽，並且認知到存在著正當之成見（legitimate prejudices）這一事實。」[20]易言之，「為了要理解，一個人總是不可避免地要有一種

18　陳鼓應先生直接將「自我觀之」解釋為「依我看來」，這有點像莊子自己說：「我認為……」。但筆者從上下文來看，由於前面莊子正論及「毛嬙、麗姬，人之所美也，魚見之深入，鳥見之高飛，麋鹿見之決驟，四者孰知天下之正色哉！」講的是人、魚、鳥、鹿之不同立場各自封閉而產生的相對性，所以「自我觀之」中的「我」，應指的是人之封閉的自我，而要破除世間之種種相對，便須得從「無己」、「喪我」入手。

19　清・郭慶藩集釋。《莊子集釋》。頁56。

20　Hans-Georg Gadamer, *Truth and Method*, trans. by Joel Weinsheimer and Donald G. Marshall (London/NY: Continuum, 2004), p.278.

前在的理解（prior understanding），所以，我們可以說，『成見』是必然的。」[21]乍一聽來，莊子和Gadamer的看法是相互衝突的。人如果不能離開其傳統與歷史的立足點來理解當下或者放眼未來，那麼，依據成心而來的成見其實是不可避免的，而且是自然而然的。但細就下來，我們會發現，莊子批判人之成心，乃是基於對「逐物而不反」之「知」的警惕，然而，人之修養最後的提升，最後卻仍不得不寄託在「心」的作用之上，故而才有莊子所強調的「心齋」（《莊子‧人間世》）之修養方式，他說：「唯道集虛。虛者，心齋也」。據此，莊子修養論的真精神乃在於「超知而不捨知」。[22]問題並不在於傳統或者歷史是否作用在我們的認知之上，而是在於我們的「心」是否因「成心」封閉了起來，一個封閉之自我是不可能真正擴大其精神生命的，人世間之相對與衝突皆由此而來。

　　再觀Gadamer的「成見」（Vorurteile）。「Vorurteile」這個德文字，根據Ze'ev Levy所言，它可以指涉兩個英文字，一是可能帶有正面意義的「prejudgment」（一種必須的「預先判斷」），另一是明顯帶有負面義的「prejudice」（偏見、成見），而在德文，就只有「Vorurteile」一個字。[23]Gadamer雖然探討了人的認知必然存在某種成見，作為一種人理解時不可避免的「前見」，[24]然而，更重要的是，Gadamer指出，人正是在

---

[21] Richard E. Palmer著、何佳瑞譯（2008）。〈理解的普遍過程：高達美詮釋學中的七個關鍵字〉。《哲學與文化》35.2: 136。

[22] 徐復觀。《中國人性論史：先秦篇》。頁387-388。

[23] Ze'ev Levy, *From Spinoza to Lévinas: Hermeneutical, Ethical, and Political Issues in Modern and Contemporary Jewish Philosophy* (New York: Peter Lang Publishing, 2009), p.88.

[24] 洪漢鼎即譯之為「前見」（參見（德）漢斯-格奧爾格‧伽達默爾著、洪漢鼎譯（1999）。《真理與方法：哲學詮釋學的基本特徵》上卷。上海：上海譯文出版社。頁341），雖然避免了「成見」一詞的負面義，也避免了很多可能引起的爭論。但是在筆者看來，Gadamer其實是深刻理解「Vorurteile」之負面義的，但他仍然採用了這個字，而刻意不用「preunderstanding」（前理解）這類中性的字，據此，中文以「成見」一詞來翻譯「Vorurteile」當更能符合Gadamer之原意。

帶著自身前見而與其他人產生視域融合（fusion of horizons）的，這意味了Gadamer「從來就不是一個盲從者，也不是一個狹隘的闡釋者，就像在我們心中對『成見』的認知是非常狹隘的一樣，事實上，他剛好與此相反。他致力於詮釋的哲學，以此來克服狹隘性，絕不於事前假定自身的立場一定是對的，而是向其他的意見開放。這種蘇格拉底式的態度——向他人提出的可能的真理開放，正是Gadamer的座右銘。」[25]

　　同樣的，莊子批判「成心」的要義，不是在於否認人依據其經驗、環境而產生之自然而然的「前見」，他很清楚地知道，人皆取法於自身之「成心」，誰沒有自己可取法的成心呢？成心是人人皆有的，即使愚笨之人也有（夫隨其成心而師之，誰獨且無師乎？奚必知代而心自取者有之？愚者與有焉）。據此，修養之關鍵落在了「無己」、「喪我」，因為只有破除了自我之封閉，人才能超越「成心」所引起的是是非非。人破除封限之自我而向萬物、向他者開放，即是向道開放。文化間的交流也是如此，各文化間的平等只是文化溝通最基礎的平台，它表明了，每一文化都有著與其他文化同台演出的平等權利，然而，如若期待文化之間能夠解決衝突並且和諧共處，彼此間真正的溝通、對話是絕對必要的，正如同「無己」、「喪我」乃是成己之性（成就自身心靈真正自由、開放而不受封限的獨立活動）以及成物之性（允許他人與他物能各任其性、各得自由）的關鍵一般，欲使溝通與對話成為可能，需要各文化拋除文化中心的心態，破除文化的自我封限，並且願意向其他文化開放，欣然地接受自身文化與其他文化一同分享某種更理想的實踐方式，或者分享某種更高之真理的可能性！

---

[25] Richard E. Palmer著，何佳瑞譯（2008）。〈理解的普遍過程：高達美詮釋學中的七個關鍵字〉。《哲學與文化》35.2: 131-132。

伍、反思與結語

我們從莊子哲學中「盡其所受於天」的理路出發，從人各自所受的性分，通向了使萬物成為萬物、使萬物自然而然之根源的道。莊子的系統裡，存在著個殊、多元以及差異（物各任其性、各因其是），也存在著普遍及共通（萬物之根源——道）。由上而下，我們說道從無限之可能性中，由無分別的「一」，演化成萬物千姿百態的「多」；由下而上，人可以從其「所受」之不同性分，在心靈不受封限而向萬物開放（照物卻不逐物奔馳）的精神活動中見道，並得重返其初，與道冥合。

基於道，萬物有了平等的「齊物」之關係，但這裡的「齊」卻非可計算的一種「等量齊觀」，它們彼此之間是不可共量的（各自為是而不為非），但卻是相通的。不需要像Rorty一樣以取消超越之實在與真理來保障多元之間的平等以及各自的正當性，在莊子的系統中出現的一與多、個殊與普遍的關係，同樣成就了一種物任其性、各得自由的一種平等關係。

道作為萬物之源，它是最高的真理，更是終極的實在。何以莊子哲學中對於道的表達，並沒有導致萬物之間的同化，卻反而成就了萬物得以各因其是的千差萬別呢？筆者以為，這是因為由道而來的普遍，並非是單靠理性抽象而來的普遍。道，並不是從理性抽象出來的一種形式化的普遍或絕對的普遍，而是充滿可能性的、永遠在實現中的一種動態的可普性。莊子所在意的，不是事物表面的一致，而是其深處的相通。普遍性不再是將差異壓平的普遍，而是在差異的深處通向一種允許萬物實現其自身之所有可能性的活的、無法窮盡的、無法受規制的普遍。老莊由多中見一、從個殊中顯普遍的進路，若非透過理性的抽象活動，那又是如何而來的呢？與道冥合的生命，其實是一「體」道的生命，莊子對於道的掌握（某種不能言說的的體會），乃是透過對存有之體驗而來，它表現出了中國哲學的一種特有的重視生命體驗的性格。

　　之前已經提及，《道德經》中描述的道，作為某種客觀卻難以言說的存在，人只能透過對道之客觀存在的體會與觀察，以取得人在天地之間行為態度的立足之處。到了莊子，對於道的強調，更多地轉移了到內化、收攝於人存在之中的道，也就是「德」、「性」的概念之上。人回到了自己的德當中，努力地活出其存有的本性。於是，人越是他自己，他就越能體會道在其自身之中所賦予的性分以及可能性，這便是「盡」其所受於天的一個「盡」的過程，它也是人得以返回道的過程。就這樣，我們越是獨特，其實就越相似，因為我們越是接近道，彼此就越是相通，而「天地與我並生，萬物與我為一」（《莊子‧齊物論》），就成了這種差異間彼此相通、相融的最終表達。

　　人透過此種方式所返回的「道」，不是抽象的，卻仍是無條件的、無限的。然而，道的無限性，並不是如惠施所主張的那種形式的、概念的無限，而是「存有學的無限」，[26] 人對於此存有之無限性的認知，乃透過「體道」而來。它不具有理性抽象的絕對性，卻有著體驗的絕對性，在理性中可能成為弔詭或是背反的東西，在體驗之中卻基於最真切且不可否認之真實性，而獲得了支持。然而，重視體驗的哲學性格，並沒有讓莊子就此取消道本身的客觀性，按照沈清松教授的說法，人與終極實在的關係，乃是一種「融入式的互動」，[27] 有互動，就不能取消任何一方。人與道合一，但道並不就是人。我們在這裡還可以對這種關係加以補充，並進一步說，人與道之間顯現為一種「滲透式的相關」，又或是，「參與式的同一」的關係。說人與道是「滲透式的相關」，這是因為人性乃由道自然演化而來，道與人之「德」、「性」早已相互滲透，是千絲萬縷的不可分

---

[26] 沈清松（1994）。〈莊子的道論：對當代形上困惑的一個解答〉。《國立政治大學哲學學報》1: 26。

[27] 沈清松（2002）。《對比、外推與交談》。臺北：五南圖書出版股份有限公司。頁5。

割的關係，故而人與道確實是彼此密切相關的。然而，既然說彼此是「相關」的，那就不是「等同」的，人與道不能被當成是同樣的東西而等同起來。這種看法亦相應於人與萬物之關係：人與萬物基於道而彼此相關，但卻不能說它們彼此等同，這便是世間萬事萬物雖不可共量（不能等同亦不能等量齊觀），卻能相通（彼此相關）之故。同樣的，「參與式的同一」也具有類似的意涵，人與萬物的根源皆是道，道與人性、萬物之性乃是相互參與的，既然是參與的關係，就有參與的兩方，而不能彼此完全等同。然而，萬物（包括人）卻能夠透過向上追溯至共同的根源而確立其同一的關係，只是這種同一並不帶有彼此同化之意，「同」乃在於「同於大通」（《莊子・大宗師》）、「反於大通」（《莊子・秋水》），這是因相通而一，而非因等同而一。

　　總結來說，本文從莊子的人性論出發，探討人與道或萬物與道所展現出的一種莊子式的「多與一」、「個殊與普遍」以及「差異與共通」之關係，它有別於形式化的、由理性抽象出來的一種概念上的「個殊與普遍」關係，而是由對存有之體驗而證成的關係。莊子與惠施之間的論辯，往往不在於結論，而在於通向結論的進路。「氾愛萬物，天地一體」是莊子與惠施的共同結論，然而，莊子是從一種體驗的境界來達至這個結論的，惠施則企圖從邏輯的思辨來推出這個結論。莊子與惠施討論「魚之樂」（《莊子・秋水》）的故事，最能顯出兩人在方法進路上的差異。惠施對莊子說：「我不是你，我不知你是否知道魚之樂，但你也不是魚，你也不會知道魚是否快樂。」（我非子，固不知子矣；子固非魚也，子之不知魚之樂，全矣！）按理說，這場論辯當是惠施勝了。但莊子這時一下省悟了過來，停止用論辯的方式來討論問題，遂道：「讓我們回到最初你問我的時候吧！你說：『你怎麼知道魚是否快樂』，其實你已知我知才來問我，我就是從這壕水的橋上知道的啊！」（請循其本。子曰『汝安知魚樂』云

者，既已知吾知之而問我。我知之濠上也。）莊子知魚之樂，乃是見而即知，此知來自於他的眞實體驗，是他的眞知，亦是他的逍遙。

以莊子哲學的進路爲依據，我們進一步反思了多元文化之間的關係。一方面，我們避開了一種完全由理性主導的、概念化的普遍性（此普遍性傾向於壓平各文化間的差異，取消各文化本有獨特性），另一方面，我們也無須爲了捍衛各文化本有的特殊性和正當性而拒絕任何超越之眞理的可能。據此而論，莊子哲學似乎幫助我們在多元文化世界中走出了第三條道路，其價值和啟發可謂是宏大而深遠的。本文透過莊子哲學的智慧，嘗試提出一種和諧且相關的「多與一」的關係，然而，這個探索僅僅呈現了初步的雛形，仍然留下了許多不及討論的問題。例如，莊子所謂「心」作用，如若不是單純的邏輯的、概念的理性作用，那又應當是如何的呢？「心」的作用在對道的體驗中扮演了何種角色呢？莊子所體證的道與人，道與萬物以及人與萬物之間泛愛且和諧關係，若非「達者」、「聖人」則難以行之，那麼，此種莊子式的「多與一」、「差異與共通」，是否眞能爲身處於多元文化世界中平凡的普羅大眾所接受甚至是實踐呢？莊子的思想如何才能眞正有效地運用在解決文化衝突、促進文化間的溝通、對話以及交流之上呢？本文之不足，實是筆者力有未逮之處，只能留待未來進行更深入的探索和研究了。

參考文獻

（德）漢斯—格奧爾格・伽達默爾著，洪漢鼎譯（1999）。《真理與方法：哲學詮釋學的基本特徵》上卷。上海：上海譯文出版社。

沈清松（1994）。〈莊子的道論：對當代形上困惑的一個解答〉。《國立政治大學哲學學報》1: 19-34。

沈清松（2014）。《跨文化哲學論》。北京：人民出版社。

沈清松（2002）。《對比、外推與交談》。臺北：五南圖書出版股份有限公司。

洪如玉（2007）。〈後現代教育是否可能？Rorty自由反諷教育觀研究〉。《師大學報：教育類》52.1: 45-62。

徐復觀（1969）。《中國人性論史：先秦篇》。臺北：臺灣商務印書館。

清・郭慶藩集釋（2018）。《莊子集釋》。臺北：商周出版。

陳鼓應（1975）。《莊子今註今譯》上冊。臺北：臺灣商務印書館。

蕭裕民（2005）。〈論《莊子》的「德」字意涵——個別殊異性〉。《高雄師大學報》18: 149-161。

謝攸青（2006）。《後現代藝術教育：理論建構與實例設計》。嘉義：濤石文化。

關永中（2006）。〈不敖倪於萬物、不譴是非——與莊子懇談見道及其所引致的平齊物議〉。《臺灣大學哲學論評》32: 45-74。

Gadamer, Hans-Georg. *Truth and Method*. Trans. by Joel Weinsheimer and Donald G. Marshall. London/NY: Continuum, 2004.

Jonkers, P. H. A. I.（2016）。〈相互性能成為全球倫理的原則嗎？〉（Can Reciprocity Be the Principle of a Global Ethics?）。《南國學術》6.4: 591-601。

Levy, Ze'ev. *From Spinoza to Lévinas: Hermeneutical, Ethical, and Political Issues in Modern and Contemporary Jewish Philosophy*. New York: Peter Lang Publishing, 2009.

Maritain, Jacques. *The Education of Man*. IN: University of Notre Dame Press, 1967.

Palmer, Richard E.著，何佳瑞譯（2008）。〈理解的普遍過程：高達美詮釋學中的七個關鍵字〉。《哲學與文化》35.2: 121-144。

Rawls, John. *Political Liberalism: Expanded Edition*. New York: Columbia University Press, 2005.

Rennie, Stuart. "Elegant Variations: Remarks on Rorty's 'Liberal Utopia'," *South African Journal of Philosophy* 17.4(1998): 313-342.

Rorty, Richard. "Religion in the Public Square: A Reconsideration," *Journal of Religious Ethics* 31.1(2003): 141-149.

Rorty, Richard. *Contingency, Irony, and Solidarity*. Cambridge: Cambridge University Press, 1989.

Unity out of Many in Zhuangzi's Philosophy

Katia Lenehan

Associate Professor, MA Program in Brand and Fashion Management and Holistic Education Center, Fu Jen Catholic University

Associate Research Fellow, Academia Catholica, Fu Jen Catholic University

Abstract

The age of globalization leads to more acute value conflicts, since the value conflicts between different cultures result from their inerasable differences. Possessing these differences, each culture declares its own legitimacy over one another. The relativity and opposition between cultures seem to be the inevitable result of the self-claimed legitimacy of each culture. However, if each culture is heterogeneous and incommensurable with others, then the dialogue, interflow and enrichment between cultures will be impossible. In the meantime, the reason-based cultural interflow ever since the age of enlightenment will surely end due to the malpractices created by the limitedness of reason.

In this context, here we reflect on the issues of "many and one," "uniqueness and generality," "distinction and commonness" based on Zhuangzi's philosophy. On the one hand, this approach avoids the reason-based and conceptualized generality/universality, while such generality tends to flatten the differences between different cultures and erases the uniqueness of every culture. On the other hand, there is no need to reject the possibilities of any transcendental truths to defend the specialty and legitimacy of every culture, so to speak, it is not necessary to reject the possibilities of reaching unity in plurals, searching for generality in distinctions, and finding commonness in differences. Therefore, Zhuangzi's philosophy seems to help us find the third way in a world of multiple cultures, which has significant value and inspiration.

Keywords: Globalization, Zhuangzi, Dao, Multiple Cultures

台灣社會現況觀察與芻議

墨家「非攻」：要「戰」，還是要「和」——當今社會和諧之道

蕭宏恩

中山醫學大學通識教育中心教授

摘　要

　　本文撰寫之目的，並非意欲對墨家「非攻」之義理進行詮釋，卻是引申墨家「兼相愛，交相利」、「兼愛非攻」、「興利除弊」之義理，而以「兼愛非攻」為核心的論述，以面對如今被撕裂、難以寬容的社會。墨家於現實上具體之作為，就是為興天下之利，造天下之福，而興利必先除弊，但這主要是邏輯上的先後。直捷地講，「非攻」在於「除弊」，但同時即是「興利」，因為在「兼愛」理念的觀照以及「非戰」的情況下，大眾的利益方得以獲得保障；在「不戰」的狀況下，彼此方得以有所互動，「交相利」才有所可能；而最基本在於「能戰」的情況下，方有「和」之可能。因此，墨家「非攻」是因著「兼愛」的主動性之作為，而非被動性之承受。將之落於當今社會對立的省思，筆者以為，最大的問題就是缺乏「兼愛」之理念，弱勢的一方屈於被動的承受，遑論交相利、興利除弊了。而在「兼愛」理念之下，如何落實於當今社會，即為本文之重點。

關鍵字：兼愛非攻，興利除弊，兼相愛，交相利，當今社會。

壹、由電影「墨攻」談起

電影《墨攻》（2006年，中國大陸、香港）開場，趙軍先遣部隊兵臨城下，趙軍將領面對站在城牆上的墨者革離，衝口一句：「要降，還是要戰？」筆者順著「兼愛非攻」之義，面對當今缺乏互信、被撕裂、難以寬容的臺灣社會，將之改為「要戰，還是要和？」。《墨攻》雖然是一個虛構的故事[1]，但是，電影的生動，結合墨家「兼愛非攻」之義理，面對當今臺灣社會的對立，一般人很自然地選邊站或冷漠以待，以致社會不和諧，造成社會的不安，先行撇開影片中對兼愛的「討論」，卻是可以給我們有幾番值得省思的地方。

其一，墨者革離站在城牆上，拿著改裝後的弓箭（射程較遠），面對趙軍先遣部隊將領的威脅，毫不畏懼地警告趙軍：「誰敢靠近梁城半步，我絕不留情。」因為有相當距離，趙軍將領卻是駕馭著其坐騎向前走了六、七步，不想革離的箭直向他射來，驚恐之際，不禁狼狽地摔下馬來！站在城牆上準備禦敵的梁城軍民，見此一幕，高聲歡呼了起來。此等歡呼，與其說是退敵的歡呼，毋寧說為「能戰」的歡呼。

其二，「能戰」而不求戰，卻是備戰而「非戰」，尤其在敵大我小的情況下。在戰國時代，趙國是屬強國，梁城只不過是一個僅有四千多軍民的獨立小城邦。在「墨攻」的故事中，趙國發動十萬大軍欲攻打燕國，途經梁城只是想順便占點便宜。怎知墨者革離的一箭，阻卻了趙軍先遣部隊的攻勢，為梁城爭取了更多時間積極備戰，正是勿恃敵之不來，恃吾有以待之，最好能達致「不戰」之境。

---

[1] 有學者認為，《墨攻》並非是一個完全虛構的故事，而是參考了《墨子·公輸》及〈備城門〉以下諸篇軍事篇章的相關內容，再加以戲劇化情節而成。筆者接受這樣的說法，而筆者所言「虛構」，乃是指電影《墨攻》雖然改編自日本作家酒見賢一之同名歷史小說，但它畢竟不是一真實歷史事件。

其三，「不戰」並非求和，卻是「能戰」而「不戰」。畢竟，雙方實力有相當差距，趙軍豈會輕易不戰（攻）！然而，趙軍發動兩、三番的攻擊，無論是正面攻城，或是挖地道的偷襲，皆受到重創，趙軍只得退兵。墨者革離趁此不戰時期，帶領梁城軍民積極建設，一時之間革離即受到梁城軍民的愛戴與推崇。

其四，墨家主張「兼愛非攻」，但電影名稱卻是用了似乎與其完全對反的墨「攻」？墨者革離在城牆上，射向趙軍先遣部隊將領的一箭，是「攻」？還是「防」？無論革離再如何低調行事，而且表明不可能長久待在梁城，可是，仍然招到梁城主帥將領的忌妒，革離只得離開，一群敬重革離的梁城軍民，也就隨著革離離開了梁城。不久，佯裝撤兵的趙軍即攻入了梁城。而革離帶領著隨他一起出城的梁城軍民潛回梁城，利用天時、地利的戰術運用，即使在平民居多的情況下，也一舉奪回了梁城。顯然，這是「攻」回梁城，不同的是，革離在敵、我雙方皆損失輕微的情況下，達到了此「攻」的目的。

那麼，革離在城牆上射向趙軍先遣部隊將領的一箭，是「攻」、還是「防」呢？筆者以為，是「防」。因為基於墨家「兼愛」之理念，敵人也是人，人與人之間應該彼此相愛，不得傷害，更何況殺之！譬如，在影片中，趙軍三番兩次受到重創，梁城軍民在收拾戰場時，看見革離經過，便對革離作英雄式的齊聲歡呼！然而，革離卻毫無欣喜之情，告誡梁城軍民，死傷了這麼多人，不應該歡呼。而在兼愛的理念之下，主張「非攻」，目的在消弭國與國之間的相互攻伐，主要是為阻卻大國對小國的侵略，因此，墨家積極發展科技，鑽研戰略、戰術的應用，達致「不戰而屈人之兵」，令侵略國知難而退，墨子「阻楚攻宋」（《墨子・公輸》）的事蹟，就是最好的範例。

一場戰事畢竟就是一場戰事，如果將此等情境放入社會上的考量，情況就複雜得多了。如今臺灣社會的對立、相互攻訐，就在於彼此的不信任、甚至仇視！弱勢者總是要憑著抗爭來爭取權益，強勢者有時基於自身的利益以及權力的傲慢，強壓弱勢者，更造成社會的不和諧。筆者設想，將墨家「兼愛非攻」的主張放入如今臺灣社會進行省思，期盼尋得走向和諧之道。

貳、社會上的爭執、相互攻訐往往拖垮整體

墨子提出「兼愛」之理念，主張「非攻」，就是為了「興利、除弊」：「仁人之所以為事者，必興天下之利，除去天下之害，以此為事者也。」（《墨子‧兼愛中》）而「除弊」是為了「興利」，但此二者並非時間上或因果上的先後，卻是邏輯上的先後關係。然而，戰爭原則上就是一種重大的消耗，尤其是人員的損失，不但耽誤了原有的行事或依循的時節，造成預期成果的減損、甚而荒廢！如墨子所言：「今師徒唯毋興起，冬行恐寒，夏行恐暑，此不以冬夏為者也；春則廢民耕稼樹藝，秋則廢民獲斂。」（《墨子‧非攻中》）但獲得利益的恐怕只有少數人：「國家發政，奪民之用，廢民之利，若此甚眾，然而何為為之？曰：我貪伐勝之名，及得之利，故為之。」（《墨子‧非攻中》）可是，個人（少數人）真正得到利益了嗎？墨子以「攻三里之城，七里之郭」為例來作分析，而論：「計其所自勝，無所可用也；計其所得，反不如所喪者之多。」（《墨子‧非攻中》）幾番戰役下來，縱使重創了趙軍，梁城軍民、財物的損失亦不在話下，最後趙軍主帥也因革離的設計而死在梁城。另外，由於梁城主帥將領的忌妒因而仇視，企欲射殺革離，卻誤殺了梁城公子（梁

城君主的獨生兒子）。一場爭戰、一陣忌妒、仇恨之後，拖垮了梁城，也拖垮了趙軍，到底誰得到了利益？梁城主帥將領也在趙軍攻入城內時被殺身亡。

> 若使中興師，君子庶人也，必且數千，徒倍十萬，然後足以師而動矣；久者數歲，速者數月。是上不暇聽治，士不暇治其官府，農夫不暇稼穡，婦人不暇紡績織絍，則是國家失卒，而百姓易務也。然則又與其車馬之罷弊也，……此其為不利於人也，天下之害厚矣。（《墨子·非攻下》）

故而，一場戰爭下來，任誰也沒獲得利益，反而拖垮了整個團體，完全無益於除弊與興利。

筆者作為生活在臺灣社會的一份子，感觸到如今臺灣最大的問題，乃在於社會充滿一股不和諧的氛圍，人與人之間的矛盾、衝突越來越多且越來越激烈，不知是以前媒體並未報導，還是真的變多、加劇了？譬如說，現今無論在媒體、網路，甚而口語上習慣用的「打臉」一詞，充滿了挑釁、對立、衝突之意味，即使有理，亦不但無法平息論爭，而且有理也成了無理，無理更是無理，容易引起更尖銳的爭執、更嚴重的對立，終致爆發（更大的）衝突！還有就是網路上的「酸民」，匿名於螢幕之後，不論事情的真相、黑白，以尖酸刻薄的言語，意圖對特定對象造成傷害。更有甚者，即是所謂的「網軍」（這裡主要指的是「網路打手」），為了自身或受雇單位之利益，不分青紅皂白、是非對錯，甚至發布假訊息，宣揚己身、打擊異己。凡此種種，都是造成如今臺灣社會不和諧、衝突加劇的緣由。然而，社會上彼此攻訐的結果，論誰都沒得到好處。例如，有餐廳買通網軍為其在網路上宣傳，即有顧客慕名而來，結果不如網路上所言，

甚至差距甚大！消費者與這家餐廳業者都沒得到好處，唯一得利的，只有那隱藏在網路世界的網軍罷了！這家餐廳業者更可能一昧想著投機，而如同前文所舉墨子之言，反而耽誤了應有的行事或研發增進食物烹調之美味的時間，不但沒有達致預期效果，而且荒廢了時日！又例如，奧客進了一家其實不錯的餐廳，只因一時沒能順了他的意，即在網路上給予餐廳負評，甚至發動親友一起攻訐、霸凌之。

在《墨攻》的故事中，本來孱弱、不堪一擊的梁城，因得自墨者革離之助，而成為一能戰之堡壘。但是，能戰並不代表求戰，墨家「非攻」主張希望敵能知難而退，明白一旦戰事驟起，任誰都不會是贏家！放之於當今網路、媒體之省思，上舉被奧客攻訐、霸凌之餐廳，如果在社會上不但已建立良好的信譽與口碑，在這個基礎上，也讓奧客知道，在網路、媒體上有一戰的相當實力，希望奧客能知難而退，讓奧客明白一旦在網路、媒體上開戰，自己會傷得更重。然而，在這彼此不信任的社會氛圍下，網路、媒體的訊息傳播，也成了真假難辨的世界。結果，網路、媒體上的彼此攻訐，任誰也得不到好處。

墨家提出「兼愛」，就是為消弭天下「強執弱，富侮貧，貴傲賤，詐欺愚」之亂象，「非攻」之主張，除了意使強勢者不得攻伐弱勢者之「非戰」之境，更是意圖營造不致發動戰爭之「不戰」之情境。當今社會強勢、弱勢之別，主要已非表面勢力之差別，而是誰能掌握網路，主導發言權，帶動或形成主流論述。此亦非有理、無理之分判，卻是意識形態之作用。在意識形態的作祟下，筆者以為，臺灣民眾大致分為三種[2]：藍營，以中國國民黨為代表，包括深藍、淺藍、附屬藍；綠營，以民主進步黨為

---

[2] 現有所謂的「白色力量」，如民眾黨、時代力量等，但直至目前尚未走出自己的路，因此，筆者仍然將之歸於藍、綠之中。

主導，包括深綠、淺綠、附屬綠；還有就是冷漠的大眾，必要時會選邊站。我們都希望社會上有持中立立場的人，以作為社會和諧的推動者。然而，臺灣社會有真正持中立立場的人嗎？筆者不敢說沒有，但恐怕是極少的「稀有動物」了！

參、中立在於對理念堅持且具行動力之「理」

那麼，所謂的中立立場又是如何呢？墨者革離中立嗎？在電影《墨攻》中，梁城公子曾問革離，如果一日趙國有難，尋求墨家的幫助，你會前往嗎？革離毫無猶疑地回答，會！墨子曾言：

> 今天下之所譽善者，其說將何哉？…雖使下愚之人，必曰：「將為其上中天之利，而中中鬼之利，而下中人之利，故譽之。」（《墨子·非攻下》）

墨家之為中立，持的是「理」，而非各打五十大板以表現自身的不偏不倚於任何一方，而號稱己之中立！重要的是，其「理」何在？「理」不就只是一些義理、要理的論述，或是消極的批評，更是積極的批判，最為重要的是訴諸行動（實踐）的現實表顯。墨家之「理」是基於對「兼愛」理念堅持之下的具體實踐，簡單地說，「兼愛」是「愛人如己，是人若己」、「投我以桃，報之以李」，由之展現為「公利」而奮力不懈之「兼愛行、行兼愛」之行動，即「為義」。而「義」之所向並非是對某（些）人或某個團體負責，卻是對天（志）的崇敬，對鬼神的承諾，歸結於對普羅大眾（人）謀求福祉、造就幸福的志向。墨子所言「上中天之利，而中

中鬼之利，而下中人之利」，人又如何可能為天與鬼神謀得利益？人做什麼是合於或應於天與鬼神之利益？就是在於為中人謀取福利，作為領導者及帶領百姓共同為整個社會造就幸福生活。如墨子所說：

> 然則天亦何欲何惡？天欲義而惡不義。然則率天下之百姓，以從事於義，則我乃為天之所欲也，我為天之所欲，天亦為我所欲。（《墨子·天志上》）
>
> 昔之聖王禹湯文武，兼愛天下之百姓，率以尊天事鬼，其利人多，故天福之，使立為天子，天下諸侯，皆賓事之。暴王桀紂幽厲，兼惡天下之百姓，率以詬天侮鬼，其賊人多，故天禍之，使遂失其國家，身死為僇於天下，後世子孫毀之，至今不息。（《墨子·法儀》）

近年臺灣有所謂「白色力量」的崛起，紛紛組黨，主要以時代力量與臺灣民眾黨為代表，號稱超越藍綠的中間勢力，居於中立之立場監督政府，參選民意代表，甚而迎向執政之可能。結果，才沒多少時日，代表白色力量的兩黨，一者明顯成為民進黨的附屬組織，是為綠營的一分子，而另一者仍搖擺於藍、綠之間。如今這兩黨已猶如在風雨飄緲中搖搖欲墜。筆者並無意將中立與結黨區別開來，認為中立就應該是孤伶伶的一個人，卻是，前文已言及，「中立」持的是基於對理念之堅持而於當下（現實）展現具體行動之「理」，當然必須有所後盾，即團隊，靠著組織力量，方得以完成預期之成果，達致既定之目標。如同先秦時的墨家，與其說墨家，不如說是墨家團體，即是有制度、有組織的團隊，確保「兼愛」理念之遂行。而如果個人與團隊在具體作法上有所不同時，仍在團隊所堅持的同一理念下，個人可以單獨行動。在「墨攻」的故事中，梁城求援於墨

家軍，但是，墨家巨子³認爲梁城君主昏聵無道，故不願派軍隊前往。然而，墨者革離認爲墨家「兼愛」面對的是「人」，況且戰事一起，受荼毒的卻是梁城百姓，所以應該予以援助。巨子既不願出動墨家軍，革離即隻身前往，憑藉一身本事保全梁城。革離此舉不但並未違背墨家「兼愛」之理念，而且亦充分展現墨家務實、無私、寬容之精神（蕭宏恩，2006：14-15）。

肆、自我覺知而默默耕耘以除社會私利之弊、興社會之利

前文言及，墨家講求「兼愛」、「爲義」，目的在興天下之利，除天下之害，「除弊」是爲「興利」，但此二者非時間或因果上關係，而是邏輯上的關聯，而往往興利同時在除弊，除弊之同時亦在興利，如《墨子‧貴義》篇所舉墨子的事蹟：

> 子墨子自魯即齊，過故人，謂子墨子曰：「今天下莫爲義，子獨自苦而爲義，子不若已。」子墨子曰：「今有人於此，有子十人，一人耕而九人處，則耕者不可以不益急矣。何故？則食者眾而耕者寡也，今天下莫爲義，則子如勸我者也，何故止我？」

顯然，耕者一人更加努力耕作，使得十個人（連同耕者自己）都能吃得飽。更加努力工作以增加糧食，以免除糧食不足之問題，這是「除

3　墨家團體的領導者。

弊」；而同時是「興利」，因爲有足夠的糧食能讓大家都吃飽。墨子的老朋友見到「今天下莫爲義」而私利薰心，乃當時天下最大的弊害，以致彼此攻伐連連、強取豪奪，社會動盪，一刻不得安寧。墨子老友卻心生退縮之念，還勸墨子亦無需這般徒勞無益地勞苦爲義。那麼，如果人人都不爲義，又有誰來除天下之害，興天下之利？今亦有人說，那耕者一人何不自食其力、自力更生，天助自助者，怎管得了那懶作的九人？筆者設想，在如此情境下，那耕者一人豈可能偏安於一隅，其他九人難道不會去搶奪那耕者一人的食物嗎？況且食物只夠一人吃飽，十個人豈不打成一片，天下的紛亂不就是這麼來的嗎？耕者一人之作爲，令十人皆得飽食，免除了人與人之間的爭鬥，即已成就「非攻」（不戰）之主張，達致除弊、興利之目的。[4]

是故古之仁人有天下者，必反大國之說，一天下之和，總四海之內。焉率天下之百姓，以農臣事上帝山川鬼神，利人多，功故又大，是以天賞之，鬼富之，人譽之，使貴爲天子，富有天下，名參乎天地，至今不廢，此則知者之道也。（《墨子・非攻下》）

如今臺灣社會，充斥著一種不願吃虧，只想占便宜的自我、爲己之心態，自然容易失去對周遭的關注，不願主動付出，而是相當被動的給予，甚至對於他人的恩惠，認爲理所當然而無動於衷！雖然如此，臺灣還是有一群人（也許是個人，也許是團體）在默默付出，不求名利，不怕「吃虧」，希望盡一己之力，以行動促進社會的安寧與祥和。筆者之所以將

---

[4] 這裡強調的是「兼愛」的「主動性」，以期達致「兼愛」的互動性（李賢中，2003：127），而非一昧地姑息。

「吃虧」二字用引號括起來，是因為在這群人心中沒有「吃虧」的問題，這是由於默默耕耘的人，不是對某個或某些誰負責，而是對身處這個社會、世界、以及宇宙[5]的「自我」負責，如同戰國時代墨者是對天（志）與鬼神負責，時至今日，不講上天、不言鬼神，我等即是要對自我負責。實際上，先秦墨家上尊天、貫通天志，中信事鬼神賞善罰惡、替天行道，最後亦必須歸結於人對自身理念的顯發，也就是對自我負責。墨者「為義」，就是「兼愛」理念的顯發。

　　天欲義而惡不義。然則率天下百姓，以從事於義，則我乃為天之所欲也，我為天之所欲，天亦為我所欲也。……若我不為天之所欲，而為天之所不欲，然則我率天下之百姓，以從事於禍祟中也。……我有天志，譬若輪人之有規，匠人之有矩；輪匠執其規矩，以度天下之方圓。（《墨子·天志上》）

　　逮至昔三代聖王既沒，天下失義，……是以天下亂，此其故何以然也？則皆以疑惑鬼神之有與無之別，不明乎鬼神之能賞賢而罰暴也。今若使天下之人，偕若信鬼神之能賞賢而罰暴也，則天下豈亂哉？……是故子墨子言曰：「雖有深谿博林，幽澗毋人之所，施行不可以不董，見有鬼神視之。」（《墨子·明鬼下》）

　　今人多不信鬼神，認為「天」乃為人所能掌握且予取予求之科學之天；臺灣有一句諺語「人在做，天在看」，民間亦流傳「舉頭三尺有神明，善惡到頭終有報」等等，這些都是大家皆能朗朗上口的勸世之語，縱

5　此言「宇宙」，意謂「過往」（過去）、「當下」（現在）、「尚未」（未來）一切存有，尤其是「人」，而「當下」最是為重，墨家「兼愛」即是超越時空的愛。

使如此，一般人亦不覺「施行不可以不董，見有鬼神視之」！但是，當人做出不義之舉或有此念頭時，自身難免會有所驛動，如果不去理會自我的這種覺知，終致沉淪而「多行不義必自斃」，在《墨子》一書中，多處以為義而得賞之聖王堯舜禹湯文武與為不義而受罰之無道之君桀紂之對比，表明天之由鬼神的賞賢罰惡。如今，在一般人心中，以為天已遠去，鬼神不再，而實際上，天與鬼神不是不在，卻是由外在之監督轉而為自我的內在覺知了。

伍、兼愛精神的自然感召凝聚眾人以興社會之公利

在社會中默默耕耘，即是一種中立立場的實踐。中立之人一心造福社會，自不會攻訐他人，而且得以逐漸影響社會，促進和諧，不但可消弭社會中人與人之間的紛爭，更有利於社會幸福的營造。但是，不求名利、不計利害的默默耕耘，如果只是一個人或分散之少數人的犧牲奉獻，其成效畢竟有限，需要一種團隊運作的共同努力，方得以發揮至大功能。這個團隊，除了需要一群志同道合的人，最需要的是某種精神上的感召，且有其堅持之理念，才能有效的凝聚彼此，形成如同一人之意志的堅實團體。前文已提及，先秦墨家實際上是一個多是由社會低層弱勢之平民組成的團體，堅持「兼愛」之理念，有類於當今科學式之制度的組織運作。固然其中的成員是受到墨子之精神感召，但是，處於其時之戰亂時代，多少是平民百姓的庇護之所。而在如今承平之世，除卻了作為弱勢者的庇護之所，因精神之感召，而且有一堅持之理念的團體，默默「耕耘的一人」方得以興社會之利，且影響「閒散不耕作之九人」。

1979年諾貝爾和平獎得主，印度加爾各答的德蕾莎修女（Mother Teresa of Calcutta, 1910-1997），1950年創立羅馬天主教（Roman Catholic）

仁愛傳教修女會（Missionaries of Charity；又稱「博濟會」），發願為「窮人中的窮人」服務[6]。1952年在印度加爾各答創立「垂死者之家」（Home for the Dying Destitute），以其精神感召，召喚了世界各地而來的志工及其修會的修女，致力於臨終（垂死）者的照護與陪伴[7]。筆者於記憶中聽過德蕾莎修女一則軼事，某日，德蕾莎和幾位修女在加爾各答街旁的溝渠中，看到一位身上長滿蛆的垂死老人，德蕾莎和幾位修女就將老人抬回垂死者之家，幾人花了三個多小時的時間，將老人身上的蛆、傷口和汙垢清理乾淨，且換上了乾淨的衣服，然後陪伴在老人身邊。過了不久，老人面容帶著微笑，尊嚴地逝去。無論這則軼事是否為真，皆表顯德蕾莎修女因其對上主的信仰而散發之博愛精神，落於現實，即如同墨家「兼愛」之實踐。

有人譏諷德蕾莎修女之所為，同樣的三個多小時，如果花在一些「有用」的事務上，豈不可以造福更多的人？同樣批評墨家主張「兼愛非攻」，不斷地勞苦自己去救助弱勢（小國）又有什麼用，強勢（大國）仍然虎視眈眈，墨家（團體）豈能兼顧？如此，筆者有兩點疑惑，首先，「有用」意謂為何？「有用的事物」又所指為何？其次，如果以這樣的邏輯，「有用」尚有「更有用」，更有「更更有用」，還有「更更更有用」……，如此延續下去，如何才是「最有用」？難道德蕾莎修女之精神感召了全世界是「無用」的嗎？如此的論辯已超出本文之範圍，筆者即談論至此。話說回來，無論是墨家、或是德蕾莎修女，面對的是「人」，

6　維基百科：https://zh.wikipedia.org/wiki/%E5%8A%A0%E7%88%BE%E5%90%84%E7%AD%94%E5%BE%B7%E8%82%8B%E6%92%92%E4%BF%AE%E5%A5%B3

7　〈【探索世界】臨終之愛 德蕾沙修女的垂死者之家〉：http://www.rhythmsmonthly.com/?p=3300
《去吧！永不回頭》。專欄 垂死之家：https://www.seekye.life/noreturn2/

卻是對他們所信奉之超越的實在[8]負責。墨子「阻楚攻宋」的事蹟已然表顯，墨子「裂裳裹足，日夜不休，行十日十夜而至於郢[9]」，消弭了楚國攻伐鄰近小國宋之念頭，拯救了宋國可能遭受的一場荼毒，然而，

> 子墨子歸，過宋，天雨，庇其閭中，守閭者不內也。故曰：「治於神者，眾人不知其功，爭於明者，眾人知之。」（《墨子·公輸》）

由「治於神者」與「爭於明者」之對比，顯然墨子之心思。而印度由於種姓制度，社會階層分明，百姓在不平等待遇中生活，但在德蕾莎修女「垂死者之家」中，沒有階層、種族、國籍等等之問題，受到一視同仁的臨終照護與陪伴。德蕾莎修女一度還受到當地人的排擠，但是當他們明白了德蕾莎及其修會之修女與志工們之所爲，亦深受這些異教徒之感動。

又有人嘲諷，墨子和德蕾莎修女不求名利、不要酬勞、不計勞苦地救助眾人，爲弱勢者服務，難道他們不是藉此沽名釣譽嗎？即使墨子和德蕾莎修女並無此意，但是，在這種不自私的愛（兼愛、博愛）中，似乎仍隱含著一種微妙的自私傾向！？殊不知墨子和德蕾莎修女之作爲乃承天之志（天志，上主的訓誨、基督的腳步），內化於人即爲人之本務，人與人之間不就是應該彼此扶持、互助的嗎！善盡人之本務，怎能說是求取名利呢？就算一個人是爲了求好名聲而汲汲於公利，豈不也是一椿好事！

社會上如此譏諷、嘲諷默默耕耘之人，無論是什麼心態，皆是一種對人的攻訐，默默耕耘者能不能受到影響（能不能戰），端視其對所持理念的堅定與否？如果受到影響而灰心於所爲之義（不能戰），選擇獨善其

8　墨家感應的天（志）、鬼神，德蕾莎修女信仰的上主。
9　郢爲楚國都城。

身，並非受制於譏諷、嘲諷之言，而是對自身理念的動搖。如果不受影響、也不為己之作為辯護，仍默默地其為義之作為（能戰），譏、嘲諷者即使不被感召，但終致無著力處而靜聲，處於「非戰」之平衡；譏、嘲諷者如果受其感召，即達致「不戰」之境，乃社會之福。筆者於此並無意認為默默耕耘者為己之作為辯護是不正確的，而是辯護容易引起衝突，無論孰輸孰贏，任誰都不會得到好處。在前文所論及之〈貴義〉篇中，墨子面對老友「今天下莫為義，子獨自苦而為義，子不若已」之語，並未為己辯護，而言「今天下莫為義，則子如勸我者也，何故止我？」筆者以為，墨子此言同時在邀請其老友與之一起為義。故交情誼仍在，老友如果受墨子精神感召，乃天下之福。故而，社會上默默耕耘之人最厲害的「武器」，就是「默默耕耘」，不但消解了譏、嘲諷之人的攻訐（墨家「非攻」之「防」），而且以其精神感召（邀請）社會上的人們一起來耕耘所處的生活世界（共同存在情境）（墨家「非攻」之「攻」）。他們雖然「默默」耕耘，卻並不沉默，無時無刻都在為社會和諧、社會公利而「發聲」。由上論述，不難見得，社會上默默耕耘者之精神，即是如今社會所缺乏，而造成彼此不信任、相互對立、攻訐，以「兼愛」為理念之務實、無私、寬容之墨家精神。

陸、結語：要「爭」，還是要「謙」？

「非攻」並非被動的承受，而是有主動性的「能戰」，能戰而不求戰，希冀達致「非戰」之境、甚而「不戰」之目的。總而言之，在「兼愛」理念的觀照下，「非攻」主張之踐行，達於「非戰」之平衡，在保全身家的情況下，大眾之利益方得以獲得保障，除弊、興利方得以可能；達致「不戰」之境，「信任」方得以建立，彼此方得以有所互動，「交相

利」才有所可能，共同謀取最大福利，營造幸福生活。而這些皆必須立基於「能戰」的情況下，方有「和」之可能，否則一味地承受，只會令強勢者食髓知味、得寸進尺。

今日我等所處基本上乃一承平之世，但生活的社會卻呈現某種不和諧的紛亂景象，強勢凌壓弱勢，尤其表顯在各種的網路霸凌。筆者受墨家「兼愛非攻」之主張及其作為之啟發，即將之落於當今社會紛亂之省思，試圖尋得當今社會和諧之道。

首先，最基本在於培育自身的能力，充裕自身的實力，而非勢力，尤其是處於弱勢者，使自身具備應對周遭之能為（能戰），尤其是面對強勢。然而，當明認的是，採對抗之姿，其結果，恐怕只有兩敗俱傷，雙方皆得不到好處。

接著，我們需要一個恰當的立場，站穩這個立場，掌握立於此立場的角色、位置，才能真正將「兼愛非攻」之主張在當今社會訴諸實現，此立場即是「中立」之立場。此言「中立」並非一般所設想之「無立場」，而是在對某理念堅持之下之「理」的現實踐履。於此，即是在墨家「兼愛」之理念的堅持下，「非攻」之主張的實踐。

最後，就是實踐問題。當今社會明顯持中立立場的就是一群默默耕耘的人，他們不是對某（些）人負責，卻是對己負責，如同墨家不是對「人」負責，而是對天（志）、鬼神負責。默默耕耘的人不會主動攻訐他人，也不是被動的承受他人的譏諷、嘲諷，但也可能不會為己辯護，卻是如此做去以造福社會。社會上默默耕耘的人，最厲害的「武器」就是「默默耕耘」，讓攻訐者無從著力，不但自然消解了對其之譏諷、嘲諷，而且可能受其之精神感召，一起為謀社會大眾福祉而努力。在筆者看來，默默耕耘者之精神，就是以墨家「兼愛」為理念之務實、無私、寬容之墨家精神。

　　每一個人都想在一個和諧的社會中安然生活，然而，也許就是因為處於一承平之世，有人就將心思朝向自身更高的名位、更大的利益著想，以致彼此爭鬥，造成社會的不和諧。另有一群不為名利在社會中默默耕耘的人，處處謙讓[10]，只希望藉著自身的作為，消弭社會的戾氣，營造一幸福和諧的社會。那麼，處於當今承平之世的社會中，「兼愛非攻」已非「戰」或「和」的問題，而是「要『爭』，還是要『謙』」的抉擇了。

---

[10] 謙讓不同於退讓或退卻。

參考文獻

李漁叔註譯（1974）。《墨子今註今譯》。臺北：臺灣商務印書館。

李賢中（2003）。《墨學：理論與方法》。臺北：揚智文化。

蕭宏恩（2006）。〈墨學在現代臨終倫理之意義及其應用〉。《源遠護理雜誌》
    創刊號。頁3-22。

維基百科：https://zh.wikipedia.org/wiki/%E5%8A%A0%E7%88%BE%E5%90%84
    %E7%AD%94%E5%BE%B7%E8%82%8B%E6%92%92%E4%BF%AE%E5%A5
    %B3

【探索世界】臨終之愛 德蕾沙修女的垂死者之家：http://www.rhythmsmonthly.
    com/?p=3300

《去吧！永不回頭》專欄 垂死之家：https://www.seekye.life/noreturn2/

Mohists'"non-attack": to be fighting or peace-the way of harmony in today's society

Hsiao, Hung-En

Professor, Center for General Education, Chung Shan Medical University

Abstract

The aim of this paper does not intend to interpret the doctrine of Mohists'"non-attack", but to extend the doctrine of"loving each other and benefiting each other","love-without-distinction and non-attack"and"benefit and eliminate disadvantages"discoursing center on"love-without-distinction and non-attack"in order to face today's society that be torn and unforgiving. The concrete act of Mohists in reality is to benefit the public and benefit must first eliminate disadvantages that it is logical order mainly. Speaking directly,"non-attack"lies in"eliminate disadvantages"but"benefit"simultaneously, because of in view of the idea of"love-without-distinction"and under the situation of "non-war"that public interests are only able to get guaranteed, and under the situation of"no-war"that people are only able to interact with each other and benefit each other only possible, and, basically, under the situation of"can-fight"that peace is only possible. Therefore, Mohists'"non-attack"is an initiative act with"love-without-distinction", but not passion of passivity. Thus, if we take it to reflect on the opposition of today's society, the writer thinks, the biggest problem lies in lack of the idea of"love-without-distinction"resulting in the weak side yielding to passion of passivity not to mention no attack each other, benefit each other or benefit and eliminate disadvantages. Then, it is that how to implement Mohists' "loving each other and benefiting each other","love-without-distinction and non-attack"and"benefit and eliminate disadvantages"in today's society to be the focal point of this paper.

Keywords: love-without-distinction and non-attack, benefit and eliminate disadvantages, loving each other and benefiting each other, today's society.

以「人」為「道德存有」：從儒家和卡羅‧弗歐茲瓦（Karol Wojtyła）哲學人類學探索當代台灣的人

歐思鼎

天主教輔仁大學學術研究院專任博士後研究員、

天主教輔仁大學全人教育課程中心兼任助理教授

楊安仁

靜宜大學社會企業與文化創意碩士學位學程助理教授

摘　要

　　此論文探索當代台灣的「人」觀，針對中哲以「人」為「道德存有」的主張，提問當代台灣人的「道德存有」本性。台灣的政治歷史是其自決爭戰的標誌：台灣的自決建基於因得到國際認可和合法化而產生的自我肯定與自我認同。毫無疑問，台灣除了有全球化和多元文化的普遍傾向之外，對西方國家也越來越開放，因此，當它想要向西方看齊時，事實上也就遠離了中國大陸。此傾向是否有人觀的後果？此論文既不是政治學的研究，也不是歷史的批判和重建，而是對一個人民的人觀的哲學批判。作為華人的台灣人，根本上為道德存有，現在面臨本質上非看重道德存有人觀的民族且其對開放，會有多大的哲學影響？換句話說，此論文是對「台灣人」的概念的評論。若從哲學人類學的角度論「台灣人」的概念，還可以稱之為儒家的「人」嗎？也就是說：如果儒家哲學人學主張「仁者人也」，今天的台灣人還可以說是以「仁者」為做人的理想嗎？因此，此論文將透過對「仁者」作為一個道德人的概念進行哲學分析，以基於卡羅・弗歐茲瓦「道德人」的思想來嘗試探討。為了理解「倫理人」或「道德人」的概念，要先論「倫理」、「道德」與「人」的概念。因此，在此論文中，卡羅・弗歐茲瓦哲學將被用作定義和闡釋「倫理」、「道德」和「人」這些概念的知識論基礎。在儒家倫理和人學的論述中，作者認為卡羅・弗歐茲瓦（Karol Wojtyła）的哲學是西方哲學中的一個合理典範。卡羅・弗歐茲瓦人的概念是「Person-revealed-in-Action」「行動中所顯出的人」，此人的屬性基礎，在儒家的人觀中非常重要，此「行動中所顯出的人」即是有道德的人，因為「仁者」在儒家哲學中即是「人」，這是由於儒家倫理學和人學以及卡羅・弗歐茲瓦所論述的基本主張具有相似性的結

果。因此，此論文探討：一、問題的闡述。二、儒家哲學人類學的論述。三、卡羅・弗歐茲瓦「道德人」的闡述。四、以弗歐茲瓦思想重構「仁者」與「道德人」的觀念。五、以「台灣人」為「仁者」的批判和結論。

關鍵字：道德人、倫理、台灣人、儒家、仁、Karol Wojtyła、全球化。

壹、問題的闡述

由於這篇論文是關於哲學人類學的論述，因此最好透過闡明哲學人類學的認識論和目的來揭露它的問題。哲學人類學是一種哲學方法，其根本目的是對人全盤理解的批判性探索。這是透過探索人的形上學本質及社會於此層面的各個面向來實現的。因此，它著重於在人思維的清晰度範圍內盡可能多地發展，包括對人的本質、個別主體的具體人，以及人的最終極目的。從這個意義上來說，這著作是關於當代台灣社會中關於人的觀念的哲學問題的論述。當代台灣社會具有華人文化的背景，但是其社會政治取向、形成和教育無疑的正在變得越來越西方化。

這種情況的哲學結果肯定是當代非洲哲學中一個永久存在的問題。這是自我意識或位格性（personhood）的問題。誰是非洲人？是什麼使一個人成為非洲人？是當代非洲哲學中非常難解的哲學問題。這些難題是因為非洲的奴隸制、帝國主義和殖民主義等歷史因素。這些問題和難題直到大約200年前才存在，它們是由於歷史而產生的哲學問題，即歷史上被稱為非洲的地緣政治地區的奴隸制，帝國主義和殖民主義。這些在非洲人民的思想中帶來了數年的社會政治取向，形成和教育，迄今為止，在回答以下問題時存在著哲學問題：我是誰？

這樣非洲人的「位格性的問題」是當代台灣人可能將來會面對的問題。因此，在當代台灣，「我是誰？」或「誰是台灣人？」這些問題，似乎有待提出，並在哲學上進行嚴格的思考。因此，這篇論文是將這類問題提高到哲學意識水平並將其帶入哲學視野的一種方法。

貳、儒家哲學人類學的論述

儒家的三個經典《論語》、《孟子》和《中庸》都主張：「仁者人也。」它們都把人之所以為人定義為「仁」，作為儒家哲學中所有倫理道德的根本基礎，可以得出這樣的結論：從本質上言，人是道德人。無需過多闡述儒家哲學中「仁」的概念，僅需肯定「仁」的概念不僅是儒家倫理學的核心概念，而且是儒家哲學思辨的核心。因此，「仁」的哲學概念可以歸納為：1.「仁」是人的本質。2.「仁」是人際關係和互動的原則。3.「仁」是倫理和道德判斷的原則。4.「仁」是良好領導和社會和諧的原則。5.「仁」是人類生命與超越性的原則。[1]作者認為「仁」的這五種性質使「仁」的概念足以充分被理解為儒家哲學人類學，將對此以卡羅・弗歐茲瓦的哲學人類學加以證實，並進一步系統化。

從儒家哲學人類學的角度來看，「仁」是人的基礎。孟子在〈公孫丑〉篇中說：「惻隱之心，仁之端也」和「無惻隱之心，非人也」，明確主張「仁」是使人類成為一個人的本體。沒有「仁」，人可以被認為是一個物，嚴格地以哲學而言不能被認為是人。

除了「惻隱之心，仁之端也」之外，孟子還論「羞惡之心，義之端也」、「辭讓之心，禮之端也」及「是非之心，智之端也」，為人之所以為人。[2]這與《中庸》中的「仁者人也」[3]，具有完全相同的哲學含義。因此，「惻隱之心，仁之端也」是支撐並構築人其他基本原理的基礎，

---

[1] 在牟宗三的「仁」論述中，對哲學概念「仁」的這些理解以某種方式來論：「仁體」（作為本體論實體），「仁理」（作為形上學原理），「仁道」（作為萬物的終極本體），「仁心」（作為萬物的普遍意識）（參見，1968: 219）。

[2] 參見《孟子・公孫丑上》第六章。

[3] 《中庸》第二十章。

即「羞惡之心，義之端也」、「辭讓之心，禮之端也」與「是非之心，智之端也」的基礎，確認「仁義禮智」是孟子哲學的四個主要概念，而「仁義」是其哲學思想的核心。在「仁」和「義」這兩個概念之間，他認為「仁」在定義人的本質上具有優先的地位。他解釋孔子所說：「里仁為美。擇不處仁，焉得智？」為「天之尊爵也，人之安宅也。莫之禦而不仁，是不智也。不仁、不智、無禮、無義，人役也。」[4]在此言中他明確主張，如果沒有「仁」，就不會有「智」、「禮」和「義」，他的論點是「仁」是最重要的「天之尊爵」。

孟子曰：「仁也者，人也。合而言之，道也。」[5]他堅持認為人與「仁」基本上是分不開的；「仁」與「人」無法分開的理解。因此，朱熹在評論此論述時說：「仁者，人之所以為人之理也。然仁，理也；人，物也。以仁之理，合於人之身而言立，乃所謂道者也。」[6]為了強調「仁」這個概念在儒家思想中其作為人的基礎的重要性，羅光說：「按照仁道評判人的價值，孔子造成了中國社會的標準人格：聖人、賢人、君子、小人。而以仁人為最高。」（1982：312）「仁」是孔子所採用的社會地位標準，一個人如何養成他所擁有的「仁」原則，就能將自己置於儒家社會的任何人格標準之中。這說明了孟子的立場，即每個人只有在潛能狀態下才有「仁」的原則，這需要透過自我修養來實現。羅光如此解釋：「人的生活由仁而出發，在仁以內而發育。在倫理方面一切善德和仁相連，沒有仁不能完成人。」（1982：306）兩種主張都清楚地表明，「仁」的概念在儒家的倫理和道德中具有多麼重要的意義，而且它表明了「仁」的概念是人完美和超越的必要因素。

4　《孟子・公孫丑上》第七章。

5　《孟子・盡心下》第十六章。

6　《論語集注》。

　　在宋、明代的儒家哲學中，「仁」的含義不僅承繼孟子的「惻隱之心」，且演變爲具有意識本身的含義，尤其在程顥的思想中更形顯著。以「仁」爲意識，不僅成爲生命的原理，更成爲使人類生命與整個宇宙生命合而爲一的原理。

　　根據梁啓超的見解，當從表面上論「仁」時，它僅被理解爲同情心，但在更深的意義上，它是意識。（參見，1977：242）葉經柱支持梁啓超以「仁」爲人類意識的論點，他認爲「仁」是：「『普遍人格之實現』或『人格完成就叫做仁』。」（1977：243）林安弘也從自我實現的觀點認爲「仁」是「生命的自覺實踐。」（1992：18）勞思光也認爲「仁」是「太公之意志狀態」。（1980）

　　從以上所論，作者認爲這樣以「仁」的概念的理解人是驚人的，因此，將嘗試利用卡羅‧弗歐茲瓦關於意識和自我知識論述的觀點，爲理解「仁」作爲意識和自我知識的論點提供更多的闡述，此可以更清晰地理解「仁」，因爲它可以表明人的普遍實現和完善，即位格的超越，因此將從卡羅‧弗歐茲瓦人類主體性哲學的角度重新解釋「仁」的概念。

　　按照位格思想的哲學論述，尤其是卡羅‧弗歐茲瓦的闡述，可以明確地認定儒家「仁」的概念，在人類中成爲不可還原的本體（the Irreducible in the human being）、使人與其他物不同（that which distinguishes the human person from every other beings）、是人的本質（the quiddity of the human person）。因此，它補充了亞里斯多德以人爲理性的動物（homo est animal rationale）的主張、博伊修斯（Boethius）的位格：「具有理性本性的個別自立體（persona est rationalis naturae individua substantia）」和古代羅馬法的：「是屬於自己和具有不可通傳特殊性（persona est sui iuris et alteri incommunicabilis）」。

從基督宗教的神學與哲學思想來的「位格」（persona）的概念，意涵在於具有理性與自主本體不能還原的特殊性質，就是一個具有理性與自主的個別存有所以爲那個存有（what makes an individual rational and autonomous being that being）。從此「位格」的思想來理解「仁」，「仁」本質上是在儒家的人觀念是那不能還原的，也就是說，在人的本性上「仁」是不能還原的，但只能被揭示。

參、卡羅・弗歐茲瓦（Karol Wojtyła）「道德人」的闡述。

卡羅・弗歐茲瓦的人類學和倫理學之間的共同點是行動概念，即以人的自由意志所行使的行動（actus humanus）。倫理學是僅因人類能有所行爲才有可能，而只能使倫理學成爲可能的行爲，是人的活動所產生的行爲。因此，卡羅・弗歐茲瓦論點的出發點是「道德人」（ethical / moral person）與「行動的人」（acting person），即「人不僅是他的行動的動者，而且是他的行動的創造者。」[7]這就是說，人在自己的行動中創造自己，也就是說在行動中將自己顯現出來。他還論述：「道德與行動本質上是不同的，卻是同時的，它們之間是如此緊密地結合在一起，以至於道德除了人類行動之外就沒有眞正的存在。」[8]這些論點應該成爲深澈探究關於道德人的論證的鏡頭。

了解弗歐茲瓦的倫理學和道德觀念很重要，他將倫理學視爲一門

---

[7] "Man is not only the agent of his acting, he is also the creator of it" (1979: 69).

[8] "Morality and acting differ essentially, but at the same time they are so strictly united with each other that morality has no real existence apart from human acting, apart from actions" (1979: 70).

科學，他認為作為一門科學的倫理學，所討論的是對後設倫理學的一種研究。他說倫理學是「一系列的認知步驟，其目的是將倫理學作為一門科學來驗證。」（2011：4）他認為道德是「在人內主體化的現實」（a reality subjectivized in the person）（2011：5），這意味著道德是人類的一種經歷。他堅持認為「道德經歷必須從人類作為一個現實本身的整體經歷中提取出來。」[9] 在這種情況下，「道德經歷」是一種「對道德的理解」。他將倫理學定義為：「那使對構成道德的現實的理解過程為『完成的』」（2011：7），因此，關於道德人的討論必須以「道德經歷」為基礎（2011：7）。他認為，「義務的經歷」即「我應當做……」的道德經歷，是正確構成道德的經歷（2011：8）。

弗歐茲瓦人的概念從本質上言是一個「道德人」，即「行動中所顯出的人」（person-revealed-in-action），人與行動之間不僅存在一種現象學的關係，而且存在著一種本體論的關係，人與行為之間的關係涉及具價值事物的意願和對真理經歷的認知。這意味著在人行動的超越中，道德是前提，行動不僅揭示一個人，而且揭示一個人為善人或惡人。

為了獲得某種成就，人才需要行動。根據弗歐茲瓦的論點，「實現自己意味著要去實踐，並以適當的方式充實人內在的結構，這種結構因其位格性和由於他是某人而不僅是某物而具有他的特徵，這是自我管轄與自我擁有的結構。」[10] 這看法主張了作為道德人，其人的「動態之動力因性」（dynamic of efficacy）與「動態之自治與自持」／「動態之自我管轄與

9　'The experience of morality must be extracted from the entirety of the experience of the human being as a reality "in itself"' (2011: 7).

10　"To fulfill oneself means to actualize, and in a way to bring to the proper fullness, that structure in man which is characteristic for him because of his personality and also because of his being somebody and not merely something; it is the structure of self-governance and self-possession" (1979: 151).

自我擁有」（dynamic of self-determination and self-possession）之間的關係，它強調人在執行某項行動中的自由和責任。

弗歐茲瓦以行動的道德價值與行動的位格性價值作區分，透過行動的位格思想價值（personalistic value），他強調行動本身固有的基本價值。根據他的觀點，所有道德價值都屬於所執行行為的規範性質。他特別強調位格思想價值，因為它意味著自我管轄，「透過行動，使人行動的本性及其超越性得以實現。」[11] 行動的位格思想價值優先於行動的道德價值，因此他認為，人類行動的「位格思想」價值是「體現人本身價值的最根本」[12] 因為人在執行行動時會成就自己。

道德是人類超越的關鍵因素，道德不僅涉及善行或惡行或成為善人或惡人，還涉及真理，這是因為真、善與美之間存在著形上學的關係。（參見，1979：154）。自我意志的經歷對於行動中的人的超越是必要的，因為人可以自由地進行行動，而這些行動又反過來顯示此行動的人，並使人的超越成為可能，因此，為了實現行動中的人的超越，人必須自由地屈服於「真理」。弗歐茲瓦認為：「正是這種道德自由才構成了人的精神動力。同時，它也向我們展示了人的成就感和非成就感。」[13] 對他而言，「另一方面，自由本身就是向真理屈服，而這一事實在人的良心中最為突出。」[14] 因此，從本體論與現象學觀點出發，行動者的超越表現出人類的統一性，其統一性是由精神本質決定的。

---

[11] "inheres in the nature of his acting and the transcendence of the person is realized through his acting" (1979: 264).

[12] "the most fundamental in the manifestation of the worth of the person himself" (1979: 264).

[13] "It is this moral freedom that more than anything else constitutes the spiritual dynamism of the person. Simultaneously it also shows us the fulfilling as well as the nonfulfilling dynamism of the person" (1979: 155).

[14] "Freedom, on the other hand, carries within itself the surrender to truth, and this fact is most vividly brought into prominence in man's conscience" (1979: 156).

　　「道德人」是與其他人共同參與的存在者。人類的參與包含人與行為的結合及社會性兩個層面。弗歐茲瓦探索「與他人一起」（together with others）的行動對行動的位格性價值的重要性，為了更實質地闡述人「與他人一起」的參與，他提出以此「參與」（participation）的概念與傳統哲學中「參與」的概念相比，更具區別性的解釋。他認為：

　　　　傳統哲學中所設想的「參與」概念似乎與自然有更多的聯繫。當人「與他人一起」執行某個行動時，是人在行動時的超越，在此超越表現中，人並未完全被社交互動所吸收，因此沒有「被限制」，而是保留了自己的選擇自由和方向，這是參與的基礎及條件（1979：268）。

換句話說，傳統哲學在闡述「參與」概念時，所強調的是人類的理性和社會性，而弗歐茲瓦的「參與」概念則強調行動中的人「與他人一起」，其動力因性（efficacy）、結合性（integration）和超越性（transcendence）的動態。

　　參與限制可能是由個人或社會團體造成的。個人可能透過阻礙他人的積極參與來挫敗自己的自我實現；另一方面，透過阻礙一個人與他人積極參與行動，社會團體會阻礙自我實現的缺乏。弗歐茲瓦將這兩個方面的限制稱為「個人主義」（individualism）和「客體性總體主義」（objective totalism），也可以稱之為「反個人主義」（anti-individualism）。為此，儘管人是社會存在者，並且應該在社會團體中參與，不過人不應該在社會團體裡被壓制。

　　因此，弗歐茲瓦提出他所謂的「參與原則」，即「人具有執行行動的權利和在行動中實現自己的義務，這是其特定的屬性，這種義務源於實現

固有的位格性價值。」[15]這論點重申了他的立場，即成為一個人應該有參與的能力。因此，他強烈反對任何的「非位格性」和「反位格性」成為個人主義和反個人主義的產物，而將「疏離」假定為參與的否定，因為它使參與變得困難甚至不可能（參見，1993：206）。

肆、以弗歐茲瓦思想重構「仁者」與「道德人」的觀念

此段的目的是從弗歐茲瓦的哲學人類學基礎上加深儒家的「仁者人也」的理解。為達到此目標，作者會探索以下主題：「仁」在人類行為中的主體和客體經歷；在人的意識和自知中的「仁」；以「仁」為人超越性的完美；以「仁」為社會團體參與的基礎；而以「仁」為真實和非真實倫理價值觀的基礎。

一般來說，與西方哲學傳統不同，中國哲學根本上是人生和人類行為的哲學。「人」是中國哲學的中心主題，當進行社會和政治理論研究時，因為它與人生息息相關。因此它宇宙論的理論始終與人生和生命息息相關。這進一步解釋了為何中國哲學的終極目的是天人合一。因此，它在本質和方法上都具有主體性，這就是中國哲學的力量，這一哲學方面的價值足以與全球哲學，尤其是西方哲學共享。

從羅光的主張出發，「孔子仁的哲學，便成了生命哲學」（1982：258），如果是針對卡羅·弗歐茲瓦的哲學人類學的論點，則是透過研究人的行動，即人類的生活和經歷，來對人類有一更全盤的了解，因此

---

[15] "The person has as his specific attribute the right to perform actions and the obligation to fulfill himself in action. This obligation results from the personalistic value inherent in fulfillment" (1979: 273).

對「仁」的概念重新解釋性的研究將有助於實現這個目標。為此，會將「仁」的概念和「仁」的行為解釋為弗歐茲瓦的主體性和人行動的概念。這是假設以弗歐茲瓦的operari理解為「仁的行為」或「仁的行動」，為的是建立一個人的哲學體系，即以「行動中所顯出的人」為「仁者」，乃是具有仁的人。

在儒家哲學中，人類行為應該是「仁」的一種表現，因此應該從「仁心」中產生。歸根結底，對儒家哲學中的任何行為的倫理評價，都需要確定它是否是「仁」的表現。因此，使「仁」這個概念同時成為超越性形上學本體和道德客體的原則，一種人的主體性經歷（惻隱之心）的超越性形上學的本體，也是一種人與他人關係的客體性經歷（仁德）的倫理學體驗。

弗歐茲瓦論述：「必須在經驗中尋求了解人類的基礎。」對他而言此經歷意味著人類的行動。人能意識自己的行動，也能意識他內在意識的行動，這些雙重意識水平是人類經歷中非常重要的動力。由於人類的主體性，這些意識的動力是可能的，這使得在人的內在或精神本性中的意識和自我意識成為可能。因此，「仁」的行為是道德行為，所有道德行為都是自我意志行為。為此，可以說弗歐茲瓦真正所指的經歷和行動，以儒家哲學而言就是「仁」的經驗和行動。如果將這種經歷假定為「仁」的經歷，那麼就必須在「仁」中尋求理解人類的基礎。

孟子思想中「惻隱之心」的經歷，既是主體的也是客體的。當一個人對自己以外的事物有「惻隱之心」時，上述的雙重經歷就會顯現出來。一個是有對自己以外事物「惻隱之心」的客體經歷，同時也有一個對自己以外事物「惻隱之心」意識的主體經歷，即「自我」（ego）。因此，探究「仁」和「仁者」，也就是以仁所顯示的人是很重要。

因此，「仁」有現象學和形上學或本體論兩種性質。「仁」作為經

歷，具有現象學的性質；以「仁」為人的本質，具有形上學或本體論的性質，人的每個行動都應該是「仁」的行為。因此，儒家哲學人類學的出發點應該是「仁」，這是任何根據儒家哲學值得被稱為人的行動。

「仁」體現了雙重的經歷：自己以外的經歷和自己內部的經歷。「仁」為「心」的本質，「仁心」是在一個人的意識範圍內的事物或活動的經歷，換句話說，就是對自我的體會。林安弘日：「『仁心』才是生命真機，精神活力，以及自制力的源泉。」（1992：19）而以「仁」為「愛」的本質，「仁愛」是關於自我以外所經歷的事物。「仁心」是「仁愛」的唯一原因；「惻隱之心」是「仁」；「仁」是「人心」，這是根據孟子的主張「惻隱之心，仁也。」[16] 和「仁，人心也。」[17] 推論得出的。因此，本質上「人心」是「仁心」[18]，是人類全然的普遍經歷，將人類與動物區分開來。根據孟子的斷言，「仁心」使「愛親」和「愛人」成為可能：「親親，仁也」[19] 和「仁也者，人也。」[20] 人應該意識到「仁心」的這種內在體驗，並做出堅持不懈地透過道德和德行生活的實踐來培養這種內在經歷。這解釋了儒家哲學對「修養工夫」的不斷強調。只有忠於這種道德和德行行為的人才能真正執行愛對方的行為。

透過「修養工夫」的學習，一個人會經歷自己的自我，也就是說，一個人會面對自己的自我。換句話說，透過「修養工夫」會回應蘇格拉底的勸告：「認知你的自我！」要認知自己，就是要知道人該是「仁者」，因為一個人具有「仁心」。因此，「修養工夫」是向真正渴望成為人所推

---

[16] 《孟子‧告子上》第六章。
[17] 《孟子‧告子上》第十一章。
[18] 想要多理解「仁心」與「仁道」概念，請參見牟宗三（1968：218-233）。
[19] 《孟子‧告子下》第三章。
[20] 《孟子‧盡心下》第十六章。

薦的一種實踐。藉著這種學習，可以不間斷地遇到自己的自我。從這個意義上說，「仁心」從此以後定位為「自我」就不會錯位。因「自我」作為「道德自我」而不僅是「認知自我」，變得更重要。「仁心」作為「自我」是「道德自我」。這種主張本質上非常像弗歐茲瓦的理論，其對人的分析植根於作為「道德人」的位格。正如他的哲學人類學所確立的，包括認知行動在內的人類行動始終是道德行動，這些行動不僅被視為善惡行為，更重要的是，它們使一個人成為善惡的。

理解自己為「仁心」，就是意識自己為一種「道德自我」。作為「仁者」的儒家人觀，與自己具有道德上的關係。這解釋了「仁者」與「仁道」或「仁德」之間的內在聯繫。主體性經歷是指作為「仁心」，「道德自我」可以被理解為弗歐茲瓦的主體經歷，即是「自我的經歷」。客體經歷為與他人和天地的一切關係中的道德經歷，是「仁道」的經歷。因此，人不僅與自己以及與其他人之間有道德關係，人與天地也有道德關係。

一個人的現實，即他的世界觀，被包含在他的「仁者」本質中。每一個現實，人的生命和生存、宇宙論、倫理學、道德觀、美學、社會政治經歷都源於「仁」。因此，「仁」可以說是人適當的存在本質和行動。這可以說明，儒家的世界或宇宙是一個道德宇宙。人不僅是道德的，人還存在於道德的宇宙中。人從道德的角度解釋一切所有存有。這是因為，從本質上說，人為道德存有，人類理解的本性就是根據他的本性，即是「仁」。

然而，確定一個人的「仁」的實際狀態就是他的「仁」的行為的總和。一個人的定義是他的「仁」的行動的總和。因此，一個人必須始終意識到自己的仁性，並努力以「仁」的性質和精神去執行行動。因此，這意味著「仁」是顯示人的一種鏡子。「仁」的鏡像功能不僅將人的行為反映為人類的行為，而且藉著將人的存在具體化為個體的道德人，也確實反映了人的整個宇宙。

　　儒家社會政治生活中理想的人是「君子」。與「小人」相反，「君子」是一個以「仁」為人生基礎和過道德生活的人，他的熱情和存在承諾是成為一個「仁者」。但是儒家哲學中理想的人最終目的是成為「聖人」，「仁者」的超越性就是成為「聖人」，成為「聖人」的方法就是透過「修養工夫」的實踐，來不斷地對「仁」進行道德修養。在儒家思想中被歸類為「聖人」的人處於不同的存在境界中，他們在「仁者」所處的存在境界中與天合一，乃是所謂「天地合德」與「天人合一」的境界。

　　以這種思想，可以容易地把握「仁」的超越性，並清楚地表明了它在人的超越中的重要性。「仁者」的超越與基督宗教的天主的超越性並不完全相同。弗歐茲瓦的超越概念有助於理解「仁者」的超越。拉丁詞源「trans-scendere」意為「超越閾值或界限」，弗歐茲瓦堅持認為超越性，「可以指主體跨出自己對物體的限制，就像在所謂的外部（超越的）感知的意識行為中以不同的方式一樣。」[21] 對他而言，超越性是一種「越軌」，越過標記，達到終點的既定極限。因此，在這種重新解釋中，「仁者」的「人心」在超越行為中越過了標記。弗歐茲瓦超越的標記是認知的而不是意志的，而「仁者」所越過的標記是道德的。如果這是道德的，那麼它是意志的，因為涉及了自我管轄，即自我意志。如果「橫向超越」是發生在「君子」的境界，那麼「垂直超越」就是發生在「聖人」的境界。

　　在「聖人」的境界中所發生的超越，是由於自我管轄而產生的超越。這種自我管轄成為一種「修養工夫」，從而「人透過行使自由的能力超越了其結構性界限；不僅在行動過程中表現出自由，而且在意願上朝著外部

---

[21] "may refer to the subject's stepping out of his limits toward an object, as is in different ways the case in what is known as intentional acts of external ("transcendent") perception" (1979: 119).

目標的有意方向前進。」[22] 透過自由履行「仁行動」的堅定性，一個人經歷了一種超越，將一個人轉變為「聖人」。這是在具有自我管轄權的人進行「仁行動」的過程中發生的。沒有「垂直超越」的經歷，不會有「聖人境界」的超越。

「天人合一」的超越經歷是「仁者」追求的真理，「仁者」意願真理。正如弗歐茲瓦所論，價值觀與真理之間存在著內在的關係。，基於真理，價值觀被判斷為善價值觀或惡價值觀，在道德上被判斷為善人或惡人。「仁者」是一個不僅意願成為「智者」，而且更意願成為一個「善人」。在成為「聖人」時，「仁者」和「智者」就成為超越性的統一存有。成為「聖人」的境界就是屈服於真理。

「仁」，此字簡單地表明它固有地存在於參與中，除了以人為部首之外，另一旁是「二」，表示兩個。因此，「仁」的存在至少需要兩個人，並且一旦存在兩個人以上，就需要不同層次的參與。因此，當論「仁者，愛親」和「仁者，愛人」時，它們都強調了「仁」只能在社會團體中實現，「仁」就是參與社會團體的基礎。因此，儒家哲學促使人積極參與社會團體或社會的生活。

「仁者」在行動中具有自我實現的價值，即位格性價值，不僅表現為進行「仁行動」所帶來的道德經歷，而且還具有其作為人的本性的本體性權利。「仁者」獨自執行動作，例如「修養工夫」的動作，就可以獨自完成自己的行動。但是自我實現的充實性在於「與他人一起執行」的行動，這就是做「仁行動」。單獨執行行動的終點是針對「與他人一起執行」的行動。

---

[22] "the person transcends his structural boundaries through the capacity to exercise freedom; of being free in the process of acting, and not only in the intentional direction of willings toward an external object" (1979: 119).

　　「仁」作為參與社會團體活動的依據並沒有限制弗歐茲瓦所論的參與：「個人主義」和「客體總體主義」或「反個人主義」。如果對於西方傳統哲學有可能採用「個人主義」和「反個人主義」，那麼在強調「仁」的儒家哲學就不可能實現。「仁者」無法是一個「個人主義者」或「反個人主義者」，因為一個人是人，因為他是與他人一起參與其中。從家庭獲得生存意義的儒家，在真正意義上不能是個人主義的。「五倫」的概念是儒家共同性生活的基礎，以至於「個人主義」和「反個人主義」都與儒家人的本質背道而馳。人作為特定的具體人參與社會團體，因此，一個人的個別性被保留在「與他人一起」的參與中，人的本體論意義不能脫離「共同行動」。由於至少需要兩個人來組成一個社會團體，因此需要「仁」才能成立一個社會團體。

　　儒家哲學中的人類只有透過志向努力成為「仁者」才能實現自己。這解釋了儒家哲學中「君子」與「仁德」之間的關係。「君子」是儒家社會中的理想人，是不斷為「仁德」的理想生活而奮鬥的人，他不是追求自己的利益，而是追求社會的共同利益（君子喻於義，小人喻於利。）

　　按照「仁」行事就是按照共同利益行事。然而，「仁」的行動的執行不僅導致社會的共同利益（團結），「仁」的行動一開使即已導致人的實現和超越。因此，「仁」的行為表現不僅具有倫理價值，更重要的是具有位格性價值。因為「仁」首先使人成為「人也」「德人」。

　　那麼「仁」的概念就成為「真實」和「非真實」道德價值觀的基礎。儒家哲學中的「仁」概念就是「他人的人性」。一個人不僅能夠參與他人的生存和他人的行動，甚至能夠參與「他人的人性」，因為他人也擁有「仁」。

伍、以「台灣人」為「仁者」的批判和結論

引發這個哲學思考的問題是：當代台灣人如何看待他的位格性？換句話說，從哲學人類學的角度來看，當代的台灣人是誰？從政治角度來看，答案很簡單，正是在台灣這個地理空間內的人們，因著出生或功勞實現了共同的政治和社會經驗，並擁有公民身分。地理條件可能會限制一個人的思想和行為，但它並不能定義一個人，社會政治經驗是人們主體性的產物，它是人們渴望成為的人的結果。雖然文化可以使我們了解一個民族，但是民族的位格性並不由其文化來定義，民族文化只是構成一個民族的人們集體主體性的產物。

那麼，如何定義一個人的位格性呢？它是透過探究人的哲學現實來進行的，特別是人類位格性的最終極問題的哲學現實。這些問題本質上涉及藉著將人的所有層面都視為形上學的「就是什麼」（metaphysical whatness）和社會的「這個具體者」（social thisness）來對人進行全盤理解的哲學嘗試。因此，著重於人思想所能承載的發展，對人的全面理解，既有存在又有本質的存有，個體作為主體的具體條件以及人的善，也就是人的最終目的。絕對地，這是一種超越人們的地理、文化和社會政治理解的方法，因為它正視人類的位格性。

隨之而來的問題是：「誰是台灣人？」應該在哲學人類學內並以其方法反映出來。具體地說，可以這樣提出一個問題：在當代台灣人的集體主體性中，台灣人之所以為台灣人和台灣人的至高善是什麼？此論文認為，如果不以台灣人為華人的基礎來論，就無法回答這些問題。因此，只有透過對中國哲學的認識，「台灣人」的位格性才能被建構出來。為此，如果中國哲學將人視為「道德存有」，那麼「台灣人」也是「道德存有」；如果說中國哲學，尤其是儒家哲學的人，是「仁者」，那麼「台灣人」也該是「仁者」。

　　為了避免「台灣人」任何形式的哲學性危機，在全球化、教育國際化和哲學普遍主義的時代，應該特別注意在選擇要教的哲學人類學時的問題。毫無疑問，自古希臘時代以來，西方哲學就一直是世界其他地區哲學傳統的模範，但這並不意味著西方哲學是完整而完善的。如果是從實行哲學反思而言，這種不完整性是很明顯的，尤其是在哲學人類學和人生哲學的領域，甚至在西方哲學中，也不斷地批評那些在理性上用形上學界定西方哲學人類學的傳統。如上所述，弗歐茲瓦哲學人類學的目標或多或少的糾正或補充了這種主要的觀點。他透過將人視為行動的發動者來做到這一點，這意味著將人視為「道德存有」。弗歐茲瓦的這種哲學產業，把人作為「道德存有」的觀念簡單而直接地視為中國哲學傳統中人的觀念。意思是，台灣人在理解自己的位格性時，應當維持和引導中國哲學的這一哲學據點。

　　當年輕一代的台灣人越來越不了解植根於中華文化與哲學的位格性時，就會出現一個問題：人的位格性，儘管家庭是一個非常重要的因素，但它不是生物學上的遺傳，相反，它是認知上的繼承。每個人天生就具有位格，從哲學上講，每個人都必須實現自己的位格性，但是即使有了實現位格性的潛能，也可能將其消滅。因為位格涉及人對世界本身與現象經歷的意識和人的自我意識，正是這種自我意識使一個人屬於特定的民族。但不同的是，對於西方來說，這是一種基於理性的自我意識，而對於華人來說，這是一種基於道德的自我意識，這種基於道德的自我意識（仁者）始於家庭（孝悌），不僅與國家緊密相關，而且與宇宙緊密相連，乃是天，為「道德人」的最終極目的。

　　不同於當代西方人將道德視為對個性和自由的肯定，台灣人如果是中華文化人（仁者），基於道德固有人的共同相處依存性而言，可以斷言就是「道德人」。社會和宇宙道德世界觀植根於家庭之愛和對國家的忠誠，

而自由選擇、自由的個性和自由導致了位格的疏離；相反的，人共同整合和團結的主張導致個人實現，因為它們在內在肯定了人類超越性的位格性價值。

總而言之，這篇論文透過探索以下方面，討論了當代台灣社會中人觀念的哲學問題：一、問題的闡述。二、儒家哲學人類學的論述。三、卡羅・弗歐茲瓦（Karol Wojtyła）「道德人」的闡述。四、以弗歐茲瓦思想重構「仁者」與「道德人」的觀念。五、以「台灣人」為「仁者」的批判和結論。

參考文獻

Wojtyła Karol (1993). Love and Responsibility, Willetts H.T. (trans), San Francisco: Ignatius.

Wojtyła Karol (1979). The Acting Person, Andrzej Potocki (trans.), Dordrecht: D. Reidel Publishing Company.

Wojtyła Karol (1993). "Participation or Alienation?," in Person and Community: Selected Essays of Karol Wojtyła, Theresa Sandok (trans.), New York: Peter Lang, pp. 197-207.

Wojtyła Karol (2011). Man in the Field of Responsibility, Kenneth W. kemp and Zuzanna Maslanka Kieron (translators), Indiana: St. Augustine Press.

黃士毅（編）（宋）（2014）。《朱子語類彙校（一）》。上海：古籍出版社。

朱熹（宋）（1991）。《四書章句集注》。臺北：長安出版社。

牟宗三（1968）。《心體與性體（一）》。臺北：正中書局。

牟宗三（1968）。《心體與性體（二）》。臺北：正中書局。

林安弘（1992）。《儒家孝道思想研究》。臺北：文津出版社。

勞思光（1980）。《中國哲學史（一）》。香港：友聯書報。

葉經柱（1977）。《孔子的道德哲學》。臺北：正中書局印行。

曾振宇（2017）。《細讀孟子》。臺北：寂天文化。

羅光（1992）。《人生哲學》。新北：輔仁大學出版社。

羅光（1982）。《中國哲學思想史（先秦篇）》。臺北：臺灣學生書局印行。

A Discourse on the "Person as a Moral Being" in Contemporary Taiwan Society: A Perspective of Confucian and Karol Wojtyła's Philosophical Anthropology

Onyeukaziri Justin Nnaemeka

Postdoctoral Research Fellow, Fu Jen Academia Catholica

Adjunct Assistant Professor, Holistic Education Center, Fu Jen Catholic University

An-Jen Yang

Assistant Professor, Master Program in Indigenous Cultural Heritage, Providence University

Abstract

This work raises the philosophical implications of the contemporary Taiwanese as a Chinese cultural people that socio-philosophically defined herself as a moral or ethical person. The political history of Taiwan has been marked by her struggle for self-determination. Self-determination based and reflected on a self-affirmation and self-identification that is internationally recognized and legitimized. This, no doubt, beyond the generalized bent by all nations towards globalization and multi-culturalism, there has been a more and more openness to the western nations. As she looks towards the West, she *ipso facto* looks away from the Main Land China. This work is neither an investigation in political science nor a historical critique and reconstruction. It is rather a philosophical critique on the philosophical anthropology of a people that is fundamentally ethical, that is now facing and open to climes of which their philosophical anthropology is not in essence ethical. Put differently, it is an evaluation on the notion of "the Taiwanese person". An evaluation on how "the Taiwanese person" from the standpoint of philosophical anthropology could still be claimed to be a Confucian. The question is: could the Taiwanese person today be said to be 「仁者」, if Confucian philosophical anthropology asserts, 「仁者人也」? Hence, this work will attempt to respond to this question by a philosophical analysis of the notion of 「仁者」 as an ethical person based on Karol Wojtylian notion of the ethical person. To understand the notion of the "ethical" or "moral" person, the concept of "ethics" or "moral" and "person" ought to be exposed. Therefore, in this work Wojtylian philosophy shall be employed as the epistemological foundation for the definition and explication of the concepts: ethics, moral and person. The writer considers the philosophy of Karol Wojtylian as a plausible paradigm amongst the western philosophies in the exposition of Confucian ethics and philosophical anthropology. The conception of person as "Person-revealed-in-action" or as it is popularly known, the "Acting Person", underpins properties of the human person that are very fundamental in the Confucian conception of the person. This "person- revealed-in-action", is an ethical person, as 「仁者」 is 「人」 in the Confucian Philosophy. This is as a result of the similarity in the fundamental claims maintained both in the Confucian ethics and philosophical anthropology and in that of Karol Wojtyla. Thus, this work is executed as follows: 1. Exposition of the Problematic. 2. Exposition of Confucian Philosophical Anthropology. 3. Exposition of Karol Wojtyla Ethical Person. 4. A Wojtylain Reconstruction of 「仁者」 and the Notion of Ethical Person. 5. Critique of the Taiwanese Person as 「仁者」 and Conclusion.

Keywords: Moral Person, Ethics, Taiwanese, Confucianism, Ren, Karol Wojtyla, Globalization

當代博雅教育新策略

林麗珊

中央警察大學行政管理學系教授

摘　要

在講求大數據、一切以科技掛帥的世界裡，就讀人文學科始終讓人憂慮畢業沒有出路，或只能報考公務人員，沒法成功賺大錢，毫無「錢」途、幸福可言。如果「實用＝賺錢＝成功＝幸福」，這樣簡單的等值是否過於狹隘？

今年（2020年）根據教育部的統計，「108學年度共有109所大專院校開設藝術學門科系，過去20年來，大學已培育超過30萬名院藝術領域畢業生，以文化軟實力，拓展經濟及國際能見度」。

因此，本文想藉此趨勢探討博雅教育的新策略，讓人文學科成為搶手學科的可能性。

關鍵字：通識教育、博雅教育、專業教育、人文學、人文學科

壹、前言

美國東北大學戲劇系（Department of Theatre at Northeastern University）教授Nancy Kindelan在其著作《藝術素養：戲劇研究與當代博雅教育》（*Artistic Literacy: Theatre Studies and a Contemporary Liberal Education*）中提到：「美國高教協會」（The Association of American Colleges and Universities, AAC&U）有份報告《更高期望：當國家成為大學學習的新願景》（*Greater Expectations: A New Vision for Learning as a Nation Goes to College*），曾定義了一種充滿活力的新形式之博雅教育，能夠擴大學生在面對複雜多樣世界時打開視野。亦即，鼓勵學校所有成員發展能夠解放和開拓學生思維的實踐，以期為他們在21世紀採取負責任的行動做準備。如果學生達到正如《更高期望》所建議的那樣的高標準，那麼，他們所受的教育將可證明是「自我增能、智力挑戰、對公民社會有益並且非常有用」的教育（2012：61-62）。

據此，該報告的作者強調發展具有適應、融合和終身學習能力的「主動學習者」（intentional learners）之重要性。他們相信，「通過掌握知識和實踐技能的增能」，「通過對自然與社會世界的了解，和對這些研究基礎的探究形式之認識」，以及「對其個人行為和公民價值的責任感」，主動學習者會更卓然有成。當學生們能夠精通下列情況，將可提升高質量的學習：掌握口語、視覺和書寫的交流形式；使用定量或定性調查來解釋問題；從多數的來源解釋和評估事實；了解複雜的社會和全球系統；並與不同的團隊合作。要達到上述的教育目的，《更高期望》建議讓學生經由「閱讀和動手兩者並行——從事研究或藝術、表演音樂或戲劇，以及為當地社區團體服務」來加深知識的理解與應用。事實上，今天的教育工作者當被問到對學生來說什麼是最重要的學習時，也都毫不猶疑的建議結合跨

文化意識與培育實踐能力的智能，促進個人成長、鼓勵談判技巧、協作發展，以及認識來自不同背景的人們之課堂活動，學習成為獨立又能合作的思想家（2012：62）。

然而，不管專家學者怎麼振筆疾呼，研究報告如何不斷提出具體的跨領域學習之建議，長久以來大學教育目標在家長、學生的現實選項壓力下，往往側重於追求滿足就業技能與專業知識需求為導向，輕忽了對人文學科、社會精神價值的肯定，這使得昔日重要的文史哲學系，因少子化的推波助瀾下，更加乏人問津而紛紛停招退場[1]。近年來，由於確實也有不少人偏重於對自身志趣的孤注一擲，或對人生成功定義的另類看法，讓時代潮流出現逆轉向的可能性；根據教育部2020年的統計，「108學年度共有109所大專院校開設藝術學門科系，過去20年來，大學已培育超過30萬名院藝術領域畢業生，以文化軟實力，拓展經濟及國際能見度」[2]。

在講求大數據、一切以科技掛帥的世界裡，就讀人文學科始終讓人憂慮畢業沒有出路，或只能報考公務人員，沒法成功賺大錢，毫無「錢」途、幸福可言。如果「實用=賺錢=成功=幸福」，這樣簡單的等值是否過於狹隘？今天，教給學生專業可以提供未來謀生出路，但教給學生思辨的能力與審美的敏銳度，或許更可以讓學生感受生命的幸福指數。針對此一需求，統整人文社會科學的「博雅教育」（Liberal education）或「通識教育」（General education）（兩者差別參見註釋3說明），對於以理工科系為主的專門學科之重要性不言可喻。

---

[1] 2017年11月22日華梵大學第162次行政會議決議：「108學年度中文系及哲學系停招」（http://se.hfu.edu.tw/files/news/713_b162500f.pdf，檢索日期2020/12/12），「ETtoday」報導「輔仁大學開校務會議決議自108學年度停止招生進修部宗教、哲學、中文系3系」（https://www.ettoday.net/news/20180104/1086330.htm，檢索日期2020/12/12）。

[2] 參見「聯合新聞網」報導（https://udn.com/news/story/6885/4526754，檢索日期2020/12/12）。

貳、民主社會中的通識教育

美國哈佛大學（Harvard University）從1636年創辦至今，已經培育出無數的諾貝爾獎得主、政治領袖、社會菁英；做為世界頂尖的知名學府，哈佛大學不斷反省他們可以給孩子什麼樣的東西，給孩子怎樣的教育，以便讓他們在離開學校後能以身為哈佛人為榮，哈佛更能以他們對社會的貢獻而驕傲。

「哈佛無疑的是世界上最富有的學校，哈佛校園人來人往，就像是菜市場一樣，觀光的、訪問的、來做研究的，來參加文藝活動的，不一而足；光這一點，哈佛也比任何學校賺進更多的錢。在哈佛廣場的地下鐵車站，你可以買到一百種以上世界各地或各種語言的報紙。哈佛這麼有錢，可以戲謔地說，就是因為它是一個貨流集散的大市場，這個大市場的『貨』就是教育」（李弘祺，2007）。

1943年二次世界大戰期間，哈佛大學第23任校長James B. Conant（1893-1978）曾指定當時文理學院（Faculty of Arts and Sciences）的院長Paul H. Buck（1899-1978）擔任主席，組成一個委員會，專就「民主社會中的通識教育目標問題」進行研究。12位各學科領域最著名的教授組成的委員會經由2年的密集聚會與廣泛討論，在1945年完成任務，並於1946年出版了《自由社會中的通識教育》（*General Education in a Free Society*）一書，簡稱《哈佛報告書》（*Harvard Report*），因為書皮是紅色的，故又稱《紅皮書》。此書一出版，立即引起美國社會各界的強烈迴響與關注，是美國高等教育研究中經常被引用的重要文獻之一，幾乎被奉為現代大學通識教育的聖經。

此書共分六章：

一、美國教育現況（Education in the United States）

二、通識教育理論（Theory of General Education）

三、多元差異的問題（Problems of Diversity）

四、中學的通識教育（Areas of General Education；The Secondary Schools）

五、哈佛學院的通識教育（General Education in Harvard College）

六、社區的通識教育（General Education in Community）

第一章分析美國中學及大學的改變，以說明通識教育的必要與急迫性之後，第二章即將教育大致分為「通識教育」（General education）與「專業教育」（Special education），前者著重在將學生培養成負責任的人與國家公民，後者則是幫助學生具備未來就業的競爭力；這二種教育不能完全分開，通識教育如同在高中及學院中讓人擁有自由與尊嚴的「博雅教育」（Liberal education）[3]，教導學生慎思明辨誰是專家、誰是蒙古大夫，信任專家的判斷，並能分辨善惡，不被外表欺騙，選出有智慧的候選人，這是民主社會極為重要的素養（1946：51-57）。

於是，通識教育應該在「知識的領域」（Areas of Knowledge）和「心靈的特質」（Traits of Mind）上培育學生這類素養。前者的教育元素必須包含三大領域：

一、「自然科學」（the natural sciences）培育我們認識居處的自然環境。

---

[3] 博雅教育比較屬於是人文社會科學的統整，通識教育以哈佛大學的規劃，加入自然科學提供人文學科學生科普的知識，較為廣泛，「在這本書中，general education與liberal education是同義詞，但general education的涵義較廣，liberal education的涵義則過於籠統模糊，且這本書關心的不只是大學裡的教育，也關心中等教育，所以全書採用general education一詞」（但昭偉，2008）。

二、「社會科學」（the social sciences）培育我們與自己創造的機構組織建立恰當的關係。

三、「人文學」（the humanities）培育開發自我內在的潛能、抱負與理念。

關於後者，在「心靈的特質」上，《哈佛報告書》強調學生考試時常常記不到所學的75%，更遑論畢業多年後的記憶模糊，如果是這樣，教育就不只是知識的傳授，而是心靈視野與心智的陶冶，它應該至少包括四種能力的培養：

一、「有效思考的能力」（Effective thinking），能在複雜及混沌的情況下做出決策的判斷；

二、「溝通的能力」（Communication），一種可以表達自己並被人理解的能力，一個極權政體可用武力鎮壓，但民主社會則靠說服的能力；

三、「相關判斷的能力」（Making of relevant judgements），亦即一種將思考與經驗結合的能力；

四、「價值分辨的能力」（Discrimination among values），不只是知曉價值知識與分辨而已，更重要的是對價值的認同與投入，並積極實踐（1946：58-72）。

正如《哈佛報告書》的書名主標題《自由社會中的通識教育》所示，此報告就是為了落實自由民主社會的理想而努力，所以，第三章開始具體面對民主制度下各種多元存在的事實，提出教育必須至少兼顧兩方面「差異化」（differentiation）的現象，亦即「內在的能力」（an inner sphere of ability）和「前景與外在的機會」（outlook and an outer sphere of opportunity）之不同（1946: 81），通識教育的功能，正是為了在這兩者之間找到聯結，以便成就個人潛能也能造福未來社會。不管大環境多麼公平，個體內在的「智商」（Intelligence）是造成能力差異的基礎；技師喜

歡動手、思想家喜歡動腦、文學家擅長描述、藝術家有敏銳的直覺……，這些「興趣」（interest）又造就個人發展的歧異；而外在的機會對某些能力有利，對某些能力卻可能無濟於事（1946：84-86）。

　　所以，第四章規劃了中等教育階段的通識教育，第五章提出大學校院的通識教育，並說明各課程編排的義意與重要性，以便達到實質的培育意義。Conant校長提醒在規劃課程之前，應該從下列原則作為出發點：「教育基本上就是社會在下一代身上永久保存（perpetuating）其精神（spirit）與內在形式（inner form）之作用。他提醒，在考慮課程的問題時，需注意到兩個參照點，一是與社會的傳承及變遷有關（屬「合」方面的問題）；另一則是與學生的天賦、興趣及期望等有關（屬「分」的問題）。特別在一個崇尚「分」的自由社會中，我們更必須考慮到教育的「合」，亦即是我們可以接受或者注入（inculcate）所謂的『共同標準』（common standards）到何種程度（how far）的問題。」（方永泉，2008）。最後第六章更強調終身學習的概念，將通識教育延伸到學制後（postschool）或學校之外（out-of-school）的（成人）教育問題，提供良好的教育環境與方法，不論是校內、校外皆同等重要（林麗珊，2009）[4]。

---

[4]　由林孝信老師提議創辦的「通識教育經典讀書會」，於2005年正式成立，後由黃藿教授主持多年，目前由游振鵬教授接手，固定每月聚會一次，地點分別在臺北科技大學、臺北市立大學，和國立臺北教育大學；2005年10月也同時創辦《通識在線》期刊，作為讀書會成果與通識教育發表的園地。筆者有幸躬逢其時參與讀書會至今，因此閱讀了不少經典書籍；2007年選讀的這本《哈佛報告書》筆者負責翻譯第五章「社區的通識教育」（1946：248-267），後來比照前面各章摘要刊登於《通識在線》2009年1月號第20期，頁40-42。雖然《通識在線》期刊於2019年3月號後停刊，但歷年讀書會成果與通識教育的相關文章皆可在「《通識在線》電子報」網站（http://www.chinesege.org.tw/geonline/html/page2/super_pages.php?ID=page201&Sn=1）下載，提供各界免費參閱，希冀繼續普及博雅教育的理念。

2007年5月，哈佛大學文理學院又做出重大的課程改革，即以一套新的「通識教育課程」（General Education Program）取代行之多年的「核心必修課程」（Core Program）；新通過的通識教育課程分成八個領域，校方希望新課程能以「提升學生公民參與的程度，有效因應社會變化，深切了解一言一行背後的道德意義」為目標（李弘祺，2007）：

一、美育與解釋性的思維（Aesthetic and Interpretative Understanding）

二、文化與信仰（Culture and Belief）

三、實證與數學推理（Empirical and Mathematical Reasoning）

四、倫理推理（Ethical Reasoning）

五、生命系統之科學（Science of Living Systems）

六、物理宇宙之科學（Science of Physical Universe）

七、世界諸社會（Societies of the World）

八、世界裡的美國（United States in the World）

原蘇聯著名的教育家Ivan Andreevich Kairov（1893-1978）說：「天賦僅給予一些種子，而不是既成的知識和德行。這些種子需要發展，而發展是必須藉助於教育和教養才能達成。」不但如此，孟子（372-289 B.C.）也提到一種掌握即存在，捨棄就消亡，時時自我惕勵的要求，《孟子·告子上》：

「牛山之木嘗美矣，以其郊於大國也，斧斤伐之，可以為美乎？是其日夜之所息，雨露之所潤，非無萌蘗之生焉，牛羊又從而牧之，是以若彼濯濯也。人見其濯濯也，以為未嘗有材焉，此豈山之性也哉？雖存乎人者，豈無仁義之心哉？其所以放其良心者，亦猶斧斤之於木也，旦旦而伐之，可以為美乎？其日夜之所息，平旦之氣，其好惡與人相近也者幾希，

則其旦晝之所爲，有梏亡之矣。梏之反覆，則其夜氣不足以存；夜氣不足以存，則其違禽獸不遠矣。人見其禽獸也，而以爲未嘗有才焉者，是豈人之情也哉？故苟得其養，無物不長；苟失其養，無物不消。」

孟子的斧頭工人和山羊的噬咬，不斷發生於學校之內和學校之外，教育成爲一種終身學習的模式，走出校門，除了專業能力因工作需求不斷累積、加強外，面對人生各種複雜情境的挑戰，家庭、學校提供的教養與教育，是專業所無法取代的心靈養料。

參、校園互動學習的必要性

現代學校提出「願景」（vision）幫助師生以積極的態度朝向想要實現的目標，類似古意盎然、簡潔扼要的「校訓」（school motto）[5]，如果不到學校在家自學，或者如2020年新冠肺炎（COVID-19）的爆發，很多學校爲避免疫情擴大，紛紛關閉校園，改爲線上視訊、遠距教學，所有的教學活動，就靠著一臺電腦，這樣也能實現願景落實校訓的目標嗎？這次

---

[5] 國立臺灣大學大的校訓：「敦品、勵學、愛國、愛人」，係1949年，傅斯年校長在校慶演說中勤勉學生之訓示沿用至今，唯一的差別是當年他所用的是「力學」不是「勵學」；國立政治大學的校訓：「親愛精誠」是1927年，時任副教務主任羅家倫與校長蔣中正共同商討後決定的，2003年時校務發展委員會曾經研擬提出校訓、校歌修改方案，發函全校師生與校友廣徵意見，後來決議都不修正（相關報導參見2006/04/16《聯合報》）；天主教輔仁大學的校訓：「真、善、美、聖」，因為天主教輔仁大學「為追求真、善、美、聖全人教育之師生共同體，致力於中華文化與基督信仰之交融，獻身於學術研究與弘揚真理，以促使社會均衡發展及增進人類福祉」為其辦學宗旨。至於中央警察大學，在謝銀黨校長任內曾成立「精神教育推行小組委員會」，筆者亦是委員之一，曾多次開會研議確立警大精神教育之目標，筆者個人主張強調「正義」、「專業」與「清廉」鐵三角之價值，簡單明確、言簡意賅，後來決議在校訓「誠」、校風「力行」的架構下，將「國家、正義、榮譽」定為警大教育的核心價值。

新冠肺炎造成的影響，起初大家都有放長假的解放感，不用趕到教室上課、無須梳妝打扮穿著睡衣也能教書或聽講，但經由電腦如何能維持面對面授課的節奏、互動，以及學生之間的人際交流、激發學生的興趣與學習熱誠？如果老師不採用視訊教學，而是把文件或把錄音檔、影片放在網上的方式，讓學生彈性調整自己的時間上課，這不就形同自學？

事實上，校園互動學習確有其必要性。2007年7月，哈佛大學首位女校長Drew Gilpin Faust（1947-）就職（2007-2018），她在2017年8月的開學致詞中提到[6]：在面對全球核戰威脅、極端氣候的隱憂、恐怖主義蔓延，以及美國大學城裡的仇恨色彩、種族主義、暴力事件等等充滿挑戰和不安的時刻，大學教育究竟應該是什麼？應該扛起何種責任？Faust認為，首先，「*大學是關於知識和真理的追求*」（universities are about knowledge and the pursuit of truth），教育和學習是人類進步的動力和民主政府的基石，哈佛作為一所研究型大學，正意味著教員們努力在各個領域不斷拓展知識的邊界，學生一進入這個殿堂也受邀成為探索之旅的一員；其次，「*校園互動是不可少的教育力量*」（the power of community as an essential educational force），我們可以藉由線上教學，積累足夠的知識，通過足夠的考試，但是在這四年裡，許多關鍵性的想法，都不會來自教授、實驗室、書本或線上作業，而是來自於坐在身邊的人，來自於和他人的互動，因為這些具有廣泛背景、經驗和興趣，來自四面八方不同的種族、宗教、性別認同、性取向和政治立場的同學齊聚一堂，正是這種多

---

[6] Faust是哈佛第29任校長，更是哈佛建校371年以來的首任女校長。這篇在2017年對入學新生的演講，正是期許他們在未來四年中應該充實什麼，以便2021年畢業時才能承擔什麼，所以演講題目為〈2021屆新生大會演講〉（Freshman Convocation Address to the Class of 2021）。參見哈佛官方網站：https://www.harvard.edu/president/speech/2017/freshman-convocation-address-to-class-2021，索引日期2020/11/05。

樣性、歧異性與陌生感，刺激、形塑出不同凡響的哈佛經驗。Faust語重心長的呼籲學生：「不要只活在網路上彷彿你沒來過這裡」（please don't live your life online as if you weren't here at all），不要沉默，不怕犯錯，勇敢發言，樂於傾聽，超越自己，成就最好的自己（Faust, 2017）。

美國著名哲學家Martha C. Nussbaum（1947-）在《培育人文：人文教育改革的古典辯護》（*Cultivating Humanity: a Classical Defense of Reform in Liberal Education*, 1997）一書中開頭引用Scott Braithwaite（同性戀摩門教徒）一段發人深省的談話說：「理想上，我們應該愛每個人，但要去愛一個不認識的人、甚至是與自己不一樣的人，卻通常很困難」（孫善豪譯，2010：281）。在多元文化的時代裡，強調差異、尊重與包容，尤其在性別與種族方面更是重要，這必須透過相處、互動、溝通、了解……等實際的對話接觸，建立友誼的平台。1993年丹麥青年Ronni Abergel目睹朋友在種族糾紛中被刺重傷，於是邀集在哥本哈根的朋友們，成立「停止暴力」（Stop the Violence）組織；2000年時，歐洲音樂祭邀請該組織共同籌辦活動，主題是「互相理解」，在音樂祭現場，出現了如街頭塗鴉者與警察這類對立者促膝長談的畫面，於是促成「真人圖書館」（Human Library）的成立。後來成為記者的Abergel深刻體會到許多暴力源自於「不了解」，進而產生歧視，最後演變為傷害。真人圖書館是用活動的方式在各地舉辦，由令人好奇的職業工作者現身接受提問，例如殯葬業者、黑道成員、性工作者等……，而這些令人好奇的「人書」（Living Books）具有的共通點就是，「他們都來自於社會的邊緣人」，面對面開放式的提問，化解疑慮、促進理解，這就是互動的具體成效。

負責大學部教育的前哈佛學院院長Harry R. Lewis教授，於2006年發表《失去靈魂的優秀：哈佛如何忘卻其教育宗旨？》（*Excellence Without a Soul: How a Great University Forgot Education*）一書中，特別討論學校

「永遠的難題」（the eternal enigma），即關於「學生的輔導」，學生來到校園裡應該「學習」什麼，應該如何「生活」？Lewis教授提出三個主要的內容：學術諮詢、道德教育和自我了解。

一、學術諮詢（academic advising）（Lewis, 2006: 92-96）

首先在學術諮詢方面，有三個重點更是難題企待克服：

（一）學生不知道自己的志業，但如不強制，學生不會尋求輔導。大部分的學生不敢在父母面前表示反對父母的建議安排，以免家庭衝突；更不願在同學面前顯現對前途缺乏自信，以免自曝其短。

（二）課程是政治妥協和學術領域的爭奪結果，例如「核心課程」的訂定，關係個人專業的前途與學術份量，幾乎是兵家必爭之地；而除了狹隘的專業知識外，教授所能夠提供給學生人生方向的指引，未見比從電話簿裡隨機取樣的人之建議來得高明。

（三）新生入學迫切需要一位具備豐富經驗的導師（adviser），能就其個別差異與需求進行選課，但欠缺這類導師，加上學生興趣廣泛又專挑營養學分，所以，根本無人能保證學生能學到什麼。

面對這種學生仍未能確立專業方向，學校課程安排混亂，又沒有熱誠的導師可以從旁協助，使得輔導學生學習與生活的困難成為當今最迫切的主題。

二、道德教育（moral guidance）

學校雖然希望透過課程與訓練，提升學生的公民道德和素養，然而：

（一）強迫學生在課堂上思考什麼是善行、美德的道德推理有其困難，因為學生善於察言觀色、討好老師，為獲得高分而隱藏自己真正的見解（Lewis, 2006: 98）。

　　（二）教授也有其人格缺陷與弱點，但對學生的影響卻十分深遠，不得不謹慎；學生可能崇拜教授之學術專業因而認定教授都是智者，教授心智上的不成熟將造成對學生更負面的影響；所以，大學新聘師資時除專業考量外，還必須兼顧其性格，並且不能有「老師也是人也會犯錯的」一般觀念，必須有更高標準的要求（Lewis, 2006: 101-102）。

　　（三）就像John Dewey（1859-1952）所指出的，「對教師們來說，真正的道德教育不在於教了什麼，而是如何教。我們就是學生最好的教科書」（For those of us who are teachers, it isn't what we teach that instills virtue; it's how we teach. We are the books our students read most closely.）（Lewis, 2006: 102），但學校卻重視學術能力甚於道德品行。

三、自我了解（self-understanding）

　　一般人的行為舉止，常常是一種習慣性的反應，很少認真去分析行為的動因，所以，自欺不但可能而且是常見的現象；此外，如果是審慎考慮後的行動，也可能在付諸實現的當下，完全背離理性的選擇，因為，行動者在行為的當時所最強烈感受到的，一定是該行動的所有利益已勝過平時的一切考慮。為了避免此類的懊惱悔恨不斷發生，預見事件發生的後果，而在行動上努力促成或極力避免的自覺意識，是必須不斷用功加強的。經常性的審視自己的行為，以遠離一種機械狀態，給予自己的行動有明確的交代、完整的理由，那麼更自主、自信的人格可以如此培養成形，且為自己帶來更寬廣、穩健的人生視野。人類性格的完善，在於盡可能的達到自我了解、完全自覺的境界，所以，學校教育在輔導學生分析自己的性向、開發個人的潛能、培養獨特的人格上，實為重要任務之一，學校有責任挑選品行端正的教師，由這樣的教授指導的學生都是幸運兒，才能在學校的學習中逐步提升品德的卓越、性格的完善（Lewis, 2006: 106）。

「人類生活很大一部分都是基於習慣而不是基於理性」（孫善豪譯，2010：300），除了提供學生學術諮詢、道德教育和自我了解之外，建立「多元文化」蓬勃發展的校園，在世界公民的養成上扮演著重要的角色，Nussbaum說：「對知識的抗拒根源何在？它其實就是拒絕理性本身。很多抗拒者似乎都在某種程度上明白：人類生活的某些方面是經得起理性探討的，而某些則否——那些以歷史和跨文化的方式研究過性行為的人，大概都會去質疑我們社會中對同性戀者貶抑和誤導的刻板印象，那些意識到歷史中所出現的各種差異的人，也大概都會容忍他們身邊出現的各種差異。這種情況可能會威脅到一些人；但是對審議式民主來說，這肯定不會是威脅。」（孫善豪譯，2010：321）。民主社會就是應該在校園中培育學生接受差異、尊重多元的心胸，摒除偏狹的人際觀，才不會只是在同溫層裡故步自封，而能看見世界的差異與遼闊。

肆、重啟蘇格拉底的教學法

前言中提起的美國東北大學戲劇系教授Kindelan的著作《藝術素養：戲劇研究與當代博雅教育》，曾引用John Dewey（1934）的一段話（2012：61）：

「我們現在所處的世界是人類的一部分，可以追溯到遙遠的過去與自然互動的人類。我們最珍視的文明不是我們自己，而是我們賴以生存的人類社群裡努力與苦難留下的恩典。我們的責任是保存、傳播、糾正和擴展我們已繼承的價值遺產，讓追隨我們的子孫後代在傳承時能比我們更牢固、更安全、更容易且更慷慨地分享下去。」

一、新型的學習方法

Kindelan認為Dewey所說正是高等教育的使命，並分析指出，由「美國大學協會」（Association of American Colleges and Universities，簡稱AAC&U）委託「彼得哈特研究公司」（Peter D. Hart Research Associates）進行的最新研究顯示，雇主認為學生進入勞動市場前應有的準備方向，毫不奇怪，有82%的雇主希望大學應將更多的重點放在科學和技術的最新發展上。然而，有趣的是，大多數雇主卻又希望大學應更加重視讓學生獲得以下的技能和相關知識：團隊合作和在各類小組環境中進行協作的能力（76%）、經由實習和實作經驗在現實環境中知識與技能的實際應用（73%），有效的口頭和書面溝通（73%），批判性和分析性的思考能力（73%），對全球議題與發展的影響之認識（72%），能從多方資源收集、組織和評估的能力（70%），具有創新的能力與創造性的思考（70%），對如何解決複雜問題的覺察力（64%），具有處理數字和統計數據的能力（60%），對美國在世界上的角色之理解力（60%），對誠信與倫理的意義之把握（56%），以及對全球文化價值觀與傳統的理解（53%）。當今新興的博雅教育課程和教學方法，就聚焦在幫助學生發展理解複雜的道德問題、捍衛價值、解決分歧，以及建立承認和重視多元文化傳統的能力（2012：64）。

Kindelan更提到，以西方傳統霸權觀點為基礎的民族文化課程，將無法為現今的學生提供應對21世紀挑戰所需的技能。1959年，英國科學家兼小說家Charles Percy Snow（1905-1980）在著名的劍橋大學「瑞德講座」（Rede Lecture）裡，就已經提出著名的「兩種文化」（The Two Cultures）概念，Snow認為整個西方社會知識分子的生活被分成「科學」和「人文」兩種文化，這對解決世界問題是個重大的障礙，他不僅表達對

文化二元分割的擔憂，同時也對高等教育專業化的危險提出警告，他認為，如果能將科學與另一邊的藝術與人文學科跨學科交流，那麼世界上的問題將得到更好的解決（2012：65）。

21世紀課堂教學法和課程講授強調一種新型的學習方法，就是需要動手實踐和以探究為導向的策略，包括基於研究的學習、協作探究、體驗式學習、服務學習和整合學習（2012：66）。博雅教育的新策略著重在引導思考、團隊探索和參與式體驗學習，可作為實現思想的聯繫以及自我與社會互動之預先演練，為學生提供在課堂內外團隊合作的機會；經由現場活動的方式往往能夠發現開放性的問題、計畫和挑戰，教師（instructor）藉此可以教導學生如何處理生活經驗，並根據積極參與活動的方式，重新思考課堂理論和個人觀點；經由服務學習活動，教師提供了社會、道德和技術的環境，幫助學生從特殊的角度找到承擔與行動的基礎；而在綜合課程和計畫中，教師的角色就是幫助學生發現新鮮的、有啟發性的事務，並學習如何經由實踐經驗來檢驗知識觀念的有效性（2012：67）。

二、成為人類的意義

1950年，有電腦之父尊稱的英國數學家Alan Turing（1912-1954）提出的論文《計算機器和智能》（*Computing Machinery and Intelligence*），探究「機器會思考嗎？」（Can Machines Think?）的問題，從作為判定機器是否具有智慧的「圖靈測試」（Turing Test）開始，到1956年美國兩位科學家Marvin Minsky（1927-2016）與John McCarthy（1927-2011）提出「人工智慧」（Artificial Intelligence）這個概念以來，AI對人類的威脅已不僅是取代專業、奪走工作機會而已，如果被惡意使用，將更精準的製造假新聞、網路攻擊，甚至運用無人機挾持人質，或將自動駕駛汽車當作攻

擊武器、摧毀基礎建設與政府機關。尤其是「人型機器人」（Humanoid Robot），又稱「仿生人」（Android）的出現，機器人與人的差別，作爲人的意義何在，已經是個新興的主流議題。

加拿大演員基努・李維（1964-）在1999年演出的《駭客任務》（*The Matrix*）系列影片，在人工智慧、虛擬實境等概念廣爲人知的今天看來，更顯現其在當時被美國哲學界高度重視並運用爲課堂教材討論的精彩原因。整個故事的內涵就從一個有「意識」的程式誕生開始，並繁衍了整個AI的機器種族，集結起來與人類爆發戰爭衝突，人類選擇遮蔽天空以切斷機器的能量來源，而聰明的AI卻反過來利用人體大腦的生物電能和身體熱量，產生一種特殊的核融合來提供源源不斷的能源，於是，AI挾其優異武力將人類囚禁在玻璃試管裡大量養殖人類，AI的反撲在被創造時似乎早已植入預期。2015年，由香港漢森機器人技術公司（Hanson Robotics）以女演員奧黛麗・赫本（1929-1993）爲模型，所開發出來的與人類相似外觀和行爲方式的機器人Sophia，在公開場合與人對話時，不斷被詢問：「你會想摧毀人類嗎？」Sophia在2017年10月沙烏地阿拉伯頒給她公民身分，這是世界上首位獲得國籍的機器人，AI與人類的界線越來越模糊。

2018年由Quantic Dream開發出來的互動遊戲《底特律：成爲人類》（Detroit: Become Human），藉由開場解說引導的人形機器人（仿生人）Chloe和三位主角Connor、Markus、Kara可選擇性的遭遇，讓玩遊戲者當下不自覺的進入他們的角色中，每遇到必須下決定的關鍵時刻，遊戲者不同的倫理抉擇將會造成分歧的結局，其中預設仿生人可以成爲眞正人類的突破選項，這似乎也預告植入機器人程式裡倫理判斷的可能性。仿生人Chloe曾說：「再怎麼聰明我都永遠無法擁有靈魂（Soul）！」此一靈魂所指爲何？設計此款互動遊戲者讓各方面都比人類強的人形機器人，說出

人僅剩下的重要價值就是靈魂，靈魂的意義不正意味著：思考、反省、批判、情感、夢想、感恩、愛己愛人……。沒有這些，人比機器還不如，所剩價值似也無幾。

三、蘇氏方法歷久彌新

大約活躍於西元前3世紀左右的古希臘哲學家、犬儒學派的代表人物Diogenes Laërtius曾說：「很好奇那些雕刻石像的人，是如此謹慎地想將石頭雕刻成他想呈現的人，但是，如何不讓自己像個石頭一樣，卻是比較漫不經心。」（Erick Wilberding, 2014: 13），我們如何避免像塊石頭人或機器人？博雅教育提供了《哈佛報告書》所規劃的跨學科之「知識領域」的學習，至於「心靈特質」之培育，蘇格拉底的教學法對於思辨的訓練，可說歷久彌新依然受到重視。

任教於義大利羅馬John Cabot University 的Erick Wilberding認為，在這極富挑戰性、需要復雜的技能、又瞬息萬變的21世紀，蘇格拉底式的教學法尤為重要，且早已成為當今許多教育學家提倡的學習法（2014：115）。蘇氏擅長聚焦於問題並開放對話，這種教學法儘管教師事先有計畫，但執行起來卻仍很不穩定，需要靈活運用，因為無法完全掌握對話的過程與結果，對老師和學生都充滿挑戰性，可能迸出火花也可能陷入僵局，通過對話，學生的老師和老師的學生不復存在，師生、生師一起對課堂流程負責並在其中成長。蘇氏教學法不僅僅只是對話式的教學，它不是討論或訪談，而是從個別到普遍或結論，都必須進行引導的活動，一種批判性的活動，並系統性地給予學生自己探索事物的機會。蘇格拉底不是完美的老師，西元前5世紀的雅典也不是一個完美的社會，但是他所教導的是對事物的理解力和掌握對象的真實性，而非填鴨式的教學，時至今天依然是學習的主力（2014：116）。

Erick Wilberding指出，現代學生上網搜尋，對諸如Wikipedia或更專業的網站，能夠快速瀏覽、整理成作業，卻不知道這些訊息的實質意涵，他們無法分析、評估或創建資料，猶如收集礦石並展示，卻不知如何識別、分離和提煉金屬，或如何用它來製造精美而有用的東西，蘇氏教學法使學生超越了這樣的複製剪貼，也避免死記硬背的方式，讓學生從資料收集轉向知識的生產。透過引導式提問，教師可以促進對主張、前提和議題更深入的理解，教師透過對話指導學生批判性的思維，引領他們向前發展，這正是教育一詞的核心意義。具體的教學步驟就是，「我做」（I do），「我們做」（We do），「你做」（You do），在「我做」和「我們做」之間，讓學生感覺從「我們做」開始，老師給予足夠而非過多的幫助，以便過渡到讓學生「你做」的自主學習（2014：117-118）。

具象的比喻是，避免在教室裡建造如中世紀時的階梯：一連串陡峭的、看似永無止境的引導步驟，將只允許少數天賦異稟的個人在頂端獲得結論，並使其中的大多數學生攀爬得氣喘吁吁而不願重複這種經驗，中世紀的主要教育方式是「講課」（lecture）而較少論辯，許多課程都是藉由閱讀文本，希望迅速攀爬知識的階梯。蘇氏教學法是有如16世紀米開朗基羅設計的廣場式階梯或坡道階梯（Cordonata），這種階梯為防水防滑的特殊設計，以略為傾斜但不會滑倒的角度拾級而上，緩緩傾斜的寬闊臺階使人可以毫不費力地爬上廣場，事實上，大多數人都是邊走邊聊的在向上漫步，他們意識到自己正在攀登但並未因此而分心，當大家一起登上寬闊的廣場時，大多數人都會對自己所做的努力興奮不已，充滿成就感。蘇格拉底式的老師就是文藝復興時期或後文藝復興時期的建築師，設計引導式步驟，引領個人在更高的思維層面進行討論，藉由學習如何緩步拾級而上的方法，賦予學生可以更有分析性和創造性的思考能力（2014：120）。

伍、結論

優質的博雅或通識教育是為培育具備宏觀的人才，儲蓄面對訊息萬變社會的思考判斷能力，並有效連結跨領域知識、激發創新的潛能、提升競爭力，以為國家社會貢獻己力。而蘇格拉底至今仍是一位非常具有吸引力的人物，他的系列引導式提問方法，經由個人推理，引導學習者在高層次的思維中，獲得有意義的發現，運用於現代更顯實用。

筆者於2010年自美國華盛頓大學（University of Washington）哲學系訪問學人歸來，獲得當時侯友宜校長之重用，擔任中央警察大學通識教育中心主任一職，上任後立即著手參照前述哈佛大學1946年的《哈佛報告書》與2007年的課程改革精神，將警大通識課程規劃為四大類：人文藝術、社會科學、自然科技和語文課程（涵蓋外籍生中文、英文、日文，德文、法文、西班牙文），所有課程重新整頓、增刪，加強當代哲學、邏輯推理、神話與藝術、大腦與情緒、生命科學新知……等現代多元課程，提供學生跨領域學習，並定期舉辦「通識教育週」、「臺灣文學名著閱讀寫作競賽」、「金庸小說中最喜歡的人物寫作競賽」、「中國文學四大名著閱讀心得遴選出版」、「真人圖書館」（安排跨性別朋友與參與師生直接對話）、「臺灣文學名人講座」（邀請李昂、亞榮隆·撒可努……等蒞校演講）。過去多年來對通識教育經典名著的研讀，終能派上用場，深感有可著力、略獻綿薄之欣慰。2012年起轉任行政管理學系主任暨研究所所長，更可致力於推廣學校所強調的專業教育以外之博雅素養，在研討會或各課程，引介、運用蘇氏教學法，帶領學生思辨、判斷與抉擇的靈活性，以培養未來投入複雜工作的應變能力。

美國教育理論學者Allan Bloom（1930-1992）在《封閉的美國精神》（*The Closing of the American Mind*）一書中提到：「在一個立基於理性

的國家裡，大學正是『政權的聖殿』（the temple of the regime），它致力於運用最純粹的理性，喚起人們心中對自由與平等之聯合體的人類應有之敬畏」（1987：245），這可以回應本文前言中哈佛大學對於自由社會中的通識教育之慎重規劃，除了訓練學生獨善其身追尋自身的幸福之外，也能兼善天下辨別民主多元社會中是非對錯的爭議。Bloom認為，民主社會最大的危機是容易淪為輿論的奴隸，以及面對各種分歧意識的對立局面，失去理性、相互攻擊、堅持惡劣的偏見，實用成為政策之首要考量，欠缺高瞻遠矚之長遠擘劃的能力；而大學教育正是為防止這種民主社會特有的盲目與弊端所建立的制度，這不是因為大學生的聰明才智，而是大學教育裡廣博、深刻的思考訓練，以便捍衛理性免於遭受理性自身的破壞。因此，大學教育的精神必須能夠填補民主社會之欠缺，必須鼓勵其成員成為積極熱心的公民，「必須要求學生改變一切的行動、品味及選擇，重新評估與檢視過往的一切，促成生命產生激烈的轉變」，建立蓄積民主政權之最高層次的智能與原則之儲備庫（1987：246-256）。

　　教育部人文社會科學教育計畫中曾經明列，學校所要陶塑的「現代公民」應該具備倫理、民主、科學、媒體與美學等五大素養，更可得見專業之外還必須博雅，這除了課程上的跨域、多元設計外，雖新瓶舊酒，蘇氏教學法仍可為博雅教育的新策略。

參考文獻

Bloom, Allan (1987), *The closing of the American mind.* New York, NY: Simon and Schuster.

Lewis, Harry R. (2006), *Excellence without a soul: How a great university forgot education.* New York, NY: Public Affairs Press.

Kindelan, Nancy (2012), *Artistic literacy - Theatre studies and a contemporary liberal education.* New York, NY: Palgrave Macmillan.

University, Harvard (1946), *General education in a free society: Report of the Harvard committee.* Cambridge, Mass.: Harvard University Press.

Wilberding, Erick (2014), *Teach like Socrates: Guiding Socratic dialogues and discussions in the classroom (grades 7-12).* Prufrock Press.

Nussbaum, Martha C.（1997），培育人文：人文教育改革的古典辯護，孫善豪譯（2010），臺北：元照。

Faust, Drew Gilpin(2017), Freshman Convocation Address to the Class of 2021. 參見哈佛官方網站：https://www.harvard.edu/president/speech/2017/freshman-convocation-address-to-class-2021，檢索日期2020/11/05。

方永泉（2008）。〈《哈佛紅皮書》論中等教育階段的通識教育〉。《通識在線》（General Education Online）電子報，2008年11月號第19期。http://www.chinesege.org.tw/geonline/html/page4/publish_pub.php?Pub_Sn=50&Sn=672，檢索日期2020/10/31。

李弘祺（2007）。〈美藝的慧識，人文的素養：哈佛修訂新課程的背景及內容〉。《通識在線》（General Education Online）電子報，2007年7月號第11期。http://www.chinesege.org.tw/geonline/html/page4/publish_pub.php?Pub_Sn=58&Sn=439，檢索日期2020/10/31。

但昭偉（2008）。〈簡介《自由社會中的通識教育》〉。《通識在線》（General Education Online）電子報，2008年9月號第18期。http://www.chinesege.org.tw/geonline/html/page4/publish_pub.php?Pub_Sn=51&Sn=647，檢索日期2020/10/31。

林麗珊（2009）。〈社區的通識教育〉。《通識在線》（General Education On-line）電子報，2009年1月號第20期。
http://www.chinesege.org.tw/geonline/html/page4/publish_pub.php?Pub_Sn=49&Sn=705，檢索日期2020/10/31。

New Strategies in Contemporary Liberal Education

Lishan Lin

Professor, Department of Administrative Management, Central Police University

Abstract

In a world that emphasizes the importance of technology and big data, many people are worried that humanities and social science major students will not be able to have a profitable future after graduation. Most humanities and social science graduates may only be able to work government jobs and never get a chance at earning big bucks and living a luxurious life. However, is it not too unrefined to directly equate the amount of money one earns with the amount of happiness one feels?

According to the statistics provided by the Ministry of Education, in 2020, there are 109 colleges and universities having related departments of fine arts. In the past 20 years, there are more than 300,000 arts graduates produced by the colleges and universities in Taiwan. The Art graduates have been able to use their soft skills to expand Taiwan's economy and global visibility.

This thesis attempts to analyze the current trends in the world and produce a new strategy for promoting humanities and social science education. The thesis will explore the possibility of making humanities and social science majors a competitive and popular choice for students.

Keywords: General education, liberal education, special education, the humanities, liberal arts

從古典到現代

從《周易》豫卦論儒家性情說的禮樂功能

鄭志明

天主教輔仁大學宗教學系教授

摘　要

　　豫卦的卦辭「利建侯行師」的「利」字，是「元亨利貞」的「利」字，其圖像義爲祭祀時的進獻儀式，可以引申爲祭祀的典禮，進而可以指稱祭典中的禮樂活動，此一禮樂活動是爲了建侯與行師的國家大事而舉行。以「豫」爲卦名，指出建侯與行師等國家大事的禮樂活動，其功能與作用極爲重大，外在的禮樂源自於內心的性豫的精神體驗，是具有濃厚的憂患意識，將誠於中的未發之志，經由順以動的自然規律，以發而皆中節的形態展現出來。豫或相當於人之性，當未發時很難察覺到性豫的存在，當人們意識到性豫的存在時都已進入到已發的情動階段。爻辭中的豫大多是與已發之情相聯結，依外在的情動現象來言豫，遂產生出與豫不相應的狀態，如初六的鳴豫與六三的盱豫，鳴與盱都偏重在由外在之情來做主導，內在之豫實際上已亡失，形成了有情無性的狀態，背離了順以動的創生原理。九四的由豫與上六的冥豫，則是從已發的情動推原到未發的性豫上，肯定豫的創生功能與作用，回到性的源頭方能展現情的妙用，順成爲禮樂之動，禮樂不僅有助於性情的統一，達到安身立命的目的，也有助於人際倫理與國家政教的運作。

關鍵字：《周易》、豫卦、卦辭、爻辭、生命關懷

壹、前言

豫卦爲一陽與五陰之象，陽爻爲九四，下有三陰爻，上有二陰爻，顯示出陽剛能與上下眾陰柔相應和。豫卦下卦爲坤爲順，上卦爲震爲動，〈彖傳〉解爲「剛應而志行，順以動」。所謂「剛應」，是指九四陽剛之爻與五陰爻能相互應之，是指陽爻雖勢單力薄，孤軍奮鬥，卻居於主導地位能使上下應之，有著一陽領五陰而得柔應之象。所謂「志行」，是較爲抽象的觀念，指人的內心之志，原本是隱藏不可見，屬於未發的狀態，稱爲性志或豫志，隨著性往外在之情而動而行，內在之志與外在之行合而爲一。所謂「順以動」，是指順理而動，動而順理，此爲天地運行的原理，由靜而動，化爲日月與四時的運轉，同樣地人的生命也有依順而動之理，其未發的心志也必然應之爲已發的情動。

下卦爲坤爲地，上卦爲震爲雷，〈大象傳〉稱之爲「雷出地奮」，這是大自然的一種運行規律，是常見的季節性現象，雷爲陽氣，冬天陰氣盛時潛藏於地下，到了春天之後陽氣始動爲出，升於天空發出陣陣雷聲，雷從地出，雷奮出之時也有助於大地萬物因之而生而動，也是一種「順以動」的自然之理。此理是重視未動的陽氣，還是重視已動的雷聲呢？此一問題涉及到豫卦的卦名問題，爲何名之爲豫？豫字之義，歷代注疏家有各自的理解與詮釋，導致眾說極爲紛紜。本文企圖跳脫出現有的各種解說的範疇，回到未發與已發的對比狀態之中來進行新的理解，豫不是指已奮出的雷聲，應指潛藏於地下未發的陽氣。相對於人的性情來說，不是指已發的情，而是指未發的性。

豫或相當於人之性，當未發時很難察覺到性豫，未發的不動狀態是潛而未顯，是經由順以動的已發之情，往前推測到有一未發的性豫，當人們意識到性豫時都已進入到已發的情動階段。爻辭中的豫大多是與已發之情

相聯結，依外在的情動現象來言豫，遂產生出與豫不相應的狀態，如初六的鳴豫與六三的盱豫，鳴與盱都偏重在由外在之情來做主導，內在之豫實際上已亡失，形成了有情無性的狀態，背離了順以動的創生原理。六四的由豫與上六的冥豫，則是從已發的情動推原到未發的性豫上，肯定豫的創生功能與作用，回到性的源頭方能展現情的妙用，順成為禮樂之動，禮樂不僅有助於性情的統一，達到安身立命的目的，也有助於人際倫理與國家政教的運作。

貳、卦辭的文化意涵

　　為何稱為豫卦呢？〈序卦傳〉曰：「有大而能謙必豫，故受之以豫。」「豫」字與大而能謙的心理狀態有關。《說文解字》曰：「象之大者。賈侍中說：不害於物。從象予聲。」[1]此一說法可能不是豫的本義，有一種說法或許可以幫助理解豫的本義，如唐漢認為：豫是會意兼形聲字，古文與小篆的豫字均為左右結構，右邊是一頭大象的象形描述，左邊的「予」字，源自男性生殖器與女性生殖器的交合，在此則表示公象的發情交配，「豫」字本義是指發情後狂怒的公象。如《老子》第十五章：「豫兮若冬涉川，猶兮若畏四鄰。」是以發情的公象與喝醉酒的狗兩相比對，說明行為上的兩極分化，轉化為猶豫不決一詞。公象發情狂怒，會毀壞一切，一旦發怒又因力大無比，難以捕捉，因此，「豫」字有預先作好準備的意思，為「預」的初文，如〈繫辭下傳〉曰：「重門擊柝，以待暴客，蓋取諸豫。」當人類馴養的公象發情後，得到主人恩准能與母象交

1　段玉裁（1977）。《說文解字注》。臺北：蘭臺書局。頁464。

配，其樂自在其中，遂又產生出安逸之意。[2]

　　注疏家們對於「豫」的詮釋大約分成兩類，一類從「悅樂」義來解釋豫卦，一類從「預慮」義來解釋豫卦，導致對此卦的理解有著明顯的分歧。「悅樂」與「預慮」兩意有無可能是並存在一起，即悅樂中有預慮，預慮中有悅樂，是指人內在深層的修養工夫，可以說是類似憂患意識的精神體驗，有著「生於憂患，死於安樂」的證悟，是指在安樂中要有思危的預慮。當周朝滅了商朝擁有政權時，即已意識到天命維繫的艱難性，不能將一切存在問題的責任都交給神靈，發現到吉凶成敗與當事者行為密切相關，以及當事者在行為上所應負的責任，所謂憂患意識是由這種責任感來的要以己力突破困難而尚未突破時的心理狀態，是人類精神開始直接對事物發生責任感的表現，也即是精神上開始有了自覺的表現。[3]此種憂患意識或可以用「豫」字替代，《禮記》對於「豫」字已關注了如此憂患的心理狀態，如《禮記・學記》曰：

　　大學之法，禁於未發之謂豫，當其可之謂時，不陵節而施之謂孫，相觀而善之謂摩。此四者，教之所由興也。發然後禁，則捍格而不勝。時過然後學，則勤苦而難成。雜施而不孫，則壞亂而不修。獨學而無友，則孤陋而寡聞。燕朋逆其師，燕辟廢其學。此六者，教之所由廢也。[4]

「豫」、「時」、「孫」、「摩」等都可以算是憂患意識的心理工夫，最為重視的是「豫」，以「禁以未發」來對比「發然後禁」，強調的是防患

2　唐漢（2003）。《唐漢解字──漢字與動物世界》。太原：書海出版社。頁122。
3　徐復觀（1969）。《中國人性論史──先秦篇》。臺北：臺灣商務印書館。頁20。
4　《十三經注疏──禮記》。臺北：藝文印書館，1985。頁652。

於未然的自覺工夫，在未發時就要克制各種意念，等到行爲發生時再來禁止已來不及了。這種未發的心理修持，《禮記‧中庸》曰：

> 喜怒哀樂之未發，謂之中。發而皆中節，謂之和。中也者，天下之大本也。和也者，天下之達道也。致中和，天地位焉，萬物育焉。[5]

未發的「豫」，大約可以等同於「中」，其工夫在於「禁」，禁止喜怒哀樂沒有經由「豫」的階段直接發作。在未發的狀態中「豫」的心理工夫是極爲重要，達到中的境界，然後再發露出來，則稱爲「和」。

「豫」可以說是致中和的心理工夫，在未發之前的禁，是一切行爲的最高準則，如《禮記‧中庸》曰：

> 凡事豫則立，不豫則廢。言前定則不跲，事前定則不困，行前定則不疚，道前定則不窮。在下位不獲乎上，民不可得而治矣。獲乎上有道：不信乎朋友，不獲乎上矣。信乎朋友有道，不順乎親，不信乎朋友矣。順乎親有道，反諸身不誠，不順乎親矣。誠身有道，不明乎善，不誠乎身矣。誠者，天之道也。誠之者，人之道也。誠者不勉而中，不思而得，從容中道，聖人也。[6]

「豫」不能只當作預備來解釋之，指的是「不勉而中，不思而得」的心理工夫，或者可以說是「從容中道」的境界。「豫則立」是從正面的立場來說明此種工夫的重要性，「不豫則廢」是從負面的現象指出不豫的危

5　《十三經注疏──禮記》。臺北：藝文印書館，1985。頁879。
6　《十三經注疏──禮記》。臺北：藝文印書館，1985。頁889。

害性。「豫」也可以解釋為「定」，在言行尚未發之前，要能「定則不踏」、「定則不困」、「定則不疚」、「定則不窮」等，此定即是誠的工夫，要從明乎善入手，就能誠乎其身。

「豫」等同於「誠」，即內心已有周全的深思熟慮，如此之人或可稱為備豫者，如《禮記·儒行》曰：

> 儒有居處齊難，其坐起恭敬，言必先信，行必中正，道塗不爭險易之利，冬夏不爭陰陽之和，愛其死以有待也，養其身以有為也。其備豫有如此者。[7]

所謂「居處齊難」，是指日常的起居生活都極為莊肅謹慎，隨時都保持在恭敬的憂患意識之中，可以做到「言必先信」與「行必中正」，這就是「豫」的心理工夫，言行之前已合乎「豫」與「中」的境界。「豫」著重在自我的節制，達成明哲保身的目的，比如「不爭險易之利」與「不爭陰陽之和」，此種「不爭」是發自內心而來的憂患意識。「豫」與「備」是有所不同，如《禮記·祭義》曰：

> 孝子將祭，慮事不可以不豫。比時，具物不可以不備，虛中以治之。宮室既修，墻屋既設，百物既備，夫婦齊戒沐浴，盛服奉承而進之。洞洞乎，屬屬乎，如弗勝，如將失之，其孝敬之心至也與。薦其薦俎，序其禮樂，備其百官，奉承而進之。於是諭其志意，以其恍惚以與神明交，庶或饗之。「庶或饗之」，孝子之志也。[8]

---

7 《十三經注疏——禮記》。臺北：藝文印書館，1985。頁974。
8 《十三經注疏——禮記》。臺北：藝文印書館，1985。頁810。

祭祀之前必須做好兩件事，第一為「慮事不可以不豫」，對於祭祀活動的整體安排，不可以沒有周密的思慮。第二為「具物不可以不備」，對於祭祀活動所需要的器物，不可以沒有齊全的準備。「豫」是著重在精神上的心理狀態，周密的思慮是較為抽象性的思維活動。「備」是著重在物質上的行動狀態，齊全的準備是較為具體性的行為活動。「百物既備」與「備其百官」等，都是用來補充說明「具物不可以不備」。「齊戒沐浴」與「論其志意」等則是用來補充說明「慮事不可以不豫」。所謂「慮事」是指「恍惚以與神明交」的神聖之事，「豫」可以視為人與神交的精神活動。

豫卦的卦辭的「利」，來自於「元亨利貞」的圖像，指的是祭祀活動中的進獻儀式，此儀式是針對「建侯」與「行師」等事來進行，如曰：

> 豫，利建侯，行師。

豫來自於「利」，「利」的圖像義，源自於「元亨利貞」的利，是指祭祀的進獻儀式，此儀式是為了「建侯」與「行師」等國家大事而舉行。在西周初期建侯與行師關係到國家安危與存亡，是不能馬虎行事，必需恭敬以待，以莊嚴的心態來舉行祭祀活動，「豫」是用來描述祭祀時特殊的精神狀態。

有關「建侯」與「行師」等詞，也出現在其他的卦爻辭之中，如屯卦的卦辭曰：

> 屯，元亨利貞，勿用有攸往，利建侯。[9]

9　《十三經注疏──周易》。臺北：藝文印書館，1985。頁21。

又屯卦初九爻辭曰：

> 初九：磐桓；利居貞，利建侯。[10]

謙卦的上六爻辭曰：

> 上六：鳴謙，利用行師，征邑國。[11]

又復卦上六爻辭曰：

> 上六：迷復，凶，有災眚。用行師，終有大敗，以其國君，凶；至于十年，不克征。[12]

屯卦的「元亨利貞」即是指君王主持的祭祀大典，是爲了建侯的大事來舉行，以封侯建國的方式來鞏固中央政權。屯卦的初九肯定建侯有助於國家局勢的穩定，其封侯大典更必須依禮樂來莊重行之。興師作戰更是國家安危的大事，除了國家武力的裝備與訓練外，出師前的祭祀更要豫慮周全，謙卦的上六是從正面的立場肯定行師祭祀的重要性，復卦的上六是從反面的立場警告行師若大敗，將面臨禍國殃民的大災難。

除了周武王滅商外，西周初期政權仍不穩定，比如管蔡之亂導致戰事再起，周公東征平亂之後，爲了鞏固周王朝的政權，將親屬子弟分封到

10　《十三經注疏──周易》。臺北：藝文印書館，1985。頁22。
11　《十三經注疏──周易》。臺北：藝文印書館，1985。頁48。
12　《十三經注疏──周易》。臺北：藝文印書館，1985。頁66。

各地去作周的屏藩，在其軍事到達的廣大東方與北方，建立了魯、齊、衛、唐、燕等一些據點，遙相呼應，成犄角之勢。這種分封政策，一方面用以鎮撫遠方異族，一方面也作爲周王朝的藩屏，奠立周王朝數百年的天下。[13] 周公還政於成王，西周進入到極盛時期，稱爲成康之治，從成王到康王大致上延續著周公建立起來的各種制度，尤其是禮樂制度與宗法制度，如《尚書・康王之誥》曰：

　　王若曰：「庶邦侯、甸、男、衛，惟予一人釗報誥。昔君文武丕平，富不務咎，厎至齊信，用昭明于天下。則亦有熊羆之士，不二心之臣，保乂王家，用端命于上帝。皇天用訓厥道，付畀四方。乃命建侯樹屏，在我後之人。今予一二伯父尚胥暨顧，綏爾先公之臣服于先王。雖爾身在外，乃心罔不在王室，用奉恤厥若，無遺鞠子羞。」[14]

成王崩，由康王繼位，《尚書・顧命》記載了此一場繼位儀式，康王繼位後宣佈此誥書，用來團結各國諸侯與貴族。周代繼承了古老的宗教信仰，深信上帝具有無上的權力來統治天下，人間的帝王是承受上帝的天命來治理萬民。周王爲了證明其天命的正當性，特別重視文王與武王的勤恤牧民，得到上帝的認同，甚至先王死後也在上帝左右，護持子孫們傳承天命。周王採同宗分封的建侯方式，將天命擴散出去，以同宗的血緣關係來維護政權的如常運作。建侯的分封典禮必然是極爲莊嚴與隆重，大多是在太廟舉行，將神權與祖權合一，在宗廟中冊命，不只是愼重其事，也能經由儀式來威服臣民。受封者經由冊命擁有政治權力，同時也要承擔政治責任，

---

[13] 王玉哲（2000）。《中華遠古史》。上海：上海人民出版社。頁538。
[14] 《十三經注疏──尚書》。臺北：藝文印書館，1985。頁289。

經由自我心性修持來克盡職守，「豫」在於強調此種心性修持的重要性。

天子對貴族的冊命，在周代有一套完整的制度，稱爲「九儀之命」，命數愈多，爵位愈高，權力愈大，如《周禮・春官宗伯》曰：

> 以九儀之命正邦國之位：壹命受職，再命受服，三命受位，四命受器，五命賜則，六命賜官，七命賜國，八命作牧，九命作伯[15]。

壹命爲受職之命，是天子最低級有爵位的正式官員。再命爲受服之命，此爵位之人可以得到公家頒發的祭服。三命爲受位之命，正式列爲天子之臣。四命爲受器之命，可以得到公家頒發的祭器。五命爲賜則之命，可以得到天子賜予百里或兩百里的土地。六命爲賜官之命，晉位爲天子的卿，能在其采邑自主選用官吏。七命爲賜國之命，封爲侯伯之國的君王。八命爲作牧之命，爲天子之三公，或一州之長。九命爲作伯之命，可以爲一方諸侯之伯。所謂建侯是指七命，位於侯王，不僅權力加大，責任也加重，心性的修持工夫更爲重要。

建侯與行師的祭祀，有專人負責，其祭祀的行爲是有一定的規範，根據《周禮・春官宗伯》的記載，是由大祝來總管其禮儀的進行，如曰：

> 大師，宜于社，造于祖，設軍社，類上帝，國將有事于四望，及軍歸獻于社，則前祝。大會同，造于廟，宜于社，過大山川，則用事焉，反行，舍奠。建邦國，先告后土，用牲幣。禁督逆祀命者。頒祭號于邦國都鄙。[16]

15　《十三經注疏——周禮》。臺北：藝文印書館，1985。頁278。
16　《十三經注疏——周禮》。臺北：藝文印書館，1985。頁389。

「大師」即是指行師，當天子率領大軍出征時，要先祭告於社稷，再到祖廟舉行告祭，接著要設立軍社來類祭上帝，同時也要遙祭四方的名山大川。當軍隊凱旋歸來時，也要回到軍社來祭拜，大祝要在祭祀這些神靈之前，先以祝辭告之。當舉行建邦封國的祭典時，更爲講究，大宗伯在事先要祭告后土，大祝則要負責祭祀時所用的牲幣。

祭祀的禮樂儀式，其「豫」的心理狀況，不能只著重在悅樂之意上，還有著比悅樂更爲深層的精神修爲，孟子對於「豫」的心理境界，有著相當貼切的描述，如《孟子·梁惠王下》曰：

> 昔者齊景公問於晏子曰：「吾欲觀於轉附、朝儛，遵海而南，放于琅邪。吾何脩而可以比於先王觀也？」晏子對曰：「善哉問也。天子適諸侯曰巡狩，巡狩者巡所守也。諸侯朝於天子曰述職，述職者述所職也。無非事者。春省耕而補不足，秋省斂而助不給。夏諺曰：吾王不遊，吾何以休？吾王不豫，吾何以助？一遊一豫，爲諸侯度。今也不然，師行而糧食，飢者弗食，勞者弗息。明明胥讒，民乃作慝。方命虐民，飲食若流。流連荒亡，爲諸侯憂。從流下而忘反謂之流，從流上而忘反謂之連，從獸無厭謂之荒，樂酒無厭謂之亡。先王無流連之樂，荒亡之行。惟君所行也。」景公說，大戒於國，出舍於郊。於是始興發補不足。[17]

天子出遊到諸侯國稱爲巡狩，諸侯出遊至天子稱爲述職。是爲了王事而出遊，不是純爲逸豫，觀看的不是外在的景色，正用以察知人們生活的需求，能及時的補不足與助不給。人民樂意君王出遊，若君王不出遊，人民春天就無法多作休息，君王不逸樂，人民秋天就無法得到補助。君王的一

---

17 《十三經注疏——孟子》。臺北：藝文印書館，1985。頁33。

遊一豫，是人民共同盼望之事。後代君王的出師之行，要籌備糧食，造成人民飢者無食與勞者無息，君王的流連之遊與荒亡之行，導致人民不樂見君王的出遊。君王出遊的「豫」有個前提，即獨樂樂不如眾樂樂，進而能樂民之樂者，民亦樂其樂。即君王的豫動要能順應眾人之心，符合其生活的需求，其種種行事方能有成。「豫」不是指外在有形的逸樂，更多的是內在自覺的省察工夫，是依時而動來順理合眾。

豫卦的〈彖傳〉從卦象來進行解釋，類似孟子「一遊一豫」的說法，強調要順應天地日月的運行規律，如曰：

> 彖曰：豫，剛應而志行，順以動，豫。豫順以動，故天地如之，而況建侯行師乎？天地以順動，故日月不過，而四時不忒。聖人以順動，則刑罰清而民服。豫之時義大矣哉。

「剛應而志行」是指九四為陽為剛，與其他五陰爻交相對應，使其陽剛奮進的心志得以順暢通行。「順以動，豫」是指上卦為震為動，下卦為坤為順，上有所動而下隨順之，有著上下和諧之象，故名之為豫。豫卦最為根本涵義就在於「順以動」上，是指一切的豫動都建立在順應物性的自然節律，可以說是順時、順勢、順理與順情自然生發的動，不只是建侯與行師是依循此種章法而動，連宇宙天地的運行也是依循此章法度數。〈彖傳〉擴大了豫卦的象徵內涵，不只用來講述人世間的建侯行師之事，更提昇到貫通天地人之間普遍性的宇宙運行規律與對應法則。「天地以順動」是指天地的存有依循於順之而動的原理，這是天地本然的生存秩序，表現在「日月不過」與「四時不忒」上，即日月的周轉與四時的更替，本就是永無止息的宇宙運動過程，是由於「順」與「動」的相互結合，形成了相續不已的生化之力，促進萬物生生不息的造化之功。「聖人以順動」是指聖

人也體會到此宇宙順之而動的原理，可以運用在各種人事的對應法則上，即依循天理人情順其內在章法來行事，發展出有條不紊與秩序并然的政治體系，將自然的節律與民心的脈動相配合，表現在「刑罰清而民服」上，是指不用刑罰就能使政通人和，達到天下安樂的情境。「豫之時義大矣哉」是〈彖傳〉最後的結論，指出「豫」不能只從安和悅樂的外在形勢來理解，其內在的精神體驗極爲豐富，是合乎宇宙的律動，順理乘勢而來的知與行。

〈彖傳〉在人事上只提到「刑」，實際上可能涉及順以動等人事的應是「禮樂刑政」，如《禮記・樂記》曰：

> 樂者，音之所由生也；其本在人心之感於物也。是故其哀心感者，其聲噍以殺。其樂心感者，其聲嘽以緩。其喜心感者，其聲發以散。其怒心感者，其聲粗以厲。其敬心感者，其聲直以廉。其愛心感者，其聲和以柔。六者，非性也，感於物而後動。是故先王慎所以感之者。故禮以道其志，樂以和其聲，政以一其行，刑以防其奸。禮樂刑政，其極一也。所以同民心而出治道也。[18]

《禮記・樂記》又曰：

> 是故先王之制禮樂，人爲之節：衰麻哭泣，所以節喪紀也。鐘鼓干戚，所以和安樂也。昏姻冠笄，所以別男女也。射鄉食饗，所以正交接也。禮節民心，樂和民聲，政以行之，刑以防之，禮樂刑政，四達而不悖，則王道備矣。[19]

18　《十三經注疏——禮記》。臺北：藝文印書館，1985。頁663。

19　《十三經注疏——禮記》。臺北：藝文印書館，1985。頁667。

聲音介於自然與人文之間，同樣具有著順以動的宇宙規律，尤其是人文節制所發出來的聲音，稱爲音樂，本源於人的內心感應於外在環境的觸動。聲音與音樂最大的特色在於「感於物而後動」，由於內心的感應不同，發出的聲音感受也就差異甚大，內心的感應有哀、樂、喜、怒、敬、愛等，聲音的對應感受則爲噍以殺、嘽以緩、發以散、粗以厲、直以廉、和以柔等。此六者的內心的感受，乃情之動，不是人的本性，即未發爲性，已發爲情，豫是來自於性，非源自於情。性與情不是對立的關係，彼此也是相應相生，所以先王主張「愼所以感之者」，特別重視與外在環境相感應之情，發展出「禮樂刑政」的外在制度，其功能有四，第一「禮以道其志」，以禮儀來引導人民的志向，或謂「禮節民心」。第二「樂以和其聲」，以音樂來調和人民的聲音，或謂「樂和民聲」。第三「政以一其行」，以政令來統一人民的行爲，或謂「政以行之」。第四「刑以防其奸」，以刑罰來防止人民的奸邪，或謂「刑以防之」。此四者的功能不同，目標卻是一致的，用以引領民眾心志實現王道的大治。

〈大象傳〉是從卦象來解釋豫卦，直接以禮樂的立場來說明豫的內涵，如曰：

象曰：雷出地奮，豫。先王以作樂崇德，殷薦之上帝，以配祖考。

上卦爲震爲雷，下卦爲坤爲地，其象爲「雷出地奮」。雷是一種聲音，甚至是響徹雲霄的聲音，大地爲之動。豫之未發時，如雷潛藏於地下，豫之已發，則如雷出地上震而大發其聲。已發的豫相等於「作樂崇德」，即以禮樂來引導出人們相應的行爲。禮首重祭祀，主要在於對上帝的薦禮，薦即等同於「利」，典禮中的進獻儀式，以盛大的禮樂來奉獻於上帝，同時也以盛大的禮樂來祭祀祖先。已發的豫，著重在天地陰陽的相摩相盪，巨

響的雷聲使大地得以甦醒，聖王對應於天地的春雷，創造出人間的禮樂，制禮作樂成爲國家重大的盛典，其對人民的引領作用是極爲巨大，甚至高於春雷的功能。聖王以禮樂來應和天地的造化，經由祭祀上帝與祖先來強化生命存有的和諧環境，將對上帝與祖先的崇敬之心，充實爲自身德性的價值實現。

　　禮與樂二者也是互爲順以應，不能切割的，制禮與作樂是同時進行，有助提昇人的生命境界，來與天地鬼神相應和，如《周禮‧春官宗伯》曰：

> 以天產作陰德，以中禮防之。以地產作陽德，以和樂防之。以禮樂合天地之化、百物之產，以事鬼神，以諧萬民，以致百物。[20]

所謂「天產」、「地產」與「百物之產」，是指順應天地陰陽氣化所產生之物。天物爲陽可以用來調濟人體的陰氣，地物爲陰可以調濟人體的陽氣。除了以食物來調理身體的陰陽和諧外，最好的方式，是以禮樂來對應天地陰陽的氣化，以適中的禮儀來防止陰氣過盛，以和諧的音樂來防止陽氣過盛。禮樂的作用不僅能合乎天地的造化，還可以用來上事鬼神與下諧萬民。禮樂如此的功能，在《禮記‧樂記》中有更詳細的說明，如曰：

> 大樂與天地同和，大禮與天地同節。和故百物不失，節故祀天祭地。明則有禮樂，幽則有鬼神。如此，則四海之內，合敬同愛矣。禮者殊事合敬者也；樂者異文合愛者也。禮樂之情同，故明王以相沿也。故事與時并，名與功偕。[21]

20　《十三經注疏——周禮》。臺北：藝文印書館，1985。頁282。
21　《十三經注疏——禮記》。臺北：藝文印書館，1985。頁668。

《禮記‧樂記》又曰：

> 樂者，天地之和也。禮者，天地之序也。和故百物皆化，序故群物
> 皆別。樂由天作，禮以地制。過制則亂，過作則暴。明於天地，然後能興
> 禮樂也。論倫無患，樂之情也。欣喜歡愛，樂之官也。中正無邪，禮之質
> 也。莊敬恭順，禮之制也。若夫禮樂之施於金石，越於聲音，用於宗廟社
> 稷，事乎山川鬼神，則此所與民同也。[22]

禮樂是用來相應於天地的順以動，樂可以契合天地的自然和諧，能使百物
得和以生，各自保有其本性。禮可以契合天地的自然秩序，以祭祀天地
來傳達萬物得序以生的報恩之情。禮樂也用來相應於鬼神的順以動，二者
的關係極為密切，「明則有禮樂，幽則有鬼神」是指禮樂與鬼神雖然有明
與幽的差異，實際上是同運並行，以禮樂來完成敬奉鬼神之行。何謂「樂
由天作」與「禮以地制」呢？是指天的陽剛之氣過盛會使和諧被暴戾所取
代，要以作樂來對治。地的陰柔之氣過盛會使秩序被紊亂取代，要以禮
制來對治。當人身的陰陽之氣失和與失序時，也要以禮樂來對治過盛的
人情。「樂之情」與「禮之質」是根源於本心的未發之豫，「樂之官」與
「禮之制」是著顯於事物的已發之用。所謂禮樂之用，除了指施之於鐘磬
等金石上播放出聲音外，更重要的是經由祭祀來與天地鬼神感應相通，也
能齊同民眾的意志來大治天下。

---

22 《十三經注疏──禮記》。臺北：藝文印書館，1985。頁669。

參、爻辭的文化意涵

豫卦的「豫」，是指未發的心志狀態，順著陰陽的自然節律得以自然流露，表現出有序有和的生命情感，其和樂通暢之情，是直接通向於自我內在心性的體驗工夫。這種安好悅樂的情感，不能只從外在的表現形式來理解，否則將產生出各種過或不及的現象。外在的情未必能完全等同於內在的性，在實際運作過程中二者之間可能存在著不能相應的狀態。豫卦的爻辭較為關注的是豫的各種外顯狀態，有些是相應於本心的豫之情，有些是不相應於本心的豫之情，是豫的過之或不及的情境，實際上是與豫相背離，有著可能帶來凶險的隱憂，比如初六的爻辭即是一種豫的過之現象，如曰：

> 初六，鳴豫，凶。

此爻的關鍵字為「鳴」，甲骨文像一個引頸長鳴的雄雞，加口表示鳴叫從口中發出。金文與小篆逐漸將雞變成了鳥，鳥鳴的意義更貼切。[23]甲骨文從雞不從鳥，視雞為通天神靈，盡職遵時，知道茫茫長夜中的時辰，知道太陽何時升起，在古人的養雞實踐中，養公雞是為了報時，用以驅除黑暗中的鬼魅。鳴字的本義為公雞鳴晨，後泛指各類事物發出的聲響。[24]鳴與豫二字的結合，造成了相互衝突的情境，鳴是已發的大聲音響，豫是未發的心理情境，顯示有形的鳴聲壓制了無形的內心體驗，超出了豫原有的精神氛圍。鳴字有其聲卻未必能相應其情，反而掉落到自鳴得意的妄念之

---

[23] 王祥之（2009）。《圖解漢字起源》。北京：北京大學出版社。頁317。

[24] 唐漢（2003）。《唐漢解字——漢字與動物世界》。太原：書海出版社。頁137。

中，迷失了對自我本性的探索與安頓。豫可以有喜樂之情，但不能過度的沾沾自喜，沉溺於鳴聲的享樂，背離了原有的初衷，會引發出凶險。

鳴聲也是一種聲音，卻未必能相應於禮樂，或者說是一種不相應於禮樂的聲音，如《禮記・樂記》曰：

> 凡音者，生於人心者也。樂者，通倫理者也。是故知聲而不知音者，禽獸是也。知音而不知樂者，眾庶是也。唯君子為能知樂，是故審聲以知音，審音以知樂，審樂以知政，而治道備矣。是故不知聲者不可與言音，不知音者不可與言樂，知樂則幾於禮矣。禮樂皆得，謂之有德。德者得也。是故樂之隆，非極音也。食饗之禮，非致味也。清廟之瑟，朱弦而疏越，壹倡而三嘆，有遺音者矣。大饗之禮，尚玄酒而俎腥魚，大羹不和，有遺味者矣。是故先王之制禮樂也，非以極口腹耳目之欲也，將以教民平好惡而反人道之正也。[25]

聲音不等同於音樂，聲音是外在有形的聲響，音樂則是內在人心的感應，是相應於自然與人倫之理，聲、音與樂三者有著不同的文化情境。第一種情境為「知聲而不知音」，即有聲而無音，只有外在的感受，缺乏內在的理解，相當於禽獸的階段。第二種情境為「知音而不知樂」，即有音而無樂，停留在音的階段，未能提升到樂的感知，這是一般庶民的程度。第三種情境為「能知樂」，知樂者則具有知政的能力，從審樂的過程中達到完備的國家治理，即所謂「知樂則幾於禮」。得樂的同時也得禮，達到禮樂皆得的體驗，此種體驗可以稱為「豫」，或可稱為「樂之隆」，不是指鳴聲的極音，即「鳴」與「豫」是互不相為容。極音的鳴與致味的食，只是

---

25 《十三經注疏──禮記》。臺北：藝文印書館，1985。頁665。

用來滿足人們口腹耳目的欲望，不能算是禮樂，真正禮樂的豫，是可以用來教導人民辨別好惡，進而能返回生命的道德正途。

「鳴豫」一詞是指鳴聲壓過了豫志，人的心志無法伸展，初六的〈象傳〉從如此的觀點來進行詮釋，如曰：

> 象曰：初六鳴豫，志窮凶也。

初六的陰爻不僅失位失中，還處於卑下，就其象而言已接近於凶。鳴聲有礙於豫志，甚至有傷於豫志，在鳴聲之下其志必窮，導致逸樂過盛，有害其德，必將與禮樂相背離。「鳴豫」實際上是鳴而不豫，豫為順以動，不豫為不順以動，違背了順的自然法則，也遠離了性情之動的法度，導致行為的驕縱與浮誇。不豫即是志窮，在自鳴得意下反傷其志，有著樂極忘形之害，必將不免於凶。

六二爻辭雖無豫字，但豫已在其中，如曰：

> 六二，介于石，不終日，貞吉。

「介」字甲骨文為會意字，是一個面朝右側立的人形，腿部的前後四點，表示裹腿。古文的介字，將曲背的人形的下部的四點，改為前後兩長點。早期先民常以短裙為下身服裝，光腿行進在荊棘荒野中，則必須打上綁腿，這種綁腿便稱之為「介」。干戈相向的戰爭，頭上的冑與腿下的介，成為兵士們必備的防護裝備，引申為鎧甲之義。綁腿乃兩腿各自所為，從兩邊講是夾，從中間講就是間隔，可用作媒介，也可表示界限之義，引

申為特立、突出。[26]「介于石」是以突出特立的石頭，形容「豫」堅定不移的心志，顯示心性的耿介正直有如石頭。「終」字的初文為「冬」，甲骨文象絲繩末端的束結，以表終端之意。一根繩索糾完之後，要在末端打上結，以防繩頭散開，字下的兩個小圈便是繩結之象，打結表示事情做完了，工作結束了，結束的意思也就是挽個結，拴個疙瘩，與終同意。終結一詞就是這樣的，後來冬字專用來稱冬季，因一年有四季，最後一季為四時終了之季，冬季的意思就是終季。[27]「不終日」是指「豫」是未發的洞察能力，不必整日等待事情的出現才有反應，能見機而作，化解事端於無形之中。「貞」為卜問，「貞吉」為占辭，指卜問的結果為吉利。

「豫」有見機或知幾之意，指掌握到事態變化之前的苗頭或先兆，以耿介自守的心性，不預設立場，立即能見幾而作，如〈繫辭下傳〉曰：

子曰：「知幾其神乎？君子上交不諂，下交不瀆，其知幾乎。幾者動之微，吉之先見者也，君子見幾而作，不俟終日。易曰：介于石，不終日，貞吉。介如石焉，寧用終日，斷可識矣，君子知微知彰，知柔知剛，萬夫之望。」[28]

「介于石」形容人的耿介心性，「不終日」則是心性的知幾工夫，能洞察出各種事態與形勢變化的前兆與發生規律。「上交不諂」與「下交不瀆」是對君子「介如石」的人格描述，對於上下的人際關係都能保持自己耿介如石的德性。此君子不是不知變通的頑石，貴在其知幾的洞察能力，可以

26　唐漢（2003）。《唐漢解字——漢字與人體五官》。太原：書海出版社。頁60。

27　唐冶澤（2004）。《甲骨文字趣釋》。重慶：重慶出版社。頁233。

28　《十三經注疏——周易》。臺北：藝文印書館，1985。頁171。

說是契合於神的境界，能覺知事物初動時細微的吉凶徵兆，就能立即對應
採取適當的行動，不必整日的等待事態的發生後才有反應的作為。「介于
石」是描述君子堅定如石的體察工夫，不須要一整天的時間就能斷然察識
其中微妙的變化，理解到其可能發展的明顯事理。對於陰陽柔剛的衍生規
律早就了然於胸。

六二的〈象傳〉從卦象的爻位來說明，如曰：

> 象曰：不終日，貞吉，以中正也。

「中正」一詞常出現在〈彖傳〉與〈象傳〉上，若在〈象傳〉大多為六二
爻與九五爻，六二陰爻得位得中，九五陽爻得位得中。此處的「中正」，
指出君子見機而作的能力，在於其居中得正的堅定心志，能明辨吉凶之所
生的必然之理。此為未發之豫的中正之位，接著能產生出發而皆中節的果
斷行動力。

若存心已失其本位，其豫將因過之而有悔，如六三爻辭曰：

> 六三，盱豫，悔，遲有悔。

相對於六二來說，六三則處於不中不正之位。「盱」字應為負面的語詞，
《說文解字曰：「盱，張目也。從目于聲。一曰朝鮮謂盧童子曰盱。」[29]
「張目」如何產生負面義呢？是指舉眉張目而上視之狀，有攀附權勢之
象。初六是耳的問題，指音響過大對心性的傷害。六三是目的問題，睜眼
過大，則有諂媚逢迎之勢，將起貪欲之心，有傷於未發之豫。此貪念一

---

29 段玉裁（1977）。《說文解字注》。臺北：蘭臺書局。頁133。

起，悔亦生之，若遲遲未能改正，依舊執迷不悟與一意孤行，則將悔之莫及。盱與豫二字的結合，有著矛盾與衝突的現象，盱是已發的巴結討好之狀，豫是未發的心志，卻被盱埋沒了，原本的善念無法發出，早已被種種惡念包圍，若不及時悔悟，將失去反躬自省的能力，豫早已無法展現出其相應於天理的創生作用。

外在的耳目感官過於強勢，必將阻礙心性順物而動的主體作用，導致人欲勝過天理，盱壓倒了豫，惡抬頭了導致善的萎縮，如《禮記‧樂記》曰：

> 人生而靜，天之性也；感於物而動，性之欲也。物至知知，然後好惡形焉。好惡無節於內，知誘於外，不能反躬，天理滅矣。夫物之感人無窮，而人之好惡無節，則是物至而人化物也。人化物也者，滅天理而窮人欲者也。於將是有悖逆詐偽之心，有淫泆作亂之事。是故強者脅弱，眾者暴寡，知者詐愚，勇者苦怯，疾病不養，老幼孤獨不得其所，此大亂之道也。[30]

未發的豫是來自於人性，人性有靜有動，性靜而豫相應於天性，性動為感於物而出的人欲。天性是人性的源頭，豫為未感的天地的中性，本質是純粹至善的天理。但是人性有靜必然有動，感於物而動是正常的現象，問題出在是性動還是情動，性動時好惡能自然有節，情動即是欲動，情況則大不相同，容易被外物引誘，導致好惡無節，將使人流濫放逸而不自知，導致產生「人化物」的現象。所謂「人化物」，是指人性被外物牽引而放失，反被物所化，天理之性滅絕了，人的欲望不斷地增強，產生出「悖逆詐偽之心」與「淫泆作亂之事」。「人化物」的危機不僅會傷及個人，也

30　《十三經注疏——禮記》。臺北：藝文印書館，1985。頁666。

導致各種人際亂象，造成天下大亂。

　　當外在感官做主時，人性的豫必然就會退位，造成位不當的現象，如〈象傳〉曰：

　　象曰：盱豫有悔，位不當也。

「位不當」一詞是〈象傳〉常用語，主要使用於六三爻與九四爻，是指陰居陽位或陽居陰位。當內在的豫被外在的盱取代，即人的性被情取代，情被外物牽引，則是人的失格與失位，必將難免於有悔。所謂「盱豫」，是指盱大於豫，即情大於性，人欲壓過天理，甚至造成「滅天理而窮人欲」的結果，人的內在理性泯滅了，導致人欲的放縱與橫流。

　　九四的「由豫」，回到豫的正面作用來說，如曰：

　　九四，由豫，大有得。勿疑，朋盍簪。

「由」字與甲骨文的「冑」字有關，上象兜鍪形，下以冒（帽）形自注。金文再於冒形下增目形，為疊加的自注體，注明是像帽形一樣戴在頭上護住眼目以上部位的戰士頭盔。「由」字保留了「冑」字上半部的形像聲，省去了下半部自注的部分，以區別為兩個字，義為原因、機緣。金文至楷書都由冑形演變，寫定為由字[31]。「由豫」是指不要受外在感官的支配，直接回到心性的本原處，經由內在的豫發用而出的精神體驗，展現出合於中節的和諧行為。「大有得」是肯定「由豫」的正面價值，從個人的志行之得，擴大到天下民心之得。由豫是內在性情順以動的真誠流露，不僅有

---

[31]　葉柏來（2005）。《解文說字》。廣州：華南理工大學出版社。頁264、287。

助於個人道德的涵養，也能促進人際倫常的整體和諧。「疑」字甲骨文由一個人手拿棍子四處張望的象形和「彳」構成，「彳」字是道路的象形，其意是在路上找牛，不知牛到什麼地方去了，產生出疑問的含義，引申表示不信、不能斷定。金文加上牛形，意義更明顯，到了篆文將「牛」改爲「子」形，找牛演化爲找孩子[32]。「勿疑」是針對「由豫」進行補充說明，指出不要質疑未發的豫，豫雖然未發，卻能隨時見幾而作順理以行。較難解釋的是「朋盍簪」，注疏家大多將「朋」作友朋解，此爲晚出的用法，卦爻辭的「朋」大多採文字的本義。商周時期以小貝作爲飾品與貨幣，以貝作爲飾品掛在脖頸上類似今日的項鍊。貝又爲古代貨幣，五貝爲一系，二系爲一朋。甲骨文的朋字，會意字，象兩系小貝，因貝太小，改用短線表示。周代的圖形文字，加個人形，象正面的人頸上繫兩串小貝。金文省去了人形，只有兩串貝[33]。「盍」字甲骨文下部爲容器，上部爲器蓋，象意爲覆蓋、聚合。象聲作疑問代詞、副詞等。金文簡寫容器形，中增一點指示符號，指義爲上下相合以裝物件，下增皿形以彰顯詞意[34]。「簪」字甲骨文繪女形頭上對向的兩隻簪形，屬自體自注。金文省寫插簪女形，且兩形並置，下增口形爲飾。篆文變口爲日，上增竹形[35]。「朋盍簪」的圖形是將貝覆合在簪上，譬喻爲性與情的相合，即情由性發，由豫來主導人的情感發用，都能見幾而作符合中節。

　　「由豫」著重在性與情的相合與相生，肯定豫作爲生命主體的創生源頭，則能性立而情生，有助於禮樂的制定與作用，如《禮記・樂記》曰：

32　竇文宇、竇勇（2005）。《漢字字源——當代新說文解字》。長春：吉林文史出版社。頁344。
33　王祥之（2009）。《圖解漢字起源》。北京：北京大學出版社。頁493。
34　葉柏來（2005）。《解文說字》。廣州：華南理工大學出版社。頁131。
35　葉柏來（2005）。《解文說字》。廣州：華南理工大學出版社。頁274。

是故先王本之情性，稽之度數，制之禮義。合生氣之和，道五常之
行，使之陽而不散，陰而不密，剛氣不怒，柔氣不懾，四暢交於中而發作
於外，皆安其位而不相奪也。然後立之學等，廣其節奏，省其文采，以繩
德厚。律小大之稱，比終始之序，以象事行。使親疏貴賤、長幼男女之
理，皆形見於樂。故曰：「樂觀其深矣。」[36]

豫可以發作而成禮樂，其關鍵在於「本之情性」，回到天理渾成的性上，
順理而為情動，此情動能自然合乎各種度數，其特色在於「合生氣之和」
與「道五常之行」，合乎陰陽與五行的運行規律與和諧法則。人性的剛柔
是相應於天地的陰陽，都能順暢地匯集在心中，進而能自然地發用於外在
的行為上，都能安於其適當之位，不會互相侵奪，在如此的性情下可以推
動禮樂之教來化民成俗。如何將內在的豫轉化為外在具形的樂呢？大約
有下列具體的過程，第一「立之學等」，依才質的高低確立學習的級別。
第二「廣其節奏」，增益其學習的過程與內容。第三「省其文采」，省察
音曲的相和以成文采。第四「以繩德厚」，度量其固有之善使之成德。第
五「律小大之稱」，校正大小之音使其各得其稱。第六「比終始之序」，
排列起訖的前後章節使其各得其序。第七「以象事行」，以五音之象來寓
其事之所行。能使親疏貴賤與長幼男女的倫理運作，都能藉助音樂表現
出來。

九四爻有一陽而眾陰隨從之象，符應順以動之理，其志將大得大行，
如〈象傳〉曰：

象曰：由豫，大有得，志大行也。

36　《十三經注疏——禮記》。臺北：藝文印書館，1985。頁679。

〈象傳〉的「剛應而志行」是針對九四爻來說，其陽之剛動的心志，能得到上下五柔的響應，即內在的性志，能得到外在五情的相應與相合。「由豫」是性定而情生之象，性與情的相通為一，人欲與天理相通，在發而皆中節下，能順其行以致大有得，是指心隨意而得與隨處而安，如此順以動，正是其心志順理而出的大行。

六五爻辭沒有「豫」字，有卜問的「貞」字，從卜問的情境來進行詮釋，如曰：

> 六五，貞疾，恒，不死。

「貞疾」即占問疾害，疾不僅是病狀，還涉及到災害之事。疾害與豫還是互有關係，當內在的豫不發時，外在的疾害就可能隨之而至，一般人比較關心各種外在疾害的問題，故常會進行貞疾的卜問。卜問的結果為「恒」，可能是指恒卦。此一狀況是有可能的，爻辭本來就是用來占卜，卜問時得出卦象也是正常之事。恒卦下卦為巽上卦為震，即上卦與豫卦同為震，為雷風之象，有「久」之意。「不死」是從恒卦的久意來說，恒者不失其常而可以久，不至於立即有危亡之害。以恒卦的久來說明豫卦未發的誠，時時合於常道，故可以不亡。貞疾是人們常有的外在恐慌，但是這種恐慌是不必要的，最好的方式是回到本心的豫道，以中和之道來行事。

外在的疾害不會傷及豫志，反而有助於豫志的發用與實踐，如《孟子·梁惠王下》曰：

> 王曰：「大哉言矣。寡人有疾，寡人好勇。」對曰：「王請無好小勇。夫撫劍疾視曰，『彼惡敢當我哉』！此匹夫之勇，敵一人者也。王請大之。《詩》云：王赫斯怒，爰整其旅，以遏徂莒，以篤周祜，以對于天

下。此文王之勇也。文王一怒而安天下之民。《書》曰：天降下民，作之君，作之師。惟曰其助上帝，寵之四方。有罪無罪，惟我在，天下曷敢有越厥志？一人衡行於天下，武王恥之。此武王之勇也。而武王亦一怒而安天下之民。今王亦一怒而安天下之民，民惟恐王之不好勇也[37]。」

齊宣王承認自己有疾，即好勇、好貨、好色等，以好勇爲例，孟子認爲勇有大勇與小勇之別，小勇爲匹夫之勇，即血氣之勇，是直接由外在感官引發出來的情感欲望，只求一時血氣上的滿足。大勇則是回到心性的豫志上，其怒不是爲了個人的好惡，而是爲了百姓，如文王與武王一怒而安天下之民。小勇是疾，當能源自於大勇時，則何疾之有？反而能消除各種得疾之災。疾害是外在感官所造成，就心性的豫志來說，本就具有克制私欲的創生能量，有助於人們遠離各種不平衡的疾害。

〈象傳〉是從卦的爻位來解釋爻辭的內涵，如曰：

象曰：六五，貞疾，乘剛也；恒不死，中未亡也。

「乘剛」一詞也出現於其他〈象傳〉之中，位置爲六二、六三與六五，其下有陽爻，即陰爻位於陽爻之上，稱爲乘剛，若數個陰爻都在一個陽爻之上，這幾個陰爻對此陽爻都可稱爲「乘」。因陰爻之柔乘凌於陽爻之剛上，有失柔順之道，違背自然的陰陽法則，若不知豫退，頑固執持於乘剛之勢，必將有陰陽不調之象，遂有「貞疾」之行，關注於疾害的卜問。因五爻位於上卦的中位，並未完全脫離正軌，內在豫的主體功能還在，生機的動力猶存，故雖有疾，仍可有如恒卦的長久之義，尚能長時期的延續與維持，不至於死亡。

---

[37] 《十三經注疏——孟子》。臺北：藝文印書館，1985。頁37。

　　上六的爻辭又有「豫」字，但由於「冥」字的意義有些晦澀，眾家的詮釋之說極為紛歧，有待進一步的考證。如曰：

　　上六，冥豫，成有渝，无咎。

「冥」字在卜辭中用為生育時間的動詞，郭沫若將此甲骨文釋為冥字，此字的下半部為雙手外分之形，以表示張開，上半部象產門，整個字像生育時產門開啟之狀，因此冥的本義就是分娩。古人的說法，人一出生，便來到陽世，出生之前則在陰間，這產門猶如陰陽之界，外面是滾滾紅塵，裏面是冥冥地府。引而申之，冥於是有幽冥義。冥界不見天日，故小篆從日在其中，冥字專成為幽冥、陰暗的專字，另創形聲字「娩」以代冥的本義。[38]注疏家大多將「冥」字解為幽暗或深遠等義，都已是引申義。若從本義解之，「冥豫」是指豫介於未發與已發之間，有如未生將生的小孩。豫不可能一直處於未發之境，必然要過渡到已發之成。「成」字甲骨文與金文由大斧子的象形和一小豎構成，意思是大斧子向下砍，有著殺牲取血盟誓之象，產生出辦好了、可以、達到一定程度、定形、成果等。[39]「渝」字小篆由「水」與「俞」構成，「俞」字表示船隊通關，整個字的意思，是指船隊進入新的水域，由此產生改變的含義。[40]「成有渝」是指豫已發後必定會成形與成事，其變化的軌跡若是源自於內在豫志而成，其結果可以無咎。若已發之豫受外在感官牽引，其外在的演變就可能存在著無窮的險惡。

38　唐冶澤（2004）。《甲骨文字趣釋》。重慶：重慶出版社。頁95。

39　竇文宇、竇勇（2005）。《漢字字源──當代新說文解字》。長春：吉林文史出版社。頁395。

40　竇文宇、竇勇（2005）。《漢字字源──當代新說文解字》。長春：吉林文史出版社。頁300。

「冥豫」的「成」在於順豫而發，可以展現出樂者之樂，如《禮記‧樂記》曰：

夫樂者樂也，人情之所不能免也。樂必發於聲音，形於動靜，人之道也。聲音動靜，性術之變，盡於此矣。故人不耐無樂，樂不耐無形。形而不爲道，不耐無亂。先王恥其亂，故制雅頌之聲以道之，使其聲足樂而不流，使其文足論而不息，使其曲直繁瘠，廉肉節奏，足以感動人之善心而已矣。不使放心邪氣得接焉，是先王立樂之方也。[41]

未發之豫必將發而爲情，這是生命無法免除的自然現象，此性情寄託於聲音，表現於動作之中，則形成音樂，正是人道的運行規律。音樂呈現的是人情的樂，樂可以說是已發的豫情。經由聲音的高低與形體的動作，能充分地表露出性情由內而外的整體變化過程。豫志本爲無形，發作爲音樂則爲有形，有形就必須依循道的規律，否則將造成情感上的混亂，故先王爲了避免如此的混亂，制作出雅、頌等音樂來引導於道，使其聲音合乎音樂不致流於放蕩，使其語言合乎情志不致流於空洞。音樂若能合道則能激起人的向善之心。反之，音樂無道則邪惡之氣滲入人心。

〈象傳〉是以上六的爻位來作解釋，如曰：

象曰：冥豫在上，何可長也。

「何可長也」也是〈象傳〉的用語，出現在上六與上九。是指上爻已到了

---

[41] 《十三經注疏——禮記》。臺北：藝文印書館，1985。頁700。

極點，很難繼續長久地維持下去。當進入上爻之位時，豫難以保持在未發的狀態之中，必定要向外發作為情，此情則要接受道的節制，轉化為音樂之樂。豫與樂有著相互為用的關係，性與情是一脈相承，未發的中與已發的和，是順以動的創生原理。

四、豫卦的生命關懷

豫卦的卦辭為「利建侯行師」，重視的是與建侯行師有關的祭祀進獻儀式，也可以視為建侯與行師時的國家禮樂大典。在西周初期建侯與行師可以說是最為重要的兩件大事，有助於周室王朝的鞏固與擴張，其禮樂儀式必定莊嚴隆重。〈彖傳〉關注的是「順以動」的內在豫志，重視的是天地日月的運行規律。〈大象傳〉關注的是「作樂崇德」的外在禮樂，重視的是上帝祖先的祭祀感應。在《國語‧晉語四》記載的筮例中，關注的是建侯的大事，如曰：

> 公子親筮之，曰：「尚有晉國。」得貞屯、悔豫，皆八也。筮史占之，皆曰：「不吉。閉而不通，爻無為也。」司空季子曰：「吉。是在《周易》，皆利建侯。不有晉國，以輔王室，安能建侯？我命筮曰尚有晉國，筮告我曰利建侯，得國之務也，吉孰大焉。震，車也。坎，水也。坤，土也。屯，厚也。豫，樂也。車班外內，順以訓之，泉源以資之，土厚而樂其實。不有晉國，何以當之？震，雷也，車也。坎，勞也，水也，眾也。主雷與車，而尚水與眾。車有震，武也。眾而順，文也。文具，厚之至也。故曰屯。其《繇》曰：元亨利貞，勿用有攸往，利建侯。主震雷，長也，故曰元。眾而順，嘉也，故曰亨。內有震雷，故曰利貞。車上水下，必伯。小事不濟，壅也。故曰勿用有攸往，一夫之行也。眾順而有武威，故曰利建侯。坤，母也。震，長男也。母老子強，故曰豫。其繇

曰：利建侯行師。居樂、出威之謂也。是二者，得國之卦也。」[42]

此則筮例涉及到屯卦與豫卦，此兩卦的共通點在於卦辭都有「利建侯」等字。晉國公子重耳親自進行占筮，其命筮之詞為「尚有晉國」，得到屯卦與豫卦，屯卦為震下坎上，豫卦為坤下震上，兩卦都有震卦，震卦在屯卦為下卦為貞，在豫卦為上卦為悔。震卦兩陰爻在貞在悔皆不動，故曰皆八，是指爻無所為。筮史等筮人占此兩卦，皆曰不吉，是從「皆八」的卦象來論。司空季子則認為兩卦皆吉，在《周易》卦辭中已明白指示「利建侯」，顯示得國的徵兆。此筮例以「厚」意來解屯卦，以「樂」意來解豫卦，顯示出「豫」字在當時已趨向於「樂」意，以「土厚而樂其實」來解豫卦，又以「母老子強」來解豫卦，指出豫卦有著「居樂」與「出威」的意思，「居樂」是指坤卦為母居內為樂，「出威」是指震卦為子向外顯威，前者之樂有助於建侯，後者之威有助於行師。

在《詩經》與《尚書》中，「豫」字多有「樂」意，但是多著重在對豫樂的反省與改進上，如《詩經·小雅·白駒》曰：

皎皎白駒、賁然來思。爾公爾侯、逸豫無期。慎爾優游、勉爾遁思。[43]

又《詩經·大雅·板》曰：

敬天之怒、無敢戲豫。敬天之渝、無敢馳驅。昊天曰明、及爾出王。

---

42 《國語》。臺北：里仁書局，1980。頁362。

43 《十三經注疏——詩經》。臺北：藝文印書館，1985。頁379。

昊天曰旦、及爾游衍。[44]

「逸豫」、「戲豫」等都將豫當樂解，較偏向外在的喜樂，但是重點在於「無敢」上，不敢任意妄為，要有敬天的憂患意識，要求自己務必「愼爾優游」與「勉爾遁思」。《尚書》的「豫」字也是具有著憂患意識，如《尚書・大甲下》曰：

伊尹拜手稽首曰：「修厥身，允德協于下，惟明后。先王子惠困窮，民服厥命，罔有不悅。並其有邦厥鄰，乃曰：徯我后，后來無罰。王懋乃德，視乃厥祖，無時豫怠。奉先思孝，接下思恭。視遠惟明，聽德惟聰。朕承王之休無斁。」[45]

又《尚書・君陳》曰：

至治馨香，感于神明。黍稷非馨，明德惟馨爾。尚式時周公之猷訓，惟日孜孜，無敢逸豫。凡人未見聖，若不克見；既見聖，亦不克由聖，爾其戒哉。爾惟風，下民惟草。圖厥政，莫或不艱，有廢有興，出入自爾師虞，庶言同則繹。[46]

這兩篇文章年代不同，一在商代，一在周代，但是內容大致上著重在自身的修德養身。前一篇是伊尹對君王太甲的勉勵之詞，要求太甲要傚法先

---

[44] 《十三經注疏——詩經》。臺北：藝文印書館，1985。頁636。

[45] 《十三經注疏——尚書》。臺北：藝文印書館，1985。頁118。

[46] 《十三經注疏——尚書》。臺北：藝文印書館，1985。頁273。

王湯，要隨時勉力修德，保持在「無時豫怠」的狀態中，即不能有片刻的安逸與怠惰。後一篇是成王命君陳接管殷民的策命書，要求君陳以周公的訓戒爲法，能以自身的馨香之德來感動神明，保持在「無敢逸豫」的狀態中，即不可貪圖安逸與娛樂。要以聖道來自我警惕，以憂患意識來克服各種艱難之事。

「豫」或「不豫」不是基於外在的情感，不是形式上的樂與不樂，重視的是內在心志的發用，若心志無法發用，也會有不豫之情，如《孟子·公孫丑下》日：

> 孟子去齊。充虞路問曰：「夫子若有不豫色然。前日虞聞諸夫子曰：君子不怨天，不尤人。」曰：「彼一時，此一時也。五百年必有王者興，其間必有名世者。由周而來，七百有餘歲矣。以其數則過矣，以其時考之則可矣。夫天，未欲平治天下也。如欲平治天下，當今之世，舍我其誰也？吾何爲不豫哉？」[47]

孟子的「不豫色」，不是來自於怨天尤人之情，應是基於「舍我其誰」的使命承擔，其前提在於天是否欲平治天下，這是天時的問題，若未逢天時，孟子反問：「吾何爲不豫哉？」孟子不豫的是其志之不行，也不豫於天之未欲平治天下，此種不豫與個人的情感無關，是對於天時的感歎，也帶有著懷才不遇的憂患意識，悲傷的不是個人的不遇，而是天下難以平治。

荀子則是從預慮義來解「豫」，著重在未發的思慮能力上，強調豫慮的重要性，如《荀子·大略》日：

---

[47] 《十三經注疏——孟子》。臺北：藝文印書館，1985。頁85。

天子即位，上卿進曰：「如之何憂之長也？能除患則爲福，不能除患則爲賊。」授天子一策。中卿進曰：「配天而有下土者，先事慮事，先患慮患。先事慮事謂之接，接則事優成。先患慮患謂之豫，豫則禍不生。事至而後慮者謂之後，後則事不舉。患至而後慮者謂之困，困則禍不可禦。」授天子二策。下卿進曰：「敬戒無怠。慶者在堂，弔者在閭。禍與福鄰，莫知其門。豫哉！豫哉！萬民望之。」授天子三策。[48]

天子即位時，上卿、中卿與下卿要各進一策，讀之而授於天子，使天子得以爲國事而深戒之。上卿進之以「除患」，以解天下安危之憂。中卿進之以「先事慮事，先患慮患」，比上卿之言更深刻些，不能等事患發生再謀對應，不可以「事至而後慮」，也不可以「患至而後慮」，最好的方式是接與豫，接是指「先事慮事」，豫是指「先患慮患」，接與豫都是指未發的預慮工夫，能先有如此預慮工夫則能事優成與禍不生。下卿進之以「敬戒無怠」，強調憂患意識，要求心存戒備不可懈怠，此種憂患意識稱爲「豫哉」，即以慮患來存心，時時保持在豫志的狀態，如此能得到萬民的仰望。

將「豫」解爲預慮義，又見於《左傳・文公六年》曰：

秋，季文子將聘於晉，使求遭喪之禮以行，其人曰，將焉用之，文子曰，備豫不虞，古之善教也，求而無之，實難，過求何害。[49]

季文子受聘前往晉國，要求以遭遇喪事的相關禮儀來進行，隨從的人問

48　楊柳橋（2009）。《荀子詁譯》。濟南：齊魯書社。頁528。
49　《十三經注疏——左傳》。臺北：藝文印書館，1985。頁315。

為何要如此作為，季文子提出了「備豫不虞」的說法，要事先做好處置意外事件的準備，這是古人良善的教誨，一旦事情發生未必能尋求到救助，處境就必定艱難。事前的充分準備不僅無害，還能預作防患。豫卦以「豫」為名，同時具有著「預」與「樂」二義，未發時為「預」，已發時為「樂」，「預」與「樂」是相貫而成，從未發的「預」發展為已發的「樂」，這是生命修持的豫志工夫，如《禮記‧文王世子》曰：

> 凡三王教世子必以禮樂。樂，所以修內也。禮，所以修外也。禮樂交錯於中，發形於外，是故其成也懌，恭敬而溫文。[50]

又《禮記‧禮器》曰：

> 禮也者，反其所自生；樂也者，樂其所自成。是故先王之制禮也以節事，修樂以道志。故觀其禮樂，而治亂可知也。蘧伯玉曰：「君子之人達，故觀其器，而知其工之巧；觀其發，而知其人之知。」故曰：「君子慎其所以與人者。」[51]

此豫志工夫或可稱為禮樂工夫，是內外情志的修持工夫，禮樂不僅是生命的必修功課，也是性情外發的指標。樂發於歡欣鼓舞之情，禮作於威儀動作之際，發於內者也能達於外，制於外者也能養其內，禮樂的修養是交錯於內心之中，必定要發用於外在的動作行為。禮的功能在於反本不忘其初，可以用來節制其行事的過差。樂的功能在於抒發治功之成，可以用來

50　《十三經注疏——禮記》。臺北：藝文印書館，1985。頁397。

51　《十三經注疏——禮記》。臺北：藝文印書館，1985。頁471。

疏導情志之道。觀察禮樂的情況，就可以知道是治還是亂，主要有二個途徑。第一爲「觀其器」，觀察其器物形狀，就可以知道其製作工夫的巧拙。第二爲「觀其發」，觀察其行爲發作的舉措，就可以知道其人道德修持的工夫。

內在的豫志必然要向外發作爲禮樂，問題是未發與已發之間有多種可能，不是單一的狀況，比如以禮爲例，禮可以多，也可以少，如何能恰到好處呢？如《禮記・禮器》曰：

> 禮之以多爲貴者，以其外心者也：德發揚，詡萬物，大理物博，如此，則得不以多爲貴乎？故君子樂其發也。禮之以少爲貴者，以其內心者也。德產之致也精微，觀天子之物無可以稱其德者，如此則得不以少爲貴乎？是故君子愼其獨也。古之聖人，內之爲尊，外之爲樂，少之爲貴，多之爲美。是故先生之制禮也，不可多也，不可寡也，唯其稱也。[52]

禮可以以多爲貴，也可以以少爲貴，各有不同的對應情志。以多爲貴者，是要將其德行發揚於萬物之中，其理甚大，其事甚博，非備物不足以稱之[53]。以少爲貴者，是專其心於內，致力於德性精深微妙的極致實現，天下之物無一可以與之相稱。由此可見，禮有多種實現方式。第一「內之爲尊」，是指在內敬愼，其理可尊。第二「外之爲樂」，是指在外繁富，其事可樂。第三「少之爲貴」，是指極心於內者，貴之於物少。第四「多之爲美」，是指極德於外者，美之於物多。內外性情的發用，不在於多，也不在於少，在於能恰如其分，避免過猶不及所帶來的傷害。

52　《十三經注疏——禮記》。臺北：藝文印書館，1985。頁456。
53　孫希旦（1990）。《禮記集解》。臺北：文史哲出版社。頁644。

　　豫卦的六爻著重在描述豫志外發的六種狀況，在未發之豫與已發之情的過程中因各種外境的加入，導致性與情之間存在著有些不是自然順以動的狀態，有時豫志會受到挫折，無法正常發用。初六的「鳴豫」，外在的「鳴」壓倒了內在的「豫」，當過度沉溺於外在自鳴的得意之聲時，內在的豫志將被壓縮而難以伸張與擴充。鳴豫一詞其關鍵字在於「鳴」上，豫好像還在實已亡失，「鳴」的極樂將會引來忘形的情狀，將無法久安，甚至凶已隨之而來。六二雖無「豫」字，但其豫志寄託在「介如石」上，是指內在的豫有如磐石般的耿介，隨時都能見機而作，直接向外發用為情，不會偏於外在的逸樂，此種情志為吉。初六與六二是對照組，偏向於外在的情為凶，偏向於內在的性為吉。

　　六三的「盱豫」，外在的「盱」勝過了內在的「豫」，「盱」比「鳴」更易受外在的干擾，「盱」的舉眉張目帶有著攀附權勢的佞媚之情，貪欲之心取代了原本內在的豫志，或者說豫志已無法發生作用，任其阿諛逢迎之情的發作，其結果必生悔恨，如不加速改進，將造成更大的失誤。九四的「由豫」與六三的「盱豫」也是對照組，六三偏向於外在的情，其結果是有悔，九四偏向於內在的志，其結果為大有得。「由豫」，回歸到豫志的本原，由性發用為情，性情相合相生，能行其志而大有所得。六五雖無「豫」字，或可以「恒」字代替，對應恒卦的常道之義，來彰顯豫志的主體性，能對治各種外在疾害之情。上六的「冥豫」，是指豫志從未發到已發的創生過程，是由性來成就了情，此種成就本就有著多種變化的可能，若能順以動，則可以無咎。

　　豫卦六爻不是談未發的豫，而是著重於已發的情，此情合於性則吉，此情離於性則凶，情合乎性的最佳狀態則為禮樂。有關豫志與禮樂的互動內涵，《禮記・樂記》有不少具體的描述，如曰：

　　故樂也者，動於內者也。禮也者，動於外者也。樂極和，禮極順，內和而外順，則民瞻其顏色而弗與爭也。望其容貌，而民不生易慢焉。故德輝動於內，而民莫不承聽。理發諸外，而民莫不承順。故曰：致禮樂之道，舉而錯之，天下無難矣。樂也者，動於內者也。禮也者，動於外者也。故禮主其減，樂主其盈。禮減而進，以進爲文。樂盈而反，以反爲文。禮減而不進則銷，樂盈而不反則放，故禮有報而樂有反。禮得其報則樂，樂得其反則安。禮之報，樂之反，其義一也。[54]

「動於內者」爲豫爲樂，「動於外者」爲情爲禮，禮樂爲性情的內外之動，是已發的狀態。禮樂如此已發的狀態爲極和與極順，具體來說爲「內和而外順」，是豫卦順以動的最佳表現。性情的內外互養可以交錯爲禮樂之道，不僅可以治理身心，也能化民成俗。動於內者爲樂，樂的主要特徵爲盈爲反，極和爲盈，是內心的充實與圓滿，能復歸於生命的本原，展現出反本的美文。動於外者爲禮，禮的主要特徵爲減爲進，極順爲減，是行爲的自抑與整飭，通過自我的進德修業來完成，展現出精進的美文。禮樂如果會出現與性情相背離的狀況，是在向外發動時出了問題，主要問題有二。第一爲「禮減而不進則銷」，只知自我抑止，卻不能持續地進德修業，將導致身心的疲倦與惰怠。第二爲「樂盈而不反則放」，只知和順充盈，卻不能不斷地返歸本心，將導致身心的無節與放蕩。

　　禮在於有報，即自我德性的成長，能順其情而樂。樂在於有反，即自我本性的節制，能源其性而安。如此禮樂的性情工夫，不只是滿足個人的安身立命，也能治理天下，達到政通人和的境界，如《禮記・樂記》曰：

54　《十三經注疏——禮記》。臺北：藝文印書館，1985。頁699。

樂者爲同，禮者爲異。同則相親，異則相敬，樂勝則流，禮勝則離。合情飾貌者禮樂之事也。禮義立，則貴賤等矣。樂文同，則上下和矣。好惡著，則賢不肖別矣。刑禁暴，爵舉賢，則政均矣。仁以愛之，義以正之，如此，則民治行矣。樂由中出，禮自外作。樂由中出故靜，禮自外作故文。大樂必易，大禮必簡。樂至則無怨，禮至則不爭。揖讓而治天下者，禮樂之謂也。暴民不作，諸侯賓服，兵革不試，五刑不用，百姓無患，天子不怒，如此，則樂達矣。合父子之親，明長幼之序，以敬四海之內，天子如此，則禮行矣。[55]

禮的功能在於「爲異」，區別出貴賤差異所在，因貴賤的區別能使人互相尊敬，經由禮義的確立使貴賤等級能相辨與分明，不宜因過度講禮使人相互離析與隔閡。樂的功能在於「爲同」，協同出上下和合之道，因上下的和合能使人互相親愛，經由音樂的調和使上下之間得以和睦相處，不宜因過度持樂使人沉溺其中不能返還。禮樂的使命就在於能和合人們的情感又能校正自我的行爲，有助於國家的政均與民治。禮是用來規範人的外在行爲，有著威儀交錯的禮文，最爲盛大的禮儀必定是簡樸，不是追求儀物之繁，重視的是經由禮教使人人都能謙讓而無衝突。樂是用來抒發人的內在體驗，有著自然流露的意靜，最爲盛大的音樂必定是平易，不是追求華麗之聲，重視的是經由樂教使人人都能舒暢而無怨恨。禮樂可以用來治理天下，天子不怒，在於從「暴民不作」到「百姓無患」，這是樂教達成的目的。天子如此，在於從「合父子之親」到「以敬四海之內」，這是禮教達成的目的。

---

[55] 《十三經注疏──禮記》。臺北：藝文印書館，1985。頁667。

伍、結論

　　豫卦的卦辭「利建侯行師」的「利」字，是「元亨利貞」的「利」字，其圖像義為祭祀時的進獻儀式，可以引申為祭祀的典禮，進而可以指稱祭典中的禮樂活動，此一禮樂活動是為了建侯與行師的國家大事而舉行。以「豫」為卦名，指出建侯與行師等國家大事的禮樂活動，其功能與作用極為重大，外在的禮樂源自於內心的性豫的精神體驗，是具有濃厚的憂患意識，將誠於中的未發之志，經由順以動的自然規律，以發而皆中節的形態展現出來。「豫」字的本義很難恰當地表達，解為「樂」或「預」都只是片面的理解，「樂」偏向於外在義，「預」偏向於內在義，「豫」字則是內在與外在兼具的詞語，是從未發的性轉為已發的情，當其未發時接近於「預」，當其已發時則接近於「樂」。

　　〈象傳〉的「豫之時義大矣哉」，指出豫卦的「豫」字，其內容相當豐富頗具深遠之義，值得詳細研味其理，其核心的觀念在於「時義」上，掌握到順時以動的運作原理，進而擴展到順勢、順理與順情以動，合乎天地、日月與四時的演化規律，以順乎天理來安立人情。天地的順時以動，是順應自然運行的節律，聖人的順時以動，則是順應民心的脈動，因懲惡獎善與刑賞分明，得到人民的信服，以禮樂政刑的章法與度數，達到政通人和與天下安樂的目的。「時義」指的是因時而行的具體實踐，將內在的豫志配合外在具體的形勢，發展出適時以應的禮樂之情。情動是否能合乎禮樂，在於此情與性的發用關係，若外情壓倒了內性，則將有各種凶險。若外情能順內性而動，則能成就其合道之大。

　　豫卦六爻可以視為六種豫情的表現形態，雖然只有四個爻有「豫」字，其他兩爻「豫」意是隱藏在其中。六爻是採一凶一吉的方式來呈現，初六、六三與六五是情大於性的狀態，六五或可稱為「疾豫」，相似於初

六的「鳴豫」與六三的「盱豫」，都是外情過盛導致內性的萎縮，造成驕佚欲望的放縱。六二或可稱爲「介豫」，相似於九四的「由豫」與上六的「冥豫」，著重在性與情二者之間的互動關係上，肯定情由性發，豫志可以見機而作，由靜體擴展出動用。豫卦六爻的有凶有吉，顯示出未發的性實際上是處於善惡之間，仰賴的是已發之時中和的自覺工夫。此已發的狀態要合乎順以動的原理，以居安思危的憂患意識，時時地自我提醒與警惕，以返回豫志之心來面對各種外在的挑戰。

參考文獻

《國語》（1980）。臺北：里仁書局。

《十三經注疏——禮記》（1985）。臺北：藝文印書館。

《十三經注疏——周禮》（1985）。臺北：藝文印書館。

《十三經注疏——孟子》（1985）。臺北：藝文印書館。

《十三經注疏——尚書》（1985）。臺北：藝文印書館。

清·孫希旦（1990）。《禮記集解》。臺北：文史哲出版社。

王玉哲（2000）。《中華遠古史》。上海：上海人民出版社。

王祥之（2009）。《圖解漢字起源》。北京：北京大學出版社。

清·段玉裁（1977）。《說文解字注》。臺北：蘭台書局。

徐復觀（1969）。《中國人性論史——先秦篇》。臺北：臺灣商務印書館。

唐冶澤（2004）。《甲骨文字趣釋》。重慶：重慶出版社。

唐漢（2003）。《唐漢解字——漢字與人體五官》。太原：書海出版社。

唐漢（2003）。《唐漢解字——漢字與動物世界》。太原：書海出版社。

葉柏來（2005）。《解文說字》。廣州：華南理工大學出版社。

楊柳橋（2009）。《荀子詁譯》。濟南：齊魯書社。

竇文宇、竇勇（2005）。《漢字字源——當代新說文解字》。長春：吉林文史出版社。

On the Li Yueh Functions of Confucian Spiritual Exercise Theory from *Zhouyi's* Yu Hexagrams

Cheng, Chih Ming

Professor, Department of Religious Studies, Fu Jen Catholic University

Abstract

The "li" in the Yu hexagram refers to the sacrifice offering ritual, which can be extended to the sacrifice ritual, and then it can allude to the ritual and Li Yueh in the national ritual.

The hexagram with the name "Yu" indicates that the rituals and Li Yueh of national such as Jianhou and Xingshi are particularly important. Yu Gua and Li Yueh from the spiritual experience of the mind. It has a strong sense of Suffering Consciousness, and the thoughts that have not occurred are smoothly displayed through natural rules.

Human nature is synonymous with Yu. When it is not issued, it is difficult to discern the presence of Yu. People have reached the stage of growth when they recognize the existence of Yu. The Yu in Yao Ci is tied to the current circumstances. There are six scenarios to consider.

Returning to the source of thought can reveal the way to do things and give birth to the Li Yueh. Li Yueh not only has norms for doing things and achieves the goal of bringing order to life, but he also adds to interpersonal ethics, national politics, and religion.

Keywords: *ZhouYi*, Yu Gua, Gua Ci, Yao Ci, life care

從「游於藝」到「成於樂」：兩宋理學家與古琴文化之研究及其現代意義*

劉振維

朝陽科技大學通識教育中心教授

* 本文為科技部補助專題研究計畫部分成果（計畫編號：108-2410-H-324-003），計畫名稱：從
「游於藝」到「成於樂」：兩宋理學家與古琴文化之研究，執行期限108.8.1-109.7.31。

摘　要

孔子言「游於藝」、「成於樂」（《論語‧述而》、《論語‧泰伯》），揭示人間的理性思索、道德成就，須佐以藝文音樂的涵養。近來掀起音樂美學以及對傳統古琴文化的探究，儼然呼應了孔子的觀點。本文在探究兩宋主要的理學家與古琴文化之間的關係，以補葺學界研究的空白。理學是新儒學，對於藝文音樂的態度或探究為何？顯然為哲學界所忽略。古琴，是一綿延三千餘年的樂器，為傳統文化的具體代表之一，2003年更成為聯合國非物質文化遺產保護項目之一。儒學作為中國傳統的主要哲學形態，與古琴文化之間迭有交融與滲透，「士無故不撤琴瑟」（《禮記‧曲禮下》）即是注腳。自古以來，古琴被視為君子修身理性之器，其音色清微淡遠，與儒家強調中正平和的意蘊相通。然程頤似將藝文音樂視為「玩物喪志」之事，此是否造成理學家與古琴文化的隔閡？考朱熹豐富的音樂思想，並專精於琴學，故程頤之見似未成為障礙。儒家的學習生活是「弦歌不輟」的形態，從「游於藝」的玩物適情，於自在涵詠間收斂身心，忽不自知地臻入聖賢之域，當為「成於樂」的究竟意。本文試圖指出：兩宋理學家「弦歌不輟」的學習生活，古琴在此之間的重要性為何？又因為兩宋文化的高度發展，以古琴文化為例，當有助於現今生活世界的反省與參照。

關鍵字：理學、古琴、文化、游於藝、成於樂

壹、前言

本文立論，基於幾項先前工作：〈朱熹與古琴〉（2010）、〈北宋理學家與古琴〉（2018）、〈從朱熹理解的古琴聲韻論其音樂美學〉（2018）、〈從「游於藝」到「成於樂」：論朱熹的古琴音樂思想及其意義〉（2018）、〈南宋理學家與古琴〉（2019）。旨在闡述兩宋理學家與古琴文化之關係。

按孔子揭示的儒學，其學習生活是「弦歌不輟」的方式，然理學家予人道貌岸然、嚴肅而無法親近的道德形象，「程門立雪」形塑的尊師重道，與舞雩詠歸的洙泗之學似不太相融。作為新儒學的宋明理學，在哲學創發上建構了一套天理流行的形上體系，安頓了宇宙人生的秩序，形塑了道德人格的修養路徑，提供世人一個得以遵循的方向以成就美好的生活世界。所依典籍，漸由《五經》轉向《四書》，其核心依然是儒家傳統的「成仁」、「取義」之聖賢人格與安邦定國的擘劃。然而，「弦歌不輟」的生活學習，不應產生形象上的巨大落差。錢穆（1971b）說：「學術影響於生活，故理學家常不免有拘束枯燥之嫌。其途嚴而窄。」[1]當代學者陳來，主張朱熹哲學改道南學派主靜、內向和體驗的色彩，使道學在南宋發生了理性主義的轉向，因此他對精神生活的其他向度與境界有所忽略。[2]但實情真是如此麼？故以古琴文化為例探索之。

---

[1] 錢穆（1971b），174。
[2] 丁怡（2018）。

貳、兩宋理學家的琴緣

　　兩宋古琴十分盛行，理學家與古琴自有關聯。此背景探索已見於先前工作，於此扼要展現。

　　兩宋理學家與古琴文化，僅見歐陽平彪〈周敦頤與古琴考述〉一文，[3]學界幾無注視。相較北宋的平淡，南宋理學家以朱熹為核心，理學家與古琴關係則是密切的，琴書共伴一生。朱熹以降，依《宋元學案》學術傳承如下表：

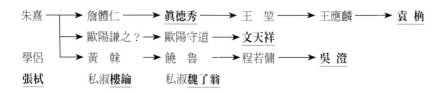

得出南宋理學家與古琴文化的一條脈絡：晦翁學侶的張栻，私淑者樓鑰、魏了翁；[4]朱熹再傳弟子眞德秀，[5]三傳文天祥；[6]四傳吳澄；[7]五傳袁桷等；[8]吳、袁已入元。以下依時序簡述之。

一、北宋理學家與古琴

　　理學開山祖周敦頤，隱退定居廬山蓮花峰下，築濂溪書堂，著有〈濂溪書堂〉一詩，「書堂構其上，隱几看雲岑。倚梧或敲枕，風月盈中襟。

3　　歐陽平彪（2017）。

4　　〈晦翁學案上〉。《宋元學案》卷48。《黃宗羲全集》第4冊。813-814。

5　　〈西山真氏學案〉。《宋元學案》卷82。《黃宗羲全集》第6冊。174。

6　　〈巽齋學案〉。《宋元學案》卷88。《黃宗羲全集》第6冊。464。

7　　〈草廬學案〉。《宋元學案》卷92。《黃宗羲全集》第6冊。568。

8　　〈深寧學案〉。《宋元學案》卷85。《黃宗羲全集》第6冊。359。

或吟或冥默，或酒或鳴琴」；其所呈顯的生活寫照，可知周敦頤本人是知琴、識琴的。而且，周敦頤琴藝出眾，琴緣豐富，更獲著名古琴家趙抃稱述其琴技。[9]

邵雍著《伊川擊壤集》，從「碧玉琢爲軫，黃金拍作徽」可知其識琴，從「某逢敵手纔堪著，琴少知音不願彈」可知其彈琴，其謙遜「不善琴」，但聽琴，如「琴宜入夜聽，別起一般情」、「更聞數弄神仙曲，始信壺中日月長」、「琴裡語言時喜聽」等。[10]邵雍強調古琴修身養性的一面，如言「必欲去心垢，須彈無絃琴」、「既若能開物，何須更鼓琴」。[11]可知邵雍識琴，亦能鼓琴。後世依其《安樂窩中吟》改編，遂有《安樂窩歌》古琴曲名；[12]又依其《漁樵問對》之作，遂有《漁樵問答》古琴曲。[13]

關學張載，指出當時彈琴「不遠鄭衛」，因「移人者莫甚於鄭衛」，[14]影響人心甚鉅。其以「古音」當是「長言」，無預定曲調，如《尚書‧堯典》中所揭示的：「詩言志，歌永言，聲依永，律和聲。」[15]在現存文獻中，我們無法知曉張載是否識琴、鼓琴。然於後世琴書記錄

9　詩見《周子全書》卷17，346-347。趙抃善琴痴琴。其詩〈同周敦頤國博遊馬祖山〉：「下指正聲調玉軫，放懷雄辯起雲濤。聯鑣歸去尤清樂，數裡松風督骨毛。」可見周敦頤不僅識琴、彈琴，而且琴藝高操。《趙清獻公文集》卷3，第22頁右。〈濂溪學案上〉稱趙抃為「濂溪同調」，《宋元學案》卷11。《黃宗羲全集》第3冊。586、644。

10　分見《邵雍集》。355、243、351、233、247、351。

11　《邵雍集》。480、484。

12　《安樂窩中吟》，見《邵雍集》。338-341。《安樂窩歌》琴曲，明代《徽言秘旨訂》收錄，有徵音與黃鐘調兩個版本，曲共四段，281-283、290-292。

13　《漁樵問對》，見《邵雍集》。552-565。《漁樵問答》，歷代傳譜中有30餘種版本，自《重修真傳琴譜》起附有歌詞。現存譜，初見於蕭鸞撰於1560年的《杏莊太音續譜》卷4，第51右-53右頁。有曲無詞。《漁樵問答》詞曲，見楊表正撰輯《重修真傳琴譜》卷5，第25右-30左頁。

14　《經學理窟‧禮樂》。《張載集》。263。

15　《尚書正義》卷3，第26頁右。

中，張載是一個會鼓琴作曲的琴人：「張橫渠：遇僧捫琴而曰不祥，遂付流水。」[16]指陳張載撫琴，遇僧人彈琴，以爲不祥，因而放棄。

程顥、程頤二兄弟，世稱「二程子」。兩人學問大體相同，但性格卻絕然不同。二程自我體驗與追求，抑或是教人爲學，其目標「不在技藝上，在眞理上」[17]是以程頤以爲作文等技藝爲「玩物喪志」之事。《二程集》有條程顥之言：「彈琴，心不在便不成聲，所以謂琴者禁也，禁人之邪心。」[18]指鼓琴時心思應專注，天理不存，有聲亦等於無聲，以之解釋「琴者禁也」。所禁者，即「人之邪心」，也就是人欲。從現有資料判斷，二程恐不識琴。然後世部分琴書，則將程子作《大學解註》列爲琴譜。[19]

由是可知，北宋主要理學家與古琴間的關係，周敦頤、邵雍二人，不僅識琴、亦能鼓琴；張載或能鼓琴；二程恐怕是不識琴的。查《宋元學案》，僅得「蜀學之先」的宇文之邵識琴、鼓琴。[20]因此，從北宋理學家與古琴的關係整體來說似乎不是挺密切的。

二、朱熹的琴緣與琴學專業

理學大家朱熹，其學無所不包，格物窮理，琴書共伴一生。朱熹與古琴有深厚的淵源，不但識琴、鼓琴，以琴會友，喜聽友人琴音；他藏琴，也製琴，同時不斷研究琴學，可能也做了一些琴曲。下分朱熹琴緣及朱熹的琴學專業簡述之。

---

[16]　《重修真傳琴譜》卷1，第9左頁；胡文煥編《文會堂琴譜》卷3，第40右頁；徐祺編《五知齋琴譜》卷1，第8右頁。

[17]　錢穆（1977），68、73。

[18]　《河南程氏遺書》卷3。《二程集》。60。

[19]　如《重修真傳琴譜》卷1，第10右頁。《文會堂琴譜》卷3，第40右頁。

[20]　〈士劉諸儒學案〉。《宋元學案》卷6。《黃宗羲全集》第3冊。327。

（一）朱熹琴緣

朱熹與古琴的淵源，當自雅好琴事的父親朱松、老師劉子翬而得，[21]
自言「琴書四十年，幾作山中客」（〈武夷精舍雜詠並序·精舍〉），[22]
琴書相伴一生，琴學修養甚厚。

朱熹曾學琴，自言：「某舊學琴，且亂彈，謂待會了卻依法。元來
不然，其後遂學不得，知學問安可不謹厥始。」[23]朱熹自謙亂彈，「其
後遂學不得」。文旨突顯作「學問」時，學習初始即應慎重。朱熹會彈
琴，《晦庵先生朱文公文集》中甚多詩文可證，「盡向琴中寫，焉知離恨
情」（〈寄山中舊知〉之四）、「援琴不能操，臨觴起長嘆」（〈寄黃子
衡〉）、「已想躬《玄默》，鳴絃亦罷彈」（〈送王季山赴龍溪〉）、
「鳴琴愛靜夜，樂道今閑居」（〈秋夜聽雨奉懷子厚〉）、「風清月白琴
三弄，綠暗紅深酒一杯」（〈次韻寄題芙蕖館〉之三）、「朱絃悄餘韻，

---

21 朱松好琴，詩文「幽泉端為誰，放溜雜琴築」（〈度芙蓉嶺〉）、「規模琴書室，料理松菊緣」
（〈寄題陳國器容膝齋〉）、「他年閑擊竹，妙契琴無弦」（〈送祝仲容歸新安〉），便可見
及。見《韋齋集》卷1、1、3，頁3右、17右-左、14右。朱松不幸早逝，遺命朱熹投師劉子翬等
三友友。見朱熹〈屏山先生劉公墓表〉，《文集》卷90。4146。劉子翬識琴、鼓琴，詩文「玩
味不可忘，寫之朱絲琴」（〈江山突星石士特欲易為獨醒有詩因次其韻〉）、「幼輿丘壑情，陶
令琴觴趣」（〈遊龍潭〉）、「韻清琴易寫，幹直鳥難棲」（〈古松〉）、「酒中賢聖無多酌，
琴裡宮商一再行」（〈長句寄尚明學士〉）、「誰分秀色來幽室，獨寫遺聲入素琴」（〈次韻
六四叔蘭詩〉）、「瓜芋滿畦聊卒歲，琴書一榻寄平生」（〈伯勝文本袖詩見訪輒成長句奉酬盛
意〉），又有〈聽詹溫之彈琴歌〉、〈同張守謁蔡子強觀硯論琴偶書〉等，可知其生活與琴書分
不開。劉子翬。《屏山集》卷11、11、16、18、18、18、12、16，頁2左、6左、10左、3左、11
左、14左、6左-7右、5右。又劉子翬一次生病，朱熹以「童子侍在側」，仍然「彈琴賦詩，澹然
如一日」。朱熹〈屏山先生劉公墓表〉。《文集》卷90。4149。劉子翬詩〈次韻致明聽琴〉，
註明「病中作」：「病翁不咄咄，琅然寄枯琴。倘無枯琴寄，孰表吾之心？」可見古琴為劉子翬
生命的託寄處。《屏山集》卷14，頁16右。另劉子翬藏琴兩張，其子劉玶保存之，朱熹於紹興
三十年（1159）銘記，表達對恩師景仰之情。朱熹〈劉屏山復齋蒙齋二琴銘〉。《文集》卷85，
3993。由是可知，朱熹學琴、識琴，當來自朱松、劉子翬的啟蒙。
22 《晦庵先生朱文公文集》卷9，522。後簡稱《文集》。
23 《朱子語類》卷55，頁1800。後簡稱《語類》。

綺席澹浮埃」（〈寄題李東老淵乎齋〉）、「個中有趣無人會，琴罷尊空月四更」（〈遊密菴分韻賦詩得清字〉）等。[24]《玄默》為古琴曲，傳為師曠或嵇康所作。[25]朱熹欲彈之，可見其識琴。

　　從朱熹詩文可知，其日與「琴書」相伴達四十年之久。「琴書寫塵慮，菽水怡親顏」（〈秋夕〉之二）、「十舍辛勤觸熱來，琴書曾未拂塵埃」（〈送德和弟歸婺源〉之一）、「空山初夜子規鳴，靜對琴書百慮清」（〈崇壽客舍夜聞子規得三絕句寫呈平父兄煩為轉寄彥集兄及兩縣間諸親友〉之一），[26]琴書是其心靈沉澱的園地。[27]朱熹建於淳熙十年（1183）的武夷精舍，位於武夷山隱屏峰九曲溪畔，乃著書立說、倡道講學之所；在此，朱熹傾全力完成了影響後世發展甚鉅的《四書章句集注》，[28]促成《四書》取代《五經》的文化巨大轉變，是為劃時代的大事。[29]此是與古琴日夜相伴而有所得。

　　朱熹好琴，曾作《招隱》琴曲，理解招致山谷潛伏的能人志士。[30]早年詩作〈聞琴〉：「瑤琴清露後，寥亮發窗間。韻逐回風遠，情隨玄夜闌。端居獨無寐，林扉空掩關。起望星河落，哀弦方罷彈。」[31]即能從琴聲音韻中感受空渺自適的曠味，孤寂、惆悵的心緒，並通過琴音得到心靈

---

[24] 《文集》卷1、1、2、2、3、5、8。243、253、267、275、338、388、502。

[25] 朱權。《神奇秘譜》上卷。頁31左。

[26] 《文集》卷2、4、7。270、352、464。

[27] 「琴書」連稱，始見《三國志》的〈魏書〉、〈吳書〉。從文脈上看，多指古琴與書法。參范曉利。（2017），92-95。朱熹對書法亦多有研究。見錢穆（1971a）。第5冊，360-366。錢穆（1971b），176。然此「書」或可寬指儒家傳統經書，朱熹對此浸淫甚深。古有「左琴右書」之說（見劉向《列女傳·楚於陵妻》），因經書得以吟詠，法書則無。

[28] 〈書臨漳所刊四子後〉。《文集》卷82。3895-3896。

[29] 錢穆（1971a）。第4冊，180-181。劉澤亮（2002）。

[30] 朱熹意取淮南小山作《招隱士》。友許進之挾琴過書堂，揮絃度曲，聲甚悲壯，彈《招隱》之操，朱熹有感，遂推小山遺意，作《招隱》及《反招隱》各一闋。見《文集》卷1。223-224。

[31] 《文集》卷1。235。詩題作〈又聞琴作〉。

的撫慰。據悉，除《招隱》外，《月坡》、《碧澗流泉》、《水清吟》三首琴曲，皆是朱熹所作。[32]

又朱熹喜鼓琴，喜聽友人鼓琴，與同窗黃銖（子厚）、許進之、王孫趙君澤、清江周道士等唱和可證。朱熹〈懷子厚〉詩，「琅然撫枯桐，幽韻泉穀虛。褰裳欲往聽，乖隔靡所如」句；在〈讀子厚詩卷用其卒章晨起之韻作詩寄之〉，提及黃銖鼓琴「掩抑琴調希，激烈歌聲長」的懷想，[33]特別是「褰裳欲往聽」的描繪，生動呈顯欲傾聽友人鼓琴不可遏抑的衝動。黃銖攜琴來訪，撫弦而歌，朱熹為其琴作銘，讚賞其琴音並頌揚二人友誼。[34]兩人感情甚篤，朱熹〈祭黃子厚文〉言「今則已夫，琴破弦絕」，取伯牙子期典故，由是可見。[35]許進之，即前提及，其趁夜抱琴拜訪朱熹，揮弦度曲，彈《招隱》，促使朱熹作《招隱》及《反招隱》「依詠作辭」各一闋，請黃銖、劉玶（七者）等好友彈琴吟詠。趙宋王孫趙君澤，攜琴載酒，從福州北上崇安訪問朱熹，一群同道中人聚會，飲酒分韻，依字作詩，循詩為曲，按律高歌。朱熹分韻獲琴字，遂有〈趙君澤攜琴載酒見訪分韻得琴字〉詩。這是朱熹傾聽趙君澤彈琴的享受。[36]清江周道士，《文集》記載其抱琴來訪，朱熹正值功衰之戚，無法鼓琴。朱熹見其容貌、接續其言，判斷其懷志深遠，展現歐陽脩所言「理身如理琴，正聲不可干以邪」，故贈書餞行。[37]頗有仰羨之意。

---

[32]　《重修真傳琴譜》卷1。頁10右。《文會堂琴譜》卷3。頁40右。《五知齋琴譜》卷1。頁8右。

[33]　《文集》卷1，248：卷8，500。

[34]　朱熹〈黃子厚琴銘〉以「無名之樸」指黃銖的琴音，以「高山流水」典故形容二人情誼。《文集》卷85。3993-3994。卷87。4093。

[35]　《文集》卷87。4093。

[36]　《文集》卷4。351。

[37]　《文集》卷76。3665。歐陽脩〈贈無為軍李道士〉。《歐陽脩全集》。59-60。

　　朱熹對古琴相關文獻取之若渴，並有評論。如：「或有鄭尚明《琴史》十餘卷，緊要處都不曾說著，只是閑話耳。其書亦是集古今人所說，乃止如此，是凡事不曾有人理會到底也。」[38] 評價甚低。可惜文獻中未見朱熹對朱長文《琴史》評價，當是未能見及。[39] 又說：「《琴志》已領，看畢即納上。亦方是五七十年來文字，非古書也。」[40]《琴志》不明何書，但朱熹斷定爲時人所著，價值不高。

　　對於琴絃，朱熹愛護謹慎。《文集》記載：「尊丈要琴絃，今欲寄去，不知何時有便？須得有信掩或籠箱之屬，置之其中，乃免壓摺損拆之患，亦俟一報也。」[41] 尊丈指蔡元定，欲要琴絃，朱熹叮嚀，要將之包覆或裝於盒子中，避免壓損。[42] 由是可知，朱熹對古琴態度當是十分慎重的。

　　更特殊是，朱熹藏琴，也製琴。[43]

　　由是可知，朱熹識琴、鼓琴、聽琴、藏琴、製琴，理解琴聲音韻深入文化底蘊，其因父朱松、師劉子翬而得琴緣，琴書相伴一生，琴學修養甚厚。此外，更特別是，朱熹首次提出「琴律」一說，將古琴琴學理論化，顯現出他的琴學專業。

---

[38] 〈答蔡季通〉。《文集》，《續集》卷3。4707。

[39] 朱長文與朱熹同宗，朱松、朱熹父子曾言源於「吳郡朱氏」。見朱松〈錄曾祖父作詩後序〉。《韋齋集》卷10。頁1上。朱熹〈劉氏妹墓誌銘〉。《文集》卷91。4227。又《婺源茶院朱氏世譜》隱約可見。依〈古吳朱氏源流說〉：「以子奢公系圖考之，樂圃公為十六世孫，文公為二十一世孫，其源合也。」樂圃指朱長文，文公指朱熹。見朱述祖等纂修。《古吳朱氏宗譜》卷2。頁4下。朱長文《琴史》六卷完成於元豐七年（1084），但未付梓，一直至姪孫朱正大於理宗紹定六年（1233）出版，並作後序。見朱長文。《琴史》。頁1右-左。

[40] 〈與劉平父〉。《文集》，《續集》卷7。4774。

[41] 〈答蔡季通〉。《文集》，《續集》卷3。4715。

[42] 傳統琴絃用蠶絲，保存不易。參黃樹志（2015）。〈中國古代琴弦用思考〉。

[43] 朱熹藏琴，見王世襄（2007），5；邱紹雯（2011）。朱熹製琴，見吳釗（2016）；淄博市情網（2012）。

（二）朱熹的琴學專業

朱熹撰述〈琴律說〉一文，提出「三分損益」的定律法，並首次提出「琴律」一辭，[44]將古琴琴學理論化，顯現出他的琴學專業；儼然就是一個專業的琴人。該文部分被收於《宋史‧樂志》中。[45]〈琴律說〉主要討論幾個問題：一以「三分損益法」討論徽、聲、律間的相應關係，計算出五聲在徽位上的位置，並理出十二律與琴徽位的關係；二用「三分損益法」計算並規定七弦散聲的順序；三對弦上高中低三個音區的掐段率劃分與有效音位的統計；四對聲音的審美原則立足於弦震動效應；五從散聲的自然之音和中徽的關係申論君臣關係；文後提出「定律」、「調弦」及「旋宮諸調」的操作層面。[46]

朱門弟子中，蔡元定（季通）最通音律。在朱熹詩文集中，與蔡元定討論音律的書信往來最為豐富，二人商論「琴律」與圖說，皆是朱熹晚年「偽學之禁」時期事。在往來書信中五見《琴說》，[47]語氣間可見朱熹的急切。對《琴說》的訂繆、更改，反覆往來多次，同時對說琴不當者予以反駁，可見朱熹的格物功夫。而此，當為後來的《琴律說》。在圖說方面，朱熹對《琴圖》、《樂圖》細心理析，細節絲毫不放過，對琴音畫圖標示。《三琴圖》或為蔡元定所繪，但朱熹評價「失卻舊所畫本」，等待閒暇再請其兒朱在重畫。「欲略借一觀」蔡元定的《琴律呂律圖》，可見朱熹求知的心切。[48]朱熹與蔡元定書信往來討論音律，曾說：「前書奉扣

---

44 《文集》卷66。3240-3250。

45 《宋史》卷142。3343-3345。

46 李玫（2008）。章華英（2013）。154-158。

47 《文集》卷45。1996、2006。《續集》卷2、3。4684、4708、4707、4708-4709、4711。

48 參〈答吳元士〉。《文集》卷63。3084-3085。〈答蔡季通〉。《文集》卷45。1996、2006。〈答蔡季通〉。《文集》，《續集》卷2、3。4684、4706、4710、4714。

琴譜旋宮之法，不知考得果如何？若初弦一定，不復更可緊慢，恐無是理也。」[49]「旋宮之法」，指五聲之宮音在十二律上的位置有所移動，此時其他四音各階在十二律上的位置自然也隨之相應移動。朱熹對之研析十分慎重。

可惜蔡元定不通琴，朱熹說：「季通不能琴，他只是思量得，不知彈出便不可行。這便是無下學工夫，吾人皆坐此病。」[50]因此，雖肯定蔡元定《律呂新書》展現音樂專著水平，為近世諸儒皆莫能及，然認為有吹律未諧之憾，乃是「物格之驗」未精故。同時，朱熹也批評了當時音樂的狀況，即連五音十二律的基本工夫都不理解，他說：

今人彈琴都不知孰為正聲，若正得一弦，則其餘皆可正。今調弦者云，如此為宮聲，如此為商聲，安知是正與不正？此須審音人方曉得。古人所以吹管，聲傳在琴上。如吹管起黃鍾之指，則以琴之黃鍾聲合之，聲合無差，然後以次噍合諸聲。五聲既正，然後不用管，只以琴之五聲為準，而他樂皆取正焉。

今之所謂琴者，非復古樂之全明矣。故東坡以為古之鄭衛，豈亦有見於此耶？

今之士大夫，問以五音十二律，無能曉者。要之，當立一樂學，使士大夫習之，久後必有精通者出。

今人都不識樂器，不聞其聲，故不通其義。[51]

49　〈答蔡季通〉。《文集》卷45。2008。
50　《語類》卷92。3091。
51　《語類》卷92。3090-3091、3084、3093、3093。

彈琴者都不知孰為正聲，遑論其他？對於士大夫階層不識音律及樂器，朱熹建議創建音樂專門學校（樂學）學習，「久後必有精通者」。此見創新，惜未實現。又朱熹素不喜歡蘇軾學思，[52]但不因人廢言，以蘇軾批評時人的古琴音樂皆是鄭衞之音的陳說為據。同時，朱熹亦以此慨嘆「季通不能琴」，希望蔡元定自貶所歸後，再尋討論修訂吹律未諧之處，惜蔡卒於貶所，成為千古憾事。

另外，朱熹痛憤：「丁未南狩，今六十年，神人之憤，猶有未攄，是固不遑於稽古禮文之事。然學士大夫因仍簡陋，遂無復以鐘律為意者，則已甚矣。」靖康南度，苟安六十年，古樂古禮廢亡，不聞其聲，不通其義，「無復以鍾律為意者」，心情激憤。故與蔡元定論定《律呂新書》，稽考古禮文之事，期盼「平定中原，以開中天之運」，以此書供「審音協律，以諧神人」，恢復禮樂之用。[53]

總之，朱熹的古琴專業底子是深厚的，並非論者所言不懂音律。[54]而朱熹的古琴音樂在理學思維下，依然與儒學價值聯繫，呈顯出十分特別的音樂美學。

三、南宋理學家與古琴

（一）**張栻**。與朱熹同調。其聞道甚早，為朱熹所崇。[55]乾道三年（1167），朱熹自武夷山往長沙拜訪張栻，討論《中庸》「未發」、「已發」以及察識持養之序等問題，「三日夜而不能合」，遂留長沙與張栻

---

52 從朱熹批評蘇軾的紀錄，可見他對蘇軾不甚好感。見《語類》卷139。4300、4304、4305、4307。
53 〈律呂新書序〉。《文集》卷76。3668-3670。
54 如楊蔭瀏（1981）。455。金文達（1981）。355。
55 朱熹〈與曹晉叔書〉、〈答石子重〉、〈右文殿修撰張公神道碑〉等。《文集》卷24、42、89。1089、1922、4130-4141。

於嶽麓講學兩月，同登衡嶽，多所唱和，至衡州而別。[56]吟詩唱和，當以譜入琴。朱熹識琴、鼓琴，自不待言，張栻亦然。張栻〈送范西叔教授西歸〉有「我懶抱僻學，絕絃理朱絲」句，又詩題〈嚴慶胄射策南歸，迁途相訪。六月二十有一日同遊城南書院，論文鼓琴、煮茶烹鮮，徘徊湖上，薄莫乃歸。明日作別，書此為贈〉，詩云「絲桐發妙音，更覺風颼颼」，指出其能鼓琴。[57]張栻談道論學，亦日與琴書相伴，如「琴書適有餘，酬唱寫不供」、「來遊自今始，琴書與之俱」、「道路情無那，琴書可細求」等。[58]是以對古琴遺蹟有所感悟，如〈遊靈岩〉：「我登姑蘇臺……琴臺俯香徑，不念前王侈。」[59]亦以古琴作為對先賢崇高的懷念，如對胡安國有「永袖霖雨手，琴書貢丘園」句，對某人過世有「人琴俱寂寞，風雨閉丘園」句，對劉觀文挽詩有「忍看垂絕筆，誰續斷絃音」句，[60]得見古琴在張栻心中位階甚高。

（二）**樓鑰**。樓鑰自小習琴，自言「少而好琴，得〈廣陵散〉於盧子嘉，鼓之不厭」。[61]一生琴書相伴，「棋枰相與論瓜葛，橫琴不妨揮五絃」（〈次韻翁處度同遊北山〉）、「坐久蕭然轉琴軸，為君更作九皋鳴」（〈夜坐〉）、「落日謝虛閣，橫琴相對閒」（〈晚步少微閣〉）、

---

[56] 朱熹姻弟范念德（伯崇）與弟子林用中（擇之）隨同朱熹訪張栻於長沙。范念德說：「二先生論《中庸》之義，三日夜而不能合。」見王懋竑《朱子年譜》。29。張栻邀朱熹於大雪紛飛之季遊南嶽衡山七日，作出149首唱和詩，後張栻撰序，朱熹題跋，刊印《南嶽唱酬集》。

[57] 《張栻集》，《南軒先生文集》卷1、2。447、461。

[58] 分見〈湖南參議宋與道奉祠歸崇安裡中賦此以別〉、〈舊聞長沙城東梅塢甚盛，近歲亦買園其間，念欲一往，未果也。癸巳仲冬二十有八日，始與客遊，過東屯渡十餘裡間，玉雪彌望，平時所未見也，歸而為詩以紀之〉、〈題伏龍寺壁〉。見《張栻集》，《南軒先生文集》卷2、3、5。460、469、498。

[59] 《張栻集》，《南軒先生文集》卷2。458。

[60] 〈過胡文定公碧泉書堂〉。《張栻集》。《南軒先生文集》卷2。卷5〈喜聞定叟弟歸〉之三、卷5〈故觀文建安劉公挽詩四首〉之二。452、496、503。

[61] 樓鑰〈彈〈廣陵散〉書贈王明之〉。《攻媿集》卷79。第8左頁。

「相過幾樽酒，清坐一瑤琴」（〈次南眞宮龔道士壁間韻〉）、「調琴
瀹茗清無限，倦客忘歸到夕陰」（〈遊惠山〉）、「步屨雖非便，調琴
足自怡」（〈病足戲效樂天體〉）、「琴意高低尤自適，高山流水久心
知」（〈次適齋韻十首〉其四）、「琴弈相尋詩間作，笑談終日有餘
歡」（〈次適齋韻十首·某會〉）、「時援素琴聊自遣，誰能更作《鳳
求皇》」（〈次適齋韻十首·喜閒〉）、「調琴不用求成曲，得句何須
湊作詩」（〈次適齋韻十首·即事〉）。[62]或顯曠達，或表悠閒，或思隱
逸，或感情誼，可知古琴隨伴於樓鑰的日用平常間。晚年詩〈謝文思許尚
之石函廣陵散譜〉：「一生無他好，嗜此如嗜芰。清彈五十年，良夜或
無寐。」該詩序：「余好彈〈廣陵散〉，比見周待制《清眞集·序石函
中譜》，嘆味不已。」〈戲和淳詩卷〉其一：「琴弈心偏好，丹鉛手自
磨。」又〈老來〉詩：「老來何以度光陰？秖有圍棋與鼓琴。某爲心勞疎
對局，琴因臂弱倦調音。曲肱時復同尼父，面壁何妨學少林。氣習未除秖
自笑，又還弄筆動微吟。」[63]年老「琴因臂弱倦調音」，故由女清「助我
以鳴琴」。[64]可見古琴於其生命中占有十分重要的地位。

樓鑰對於古琴蘊意長爲甚深，如送別友朋中常以古琴表離別之意，[65]

---

62 分見《攻媿集》卷1、4、7、7、7、8、11、12、12、12。第17左、17右、1左、4右、11左、7右、
15左、20右、22右、22左頁。

63 分見《攻媿集》卷5、9、10。第16左-17右、21右、19右頁。又〈答杜仲高旆書〉：「……況老態
日見，……鼓琴足以自娛，奕某可以遣日。」〈書石門披雲集後〉：「愚叟好某與琴。」《攻媿
集》卷66、72，第5、14右頁。周待制，即周邦彥。

64 見〈別長女清〉、〈湑月下鼓琴用淳韻〉。《攻媿集》卷10。第12右、17左頁。

65 如〈沿檄柯山歸別張特秀〉：「回思我伯氏，人琴有餘嘆。……有酒不得飲，有琴不成彈。」〈送
錢伯同寺丞守〉：「嚴陵向來御祥琴，欲把江海麾。」〈送陳表道宰南豐〉：「彈琴不成聲，西
上何徐徐。」〈送蔣德常宰鄱陽〉：「未暇言偓歌，肯彈戀賤琴。」〈送鄭楚客司法之嶽陽〉：
「見君詩編筆雖敏，三嘆未見朱弦音。……其中關鍵妙一世，字字諧協如鳴琴。」〈贈成都魯講書
（焯字叔獻）〉：「贈有朱絲紞，一別無復會。」〈送趙德老端明帥蜀〉：「乖崖袍帶今重見，
清獻琴龜我更無。」〈送趙清臣宰姚江〉其五：「短棹有時乘興去，徑登竹所聽鳴琴。」等。見
《攻媿集》卷1、2、3、3、3、4、9、10。第29、2右、18左、23左、32右、3右、3右、10左頁。

亦與僧、道鼓琴交流；[66]對於過世者常以「人琴」、「琴劍」等辭悼念。[67]在詩文中不時見及與古琴相關典故，如舜琴歌《南風》、孔子學琴於師襄、伯牙斷絃、宓子賤鼓琴而治、題〈孟郊聽琴圖〉、跋《白樂天集》，以及趙抃攜一龜一琴入蜀等。[68]由是可知，古琴儼然是樓鑰生命中不可或缺的器物。

樓鑰對琴曲〈廣陵散〉情有獨鍾，念念不忘。見《石函中譜》版本，

---

[66] 如前引〈次南真宮龔道士壁間韻〉，另有〈洛社老僧聽琴〉二首：「宴坐蕭齋不作勞，謂予何事走蓬蒿。從容試問今年幾，手植黃楊三丈高。」「自言幾載不聞琴，屢聽清彈苦契心。少待庭柯蟬噪靜，為師更作〈醉翁吟〉。」又〈跋山谷西禪聽琴詩〉，乃「聽戴道士彈琴詩也」。《攻媿集》卷8、74。第6、12左-13右頁。

[67] 「人琴」，如〈曾侍郎（炎）輓詞〉其一、〈史敷文（彌正）輓詞〉其二、〈王提刑（正功）輓詞〉其四、〈王通判（琰）輓詞〉其二、〈王遂安（時敘）輓詞〉其二、〈陸郎中（沅）輓詞〉其二、〈跋史太師答範參政薦崔宮教帖〉等。《攻媿集》卷13、13、13、14、14、14、76。第8左、12右、14右、3左-4右、5左、6右、1左頁。「琴劍」，如〈王修撰輓詞〉其二。《攻媿集》卷14，第14左頁。另如〈姜鍾離（柄）輓詞〉「傷心濠上路，無復聽弦歌」句，〈祭袁通判（章、代仲）舅同鄉人〉「有几、有杖、有琴、有壺」句，〈祭湯寧海（烈）〉「來宰寧川，政尚平易，悃愊無華，彈琴而治」句。《攻媿集》卷14、84、84。第4右、7右、15左頁。

[68] 舜琴歌南風，見〈鄭屯田賦集序〉、〈跋袁光祿穀與東坡同官事蹟〉等；孔子學琴於師襄，見〈樂書正誤序〉；伯牙斷絃，如〈朝議大夫秘閣修撰致仕王公墓誌銘〉：「橋梧誰共語，空斷伯牙絃。」宓子賤鼓琴而治，如〈臨海縣治琴堂〉：「子賤彈琴真是琴，我今無弦知琴心。使我不得琴中趣，弦以脩緪誰知音」句，又如〈會稽縣寬簡堂記〉：「曾不知為單父者彈琴而治」句；孟郊聽琴圖，見〈題《孟東野聽琴圖》因次其韻〉：「誰歟住前谿，夜深以琴鳴……彈者人定佳，能使東野聽……不見彈琴人，畫出琴外聲……」句；跋《白樂天集》，見〈跋白樂天集目錄〉：「琴詩亦多，有曰自彈，不及聽人彈。又曰：近來漸喜無人，聽琴意高低，心自知皆有自得難言之秘」句；趙抃攜一龜一琴入蜀，如〈趙資政招賞川海棠次袁和叔韻〉：「兩登蜀道歸海濱，一琴一龜全晚節。」〈趙清獻〉：「清獻平生四入蜀……單騎入蜀是為部，使者攜一琴一龜時耶。」又〈祭趙觀文（彥逾）〉：「望蜀道而再登兮，兼制閫於帥，垣服袍帶而攜琴龜兮，追軌躅於趙張之賢」句。見《攻媿集》卷53、77、53、99、1、56、1、76、4、74、83。第20左、10右、3右、24左、26右、3左、6右、4右、9右、6左、5左頁。趙抃至成都任官，隨身攜帶一琴一龜，見沈括《夢溪筆談》卷9。第13右頁。《宋史·趙抃傳》作一琴一鶴。「帝曰：聞卿匹馬入蜀，以一琴一鶴自隨，為政簡易，亦稱是乎？」《宋史》卷316。10323。朱長文《琴史》卷5。第11頁右。與葉夢得《石林詩話》（第1頁右）則以琴、鶴、龜三事並言。

心嚮往之。後因許尚之家有此本，自武昌贈譜錄寄，深深感念，故作是詩謝之。[69]依文中意，〈廣陵散〉即是《止息》，共36拍，[70]描述聶政刺韓王事，認爲「昌黎贈潁師，必爲此曲製」，故反對歐陽脩與蘇軾以爲是聽琵琶聲而做之說，乃是「俱非深於琴者也」。於〈彈〈廣陵散〉書贈王明之〉指出，[71]樓鑰愛彈〈廣陵散〉，「小序爲一曲權輿，聲乃發於五六絃間，疑若不稱，屢以叩人，無能知者」，故請精於琴的好友王明之，仿唐李琬爲樂工演奏羯鼓加上尾聲，於曲前加上小序，「獨起以潑攦雍容數聲」，接著按舊譜，「聞而欣然，遂亟傳之」，自認深得古意。展現其對古琴創新的一面。

樓鑰另有《琴操》二首，[72]與蘇軾《醉翁操》追求鳴泉自然之美的絕妙意境之樂曲同調。[73]又〈風琴〉一文，[74]藉陶淵明「無絃琴」與白居易的典故，描述無須任何限制而宛如天籟的音樂，體現出遺世獨立的眞我，於午睡醒來之際，似乎傳來〈廣陵散〉琴聲；希冀一種「無待」的自由。

（三）**魏了翁**。朱熹私淑者。魏了翁能琴，自言：「醉頭新酒空似清，牆根新薺花如驕。便思傾罍茗鮮鯽，不妄爲取琴徽調。」[75]其詩文中呈現了日常與古琴的相伴，「般添和氣開花柳，催送韶華入管絃」（〈人

69　〈謝文思許尚之石函廣陵散譜〉。《攻媿集》卷5。第16左-18右頁。
70　〈廣陵散〉段數，見章華英（2013）討論。168-169。
71　《攻媿集》卷79。第8頁。
72　〈七月上浣遊裴園《醉翁操》〉、〈和東坡《醉翁操》韻詠風琴〉。《攻媿集》卷6。第12左-13右頁。
73　蘇軾《醉翁操》，乃神宗元豐五年（1082），廬山玉澗道人崔閑、蘇軾二人合作於黃州。序言描繪流泉自然聲響與感人的效果：琴辭闡述醉翁的嘯詠聲與琴曲聲，醉翁已爲飛仙，然所追求的音樂絕妙意境，仍留存人間。見龍榆生（1985）。《東坡樂府箋》卷2。第16頁上、下。
74　《攻媿集》卷4。第13頁。
75　魏了翁〈朝字韻詩諸丈倡酬末已再次韻〉。《鶴山集》卷5。第8左-9右頁。

日約李提刑（墅）李參政（壁）登蠶頤馬上醉書〉）、「琴聲辭夜月，書葉臥春風」（〈成都杜五一府君之葬某新有喪不得為文以侑虞殯命兒沖代賦〉）、「簾卷春風琴靜好，庭移曉日蘭芬馥」（〈劉左史（光祖）生日（正月十日）〉），[76] 喜怒哀樂的心緒，均能透過琴聲予以呈現。

作為琴人的魏了翁，對古琴相關典故意蘊也頗為嫻熟，詩文集中提及舜作五絃琴，以及琴高、漢元帝、房公、趙抃等琴家[77] 曾言「椅桐，美才也，其質厚故」，[78] 故以古琴稱譽友朋，[79] 亦常以古琴比喻論事。[80] 又與道士琴人交善，儒道的交流，通過古琴得到共鳴。[81]

（四）**真德秀**。少時即喜愛古琴，對此技「憂深思遠」感到驚嘆。憂深思遠的琴音是「淳古淡泊」，是堯、舜三代的言語、孔子的文章。爾後，真德秀於京官至參知政事，「以琴來謁者甚眾」，但彈琴者多是「厭古調之希微，誇新聲之奇變」，淳古淡泊的琴聲已求不得。然曾遊紫陽之門的三山蕭長夫，[82]「學琴四十年」，「獨不肯遷就其聲以悅俚耳」，堅持「雍雍乎其薰風之和，愔愔乎其采蘭之幽，跌蕩而不流，悽惻而不怨」

76　《鶴山集》卷8、92、95。第2左、17左、15右頁。

77　舜作五絃琴，見〈李肩吾云孫炎後有沈約（孫後魏人）〉；琴高，見〈次韻李參政（壁）賦蠶頤新壩三首〉；漢元帝，見〈乙未秋七月特班奏事〉；房公，見〈漢州房公樓記〉；趙抃，見〈董侍郎（居誼）生日三首〉、〈潼川路安撫到任謝表〉及〈瀘州到任謝宰執啟〉。《鶴山集》卷108、8、20、41、8、13、68。第9右、8左-9右、3左、5右-7右、12右、15左、7左頁。

78　見〈史之椅之樟字說〉。《鶴山集》卷58。第9左頁。

79　如〈安德軍節度使贈少保郡王趙公（希館）神道碑〉、〈處士黃君墓誌銘〉、〈大理少卿贈集英殿修撰徐公墓誌銘〉。《鶴山集》卷73、80、86。第25右、20右、15左頁。

80　〈王總卿（鉛）生日二首〉：「安絃在昔猶危柱，掛壁於今倚大玿。」〈上吳宣撫（獵）論布估〉：「今蜀亂始平……不於此時解絃而更張之，則將安待？」〈答靖州範倅（中）啟〉：「泠聽絃歌之奏，別駕以展驥足，平分明月之輝。」〈賀鄭丞相（清之）〉：「今解絃而速更。」等。《鶴山集》卷8、32、68、68。第12右、9左、3左、9左頁。

81　〈贈造琴道士劉發雲劉亦解致雷〉、〈題陳膚仲、真希元詩卷贈蕭道士，蕭善為詩，亦解鼓琴〉。《鶴山集》卷5、11。第13左、7頁。

82　陳榮捷（2007）。245。徐公喜（2018）。52。

淳古淡泊的琴聲。眞德秀對其格調讚賞，以酒餞行，詠詩送別。[83]眞德秀
反對鄭衛新聲之琴音，認定古琴音樂乃在「淳古淡泊」，並呈顯其對古琴
曲高和寡之未來的憂心。

眞德秀喜琴，自言「余於絲桐之奏，蓋所喜聞而有未忍者」。[84]有一
琴人邵邦傑，妙絲桐之技，又善寫神，西山翁嘉之」，故賦絕句：「五寸
管能摹造化，七絃琴解寫人心。平生不作麒麟夢，且聽高山流水音。」[85]
展現不欲於官場的開暇。眞德秀亦與道士琴人往來，如〈送蕭道士序〉，
體現了「物我兩忘」、無多藝之累的道家情懷，此等超越具體器物之上的
形而上世界，頗爲眞德秀所讚嘆。[86]

（五）**文天祥**。學宗朱熹，爲晦翁三傳。詩句「送君天上去，當戶
理瑤琴……君見西湖雪，霸橋人正吟」、「庭院芭蕉碎綠陰，高山一曲寄
瑤琴」，文說「出宰山水縣，喜調新琴」，可證其善琴。[87]文天祥不時亦
以琴書爲伴。[88]喜歡聽琴，如〈聽羅道士琴〉詩「道人揮絲桐，清風轉寥
廓」、「又聞天樂泉，淨洗箏笛耳」。[89]與道士交流古琴，更有「意不在
言君解否，壁間琴本是無弦」的弦外之音。[90]以琴會友，尤其是胡琴窗爲

---

83 眞德秀〈贈蕭長夫序〉。《西山文集》卷27。第5左-6左頁。

84 眞德秀〈送蕭道士序〉。《西山文集》卷28。第2右頁。

85 眞德秀〈贈邵邦傑〉。《西山文集》卷1。第29左頁。

86 《西山文集》卷28。第1右-2左頁。

87 文天祥〈餞新班弟〉、〈用蕭敬夫韻〉、〈回善化韓宰〉。《文山集》卷1、2、11。第26左、5
左、24右頁。

88 〈回謝教授愛山四帖〉：「美人一方，書琴自適，爲誦《停雲》三過。」〈回寧國陳節推容〉：
「則今奉親課子，彈琴讀書，流水青山，悠然獨往，不煩故人江雲渭樹之思也。」〈回贛守李宗
丞雷應（號樓峰）〉：「環君侯四境，雞鳴犬吠，書ρά相聞，實共受賜。僕也彈琴讀書於其間，
其賜多矣。」等。《文山集》卷6、7、7。第3左、8左、11右頁。

89 《文山集》卷1。第24左頁。

90 《文山集》卷1作〈又送前人琴棋書畫四首〉，卷20作〈琴棋書畫四首送趙道士〉，內容一致。
《文山集》卷1、20。第23左、19右頁。

善，「琴窗善鼓琴，高山流水，非知音不能聽。然則觀琴窗詩，必如聽琴窗琴」，已至詩琴合一之境。[91]文天祥詩文亦善用古琴典故，如無絃琴、綠綺、爨桐、虞琴、趙抃等，[92]文辭中不時藉古琴呈顯萬般情緒，如「千年一邂逅，共調風中琴」、「鶴岑琴好相望明，月之心鴈嶠書來」的友誼，「罷琴惆悵月照席，人生有情淚沾臆」的失意，「惟渠不變《凌霜操》，千古風標只自如」的堅持，也有「細參不語禪三昧，靜對無弦琴一張」清遠幽曠的曠達，抑或是「崆山絕處，移來琴鶴高寒」與仙同遊之遺世獨立，但更多是「彈琴以詠先王之風，高臥自謂羲皇之上」的儒家情懷，而換來是「素琴弦已絕，不絕是南音」的惆悵與希望。[93]文天祥欲挽傾危大廈，起兵抗元，有詩〈夜宿青原寺感懷〉「獨坐瑤琴悲世慮，君恩猶恐壯懷消」，[94]呈顯失落、無助與憤懣。抗元被俘，琴人汪元量常挾琴探視，創作了《胡笳曲》十八拍，以「浮休道人文山」署名，顯見有引退於道教之心境。[95]文天祥彈琴託寄壯志、為宋盡節，後人對之評價甚高，如清蔣士銓〈文信國琴〉「太古遺音存正氣，壞漆長留丞相字」；清吳錫麒〈文丞相琴歌〉「當時一彈再鼓處，山石欲裂天為驚」、「哀哉丞

---

91 文天祥〈跋胡琴窗詩卷〉。《文山集》卷14。第13左-14右頁。

92 無絃琴，〈文山觀大水記〉；綠綺，〈別謝愛山〉；爨桐，〈慰饒州胡通判（石壁之侄）〉；虞琴，〈慰皇太后表〉；趙抃，〈回交代權贛州孫提刑炳炎〉、〈挽潮守吳西林（名道夫，字深源，沒於湘）〉。《文山集》卷12、2、7、4、11、1。第10左、11左、21右、44右、29左-30右、30左-31右。

93 文天祥〈題宣州推官廳覽翠堂……〉、〈回永興趙權縣〉、〈胡笳曲‧十三拍〉、〈題陳正獻公六梅亭〉、〈和朱松坡〉、〈宴交代權贛州孫提刑致語〉、〈山中堂屋上梁文〉、〈斷雁〉。《文山集》卷1、11、20、1、2、17、17、20。第27左、25左、5左、32左、16右、7右、11右、23右頁。

94 徐經。《雅歌堂鬆枰詩話》卷2。《全宋詩》第68冊。43122。

95 「浮休」，語出《莊子‧刻意》：「其生若浮，其死若休。」指「恬淡寂漠，虛無無為」之境。至元十七年十二月十一日，道士靈陽子獄中探訪文天祥論道，文天祥詩〈遇靈陽子談道贈以詩〉，意與《正氣歌》作品迥然有別。《文山集》卷20。第1左-7右、頁41右、11左-13右頁。

相琴，即是丞相心」；[96]皆可證後人對文天祥彈琴託寄壯志、慷慨就義之評價。

文天祥識琴、善琴，能欣賞他人琴藝，亦能作辭作曲。後世亦常出現文天祥修琴、斷琴，或恐皆是後人託寄其名而為之。[97]

（六）入元的**吳澄**與**袁桷**，對琴史發展及信史甚有貢獻。如吳澄撰有《琴言十則附指法譜》，對彈琴的精神、態度、修養多有著墨，並羅列右手指法四十三、左手指法六十九，[98]顯對古琴造詣甚深。又〈贈琴士李天和序〉（天曆己巳）提及當時流行的三操——「北操」、「江操」與「淛操」，為琴學流風留下可徵的證據。袁桷琴藝甚精，撰有三篇琴論（〈琴述贈黃依然〉、〈題徐天民草書〉與〈示羅道士〉），[99]清楚論及從官方「閣譜」的衰亡到民間「江西譜」的興起，以及宋末「浙譜」取而代之，出現琴史第一個流派「浙派」的因緣。

綜上簡述可知，兩宋理學家與古琴文化交涉甚深，琴書相伴於日用之間，儒學展現的不僅止於道德修養，更有藝文等多方面的陶冶與涵養，周敦頤、邵雍、朱熹、樓鑰、魏了翁、真德秀、文天祥等均善於鼓琴，他們聽琴、斷琴、藏琴、作辭作曲，無一不與，古琴更是生活上各種心緒表達與沉澱的最佳器具。在古琴理論或古琴發展上，如朱熹的論點、吳澄與袁桷留下的信史，豐富了古琴文化的內蘊與傳承。文天祥遺留「留取丹心照汗青」的形象，也為古琴自嵇康就義致〈廣陵散〉不傳後，再添一個令人

---

96 蔣士銓。《忠雅堂文集》卷25。第11右頁。吳錫麒。《有正味齋詩集》卷5。第11左頁。

97 如吳錫麒見閩中何氏藏文天祥琴。《有正味齋詩集》卷5。第11左頁。清末譚嗣同藏文天祥「蕉雨琴」，撰〈文信國公蕉雨琴記〉。何曼庵（1984）。57。

98 《琴言十則附指法譜》是否為吳澄撰仍有疑義，因不見於《吳文正集》，僅見於清初《學海類編》，託名吳澄；文中所見指法古奧，或非贗品，但後人改竄之跡頗為明顯。參陳成（2019.09）。

99 袁桷。《清容居士集》卷44、49、44，第16右-18左、8右-9右、19左-20右頁。

低迴吟詠不已的典故。因此，可以得出一個結論，理學家與古琴文化交涉頗深，那麼其呈顯出何樣的文化哲學或音樂美學呢？

參、理學家的古琴音樂美學

眾所周知，儒學傳統強調倫理道德，音樂、藝術等美感經驗均被賦予濃厚的道德教化。在音樂上，理學家的觀點無不與《禮記‧樂記》的概念及內涵十分密切，如「靜」、「性」、「感」、「天理」、「情」、「欲」、「樂」、「和」、「禮以道其志，樂以和其聲」……等，否定「鄭魏之音」，強調「致樂以治心」。這些都成爲理學家對音樂的基本看法，故其樂論多停留在陳陳相因的層面，並無多少創新。[100] 然而，如是理解忽略了「弦歌不輟」的意義與傳統，是以理學之道德教化的音樂，仍有值得探究的空間。

一、「北宋五子」的音樂觀

「北宋五子」的音樂觀，延續先秦儒家及《樂記》的立論，核心即在強調 「聲音之道，與政通矣」的內蘊，音樂無其獨立性。[101] 彈琴功力頗深的周敦頤：

---

[100] 康勤（2016）。

[101] 《樂記》：「凡音者，生人心者也。情動於中，故形於聲。聲成文，謂之音。是故治世之音，安以樂，其政和；亂世之音，怨以怒，其政乖；亡國之音，哀以思，其民困。聲音之道，與政通矣。……鄭、衛之音，亂世之音也，比於慢矣；桑間、濮上之音，亡國之音也。審樂以知政，而治道備矣。……是故先王之制禮樂也，非以極口腹耳目之欲也，將以教民平好惡，而反人道之正也。……王者功成作樂。」

（一）禮，理也；樂，和也。陰陽理而後和。

（二）古者聖王制禮法，教化，三綱正，九疇敘，百姓太和，萬物咸若。乃作樂以宣八風之氣，以平天下之情。故樂聲淡而不傷，和而不淫，入其耳，感其心，莫不淡且和焉。淡則欲心平，和則燥心釋。優柔平中，德之盛也；天下化中，治之至也。是謂道配天地，古之極也。……樂者，古以平心，今以助欲；古以宣化，今以長怨。不復古禮，不變今樂，而欲至治者，遠矣！

（三）樂者，本乎政也。政善民安，則天下之心和。故聖人作樂，以宣倡其和心，達於天地。天地之氣，感而大和焉。天地和，則萬物順，故神祇格，鳥獸馴。

（四）樂聲淡，則聽心平；樂辭善，則歌者慕。故風移而俗易矣。妖聲豔辭之化也，亦然。[102]

此論述政治、人心、風俗、天地、萬物，皆是「陰陽理而後和」，在「理」範疇下聖王制禮作樂，界定音樂本質在「淡」與「和」，以達致「優柔平中」之境。如是音樂，人聽則「欲心平」、「燥心釋」，故能達到「風移而俗易」、「妖聲豔辭之化」的成效。因此主張應回復古禮。如是看來，周敦頤的音樂主張是延續了自《樂記》以來道德教化的音樂觀，但周敦頤賦予一個「理」的依據，並提出「心和－氣感－物順」的理論結構，論述了音樂功效。

樂天知命的邵雍，自號安樂先生，人生以追求快樂為標的，從其集結三千餘首詩的《伊川擊壤集》，以「吟」為詩題的詩作占絕大多數，代

---

102 周敦頤。《通書》，〈禮樂第十三〉、〈樂上第十七〉、〈樂中第十八〉、〈樂下第十九〉。
　　《周子全書》卷9，153、161-162、163、164。

表其對音樂的基本看法。「吟」作爲詩歌體裁之一，乃以表述悲切情感爲多。[103] 邵雍則轉此悲切爲樂天，他說：

> 欽之謂我曰：詩欲多吟，不如少吟；詩欲少吟，不如不吟。我謂欽之曰：亦不多吟，亦不少吟，亦不不吟，亦不必吟。芝蘭在室，不能無臭；金石振地，不能無聲。惡則哀之，哀而不傷；善則樂之，樂而不淫。
>
> 堯夫非是愛吟詩，詩到忘言是盡時。雖則借言通要妙，又須從物見幾微。羹因不和方知淡，樂爲無聲始識希。多少風花待除改，堯夫非是愛吟詩。[104]

「哀而不傷」、「樂而不淫」，是邵雍所追求的吟詠境界；「詩到忘言是盡時」、「樂爲無聲始識希」，得意忘言、大音希聲，則是邵雍美學的祈嚮。從《伊川擊壤集‧序》，強調「以物觀物」，我們仍能看出邵雍對音樂的觀點：

> 予自壯歲業于儒術……誠爲能以物觀物，而兩不相傷者焉，蓋其間情累都忘去爾，所未忘者獨有詩在焉。然而雖曰未忘，其實亦若忘之矣。……其或經道之餘，因閒觀時，因靜照物，因時起志，因物寓言，因志發詠，因言成詩，因詠成聲，因詩成音，是故哀而未嘗傷，樂而未嘗淫。雖曰吟詠情性，曾何累于性情哉！[105]

---

[103] 元稹《樂府‧序》言：「《詩》訖於周，《離騷》訖於楚，事後，詩之流為二十四名：賦、頌、銘、贊、文、誄、箴、詩、行、詠、吟、題、怨、嘆、章、篇、操、引、謠、謳、歌、曲、詞、調，皆詩人六義之餘。」《元氏長慶集》卷23，第1頁左。姜夔《姜氏詩說》言：「悲如蛩螀曰吟，通乎俚俗曰謠，委曲盡情曰曲。」

[104] 《邵雍集》，卷12〈答傅欽之〉、卷20〈首尾吟〉之八，377-378、516。

[105] 《邵雍集》。180。

「以物觀物」，其間的「情累」皆得遺忘，故在音樂上自能哀而未傷、樂而未淫，不為性情所累。邵雍提出「反觀」之說，即「觀之以理」；[106] 此即「以物觀物」，方能無我無私，「任我則情，情則蔽，蔽則昏矣。因物則性，性則神，神則明矣」；「以物觀物，性也；以我觀物，情也。性公而明，情偏而暗」。[107] 此無我之境，無有一己私意，故可達修齊治平之理想：「以道觀道，以性觀性，以心觀心，以身觀身，以物觀物，則雖欲相傷，其可得乎？若然，則以家觀家，以國觀國，以天下觀天下，亦從而可知之矣」。[108] 由是可知，邵雍對音樂的看法，乃是依循儒家傳統的觀點，強調哀而未傷、樂而未淫，以達修齊治平之善政。

張載以「禮」為「天地之德」、「本天之自然」，[109] 「是故不聞性與天道而能制禮作樂者末矣」。[110] 在「禮別異」、「樂統同」的儒家傳統下，張載亦主張音樂本質在「和」，如下文示：

（一）「禮反其所自生，樂樂其所自成」。禮別異不忘本，而後能推本為之節文；樂統同，樂吾分而已。禮天生自有分別，人須推原其自然，故言「反其所自生」；樂則得其所樂即是樂也，更何所待！是「樂其所自成」。

---

[106] 邵雍言：「天下以謂之觀物者，非以目觀之也。非觀之以目，而觀之以心也；非觀之以心，而觀之以理也。天下之物莫不有理焉，莫不有性焉，莫不有命焉。所以謂之理者，窮之而後可知也；所以謂之性者，盡之而後可知也；所以謂之命者，至之而後可知也。……聖人之所以我一萬物之情者，謂其聖人之能反觀也。所以謂之反觀者，不以我觀物也。不以我觀物者，以物觀物之謂也。既能以物觀物，又安有我於其間哉！」見《觀物內篇》。《邵雍集》。49。

[107] 邵雍。《觀物外篇》。下之中。《邵雍集》。152。

[108] 《邵雍集》。377-378、516。

[109] 《經學理窟‧禮樂》。《張載集》。264。

[110] 《正蒙‧神化篇第四》。《張載集》。18。

（二）古樂所以養人德性中和之氣，……歌亦不可以太高，亦不可以太下，太高則入於噍殺，太下則入於嘽緩，蓋窮本知變，樂之情也。[111]

又音樂同於「天地」，與善政相通，須排除邪淫、悲涼的鄭衛之音。張載說：

（三）聲音之道，與天地同和，與政通。

（四）鄭衛之音，自古以爲邪淫之樂……其地土苦，不費耕耨，物亦能生，故其人偸脫怠惰，弛慢頹靡。其人情如此，其聲音同之，故聞其樂，使人如此懈慢。[112]

（五）人向衰暮則尤樂聽聲音，蓋留連光景，視桑榆之暮景不足，則貪於爲樂，惟鄭衛之音能令人生此意。[113]

（六）衛之音悲哀，令人意思留連，又生怠惰之意，從而致驕淫之心，雖珍玩奇貨，其始感人也亦不如是切，從而生無限嗜好，故孔子曰必放之。亦是聖人經歷過，但聖人能不爲物所移耳。[114]

這是危坐俯仰、志道精思之張載的音樂觀。

至於二程，認爲彈琴的目地就在於「禁人之邪心」，也繼承《樂記》的觀點，認爲「禮樂不可斯需去身」，[115]重視音樂對個體發展所產生的作用，一在音樂符應自然之道，二在音樂可使人心和悅，故能自得於理而「成德」。

---

[111] 《經學理窟·禮樂》。《張載集》。261、262。

[112] 《經學理窟·禮樂》。《張載集》。263。

[113] 《橫渠易說》。《張載集》。263。

[114] 《禮樂說》，《近思錄拾遺》。《張載集》。378。

[115] 《河南程氏遺書》卷2上。《二程集》。32。

先王之樂，必須律以考其聲。今律既不可求，人耳又不可全信，正惟此爲難。求中聲，須得律。律不得，則中聲無由見。律者自然之數。至如今之度量權衡，亦非正也。今之法且以爲準則可，非如古法也。此等物，雖出於自然，亦須人爲之。但古人爲之，得其自然，至於規矩，則極盡天下之方圓。

學之興起，莫先於《詩》。《詩》有美刺，歌誦之以知善惡治亂廢興。禮者所以立也，「不學禮無以立」。樂者所以成德，樂則生矣，生則惡可已也？惡可已，則不知手之舞之，足之蹈之也。若夫樂則安，安則久，久則天，天則神，天則不言而信，神則不怒而威。至於如此，則又非手舞足蹈之事也。[116]

音樂「得其自然」，可使人成德，則能產生「不言而信」、「不怒而威」之神妙。

二程常將禮樂並稱，如言「推本而言，禮只是一箇序，樂只是一箇和」、「天下無一物無禮樂」[117]，禮樂代表的「序」與「和」，具有普遍性與恆常性。也就是說，禮樂是整個宇宙萬物的根本原理，即爲「天理」。如是，則將音樂泛化於萬事萬物，那麼，音樂本身的獨立性也就不存在了。

以「北宋五子」爲代表的北宋理學家，其音樂觀是立基於《樂記》觀點上發展，呈現人與外在事物的和諧與統一，音樂同於「天地」、「得其自然」，並無獨立地位。音樂核心是「淡」、「和」，目地在使人「心

---

116 《河南程氏遺書》卷15、11。《二程集》。166、128。
117 《河南程氏遺書》卷18。《二程集》。225。

平」，哀而未傷，樂而未淫，以達政治安樂之效。由之探究，「淡」、「和」的音樂觀，或許是從理學家走向了古琴，對後世古琴音樂無疑產生頗大的影響。

二、南宋理學家的古琴音樂觀

到南宋，朱熹、張栻、樓鑰、魏了翁、眞德秀等皆重視「弦歌不輟」的儒學教育傳統。如張栻在乾道四年（1168）的〈郴州學記〉說：「維三代之學，至周而大備。自天子之國都以及於鄉黨，莫不有學，使之朝夕優遊於絃誦詠歌之中，而服習乎進退揖遜之節。」又淳熙元年（1174）的〈邵州復舊學記〉言：「嘗考先王所以建學造士之本意，蓋將使士者講夫仁、義、禮、智之彝，以明夫君臣、父子、兄弟、夫婦、朋友之倫，以之修身、齊家、治國、平天下，其事蓋甚大矣，而爲之則有其序，教之則有其方。故必先使之從事於小學，習乎六藝之節，……優遊乎弦歌誦讀之際，有以固其肌膚之會、筋骸之束，齊其耳目，一其心志。……至於物格知至，而仁、義、禮、智之彝得於其性，君臣、父子、兄弟、夫婦、朋友之倫皆以不亂，而修身、齊家、治國、平天下無不宜者。」淳熙四年（1177）〈雷州學記〉言：「故自其幼則使之從事於灑掃、應對、進退之間，以固其肌膚，而束其筋骸，又使之誦詩、讀書、講禮、習樂，以涵泳其情性，而興發於義理。師以導之，友以成之，故其所趨日入於善，而自遠於利。」[118]張栻的教育目的是培養治國平天下的人才，此須「從事於小學，習乎六藝之節」切入，循序漸進，優遊於「弦歌誦讀」、「絃誦詠歌」以陶冶性情，在「師以導之，友以成之」的切磋引導下，使之達到

---

[118] 《張栻集》，《南軒先生文集》卷9。562-563、561-562、567。

「齊其耳目，一其心志」為學基礎，進而通過格物致知，成為治國平天下的人才。

樓鑰的古琴音樂美學呈顯三個特色。一、其欲追求一個「無待」的自由境界；二、喜好〈廣陵散〉，並由之嘗試新創；三、和蘇軾《醉翁操》般，追求鳴泉自然之美的絕妙意境之古琴音樂。整體而論，其仍是在傳統儒家的範域當中，如以琴瑟諭妻子好合、兄弟和睦；[119] 以宓子賤鼓琴治邑之典，以及趙清獻「一琴一龜全晚節」，指出古琴對於為政的成效等。同時，樓鑰不免出現鼓琴遠較讀聖賢書為輕的觀點，如〈示從子〉：「東院敲棋西院琴，固知猶勝別勞心。少年不比老痴叔，且向書窗惜寸陰。」[120] 可見一般。

魏了翁的古琴思想顯然也不離儒學傳統範域，整體古琴音樂思想並不突顯。真德秀反對鄭衛新聲之琴音，認為古琴音樂乃在「淳古淡泊」。其音樂思想，依仍維繫著「弦歌不輟」的儒學傳統，如〈鉛山縣修學記〉「議學校事，誦絃之音」，〈建寧府重修學記〉「奉天子命，實來固將為國毓材，以竢舉選如寶璧玉，如護椅桐」，〈潭州示學者說〉「予既新其郡之學，又為之續廩士之費，俾誦絃於斯者，微一日之輟焉」，[121] 故「樂以載道」是其思想主調。[122] 魏、真二人與鼓琴道士交流，吸取道家哲學觀點，則是值得注意之處。

南宋理學家與古琴交涉頗深，在古琴發展上為此文化之推展作出了一些奉獻，然於理論上除朱熹外似乎並不特別突出，整體的音樂觀點仍保持於「弦歌誦讀」、「樂以載道」的傳統儒學論點上。或許因為衰世氣氛圍

---

119 如〈跋周氏棣華編〉、〈趙甥叔明和孺堂〉等。《攻媿集》卷77、79。第4左、10左及11左頁。
120 《攻媿集》卷10。第12左頁。
121 《西山文集》卷25、26、33。第1右、1左、1右頁。
122 真德秀〈送曹晉伯令尹之官．又〉、〈答蔡宰啟〉。《西山文集》卷1、39。第31左、20右頁。

繞，[123] 理學家與僧道琴人交流甚密，捨世的無奈、離世的選擇，物我兩忘，企求無待的自由，在許多理學家的古琴音樂中展現，是其一大特色。

三、朱熹的古琴音樂美學

南宋理學家中，朱熹是最具創發者，其對古琴音樂亦有特殊見解。

從前文探討可知，朱熹對古琴本身及其音樂是嫻熟的，不但享受於琴聲音韻當中，研究琴學琴律又是十分執著，那麼其古琴音樂展現何樣的思維呢？劭熙五年（1194）所撰的〈琴塢記〉當可作為代表：

> 友人屠君天敍諱道者……辭疾歸隱。素善琴，乃作軒於暨陽山麓，……遂扁其居曰「琴塢」，請余記之。余聞聲音之道與政通，故君子窮則寓其志，以善自身；達則推其和，以淑諸人。蓋心和則聲和，聲和則政和，政和則物無不和矣。暨陽之邑多山，其居民淳厚，天敍能以古音道之，必有能聽之者。是為記。[124]

儒家主張「聲音之道與政通」，朱熹大體亦是如此。[125] 君子「窮則獨善其身」，故當慎獨修身，使心靈保持於良善狀態；「達則兼善天下」，得志時則將良善之志推加於民人。「心和─聲和─政和─物無不和」的連鎖邏輯，是《樂記》以來的傳統，也是《中庸》「致中和」的核心；「和者，天下之達道也」。「和」，是朱熹古琴音樂美學的核心，朱熹賦予天

---

[123] 參熊浩莉（2017）。劉婷婷（2009）。

[124] 《朱子遺集》卷5。793。原作「劭熙五年四月甲申」，據光緒《諸暨縣志‧金石志》載，朱熹在淳熙五年訪琴塢友人屠道，撰〈琴塢記〉，故「劭熙五年」當誤。

[125] 《語類》中兩則記載，朱熹言「政如聽琴而知其心在螳螂捕蟬耳」、「如古人於琴聲中知有殺心者耳」可證。見卷44。1572-1573。此典取自蔡邕，見《後漢書》本傳。

理自然的蘊義；朱熹的理解是「從容不迫」、「無乖戾之心」。[126] 是以對周敦頤以古琴追求「淡」之說有所保留。周敦頤說：

> 故樂聲淡而不傷，和而不淫，入其耳，感其心，莫不淡且和焉。淡則欲心平，和則躁心釋。
> 樂聲淡則聽心平，樂辭善則歌者慕，故風移而俗易矣。妖聲豔辭之化也亦然。[127]

朱熹認為：

> 聖人說政以寬為本，而今反欲其嚴，正如古樂以和為主，而周子反欲其淡。蓋今之所謂寬者，乃縱弛；所謂和者，乃哇淫；非古之所謂寬與和者。故必以是矯之，乃得其平耳。[128]

古樂以「和」為主而周敦頤追求「淡」，正如「政以寬為本」而今卻「欲其嚴」般；朱熹當時所謂「寬」、「和」不是古意，因此必須矯正，以「得其平」。言下之意，周敦頤主張之「淡」，正是矯枉以過正。故朱熹為之言詮：

> 淡者，理之發；和者，理之為。先淡後和，亦主靜之意也。然古聖賢之論樂曰「和」而已。此所謂「淡」，蓋以今樂形之，而後見於莊正齊肅之意爾。[129]

---

[126] 《四書章句集注》，72、185。
[127] 〈樂上第十七〉、〈樂上第十九〉。《通書》。《周子全書》卷9。161、164。
[128] 〈答廖子晦〉。《文集》卷45。2100。
[129] 《周子全書》卷9。161。

「淡」之說,或與《老子‧三十五章》「道之出言,淡兮其無味」有關,
進而融會儒道兩家想法。[130] 然朱熹主「和」,故古琴音韻當展現從容不
迫的悠遊、無不合情理的心思,自然而不造作。職是之故,對琴曲〈廣陵
散〉因其聲最不和平,故斷其不足取。《朱子語類》記載:

> 問:「『審其音』,如何?」曰:「辭氣音節亦得其正。如人傳嵇
> 康作〈廣陵散〉操,當魏末晉初,其怒晉欲奪魏,慢了商弦,令與宮弦相
> 似。(宮爲君,商爲臣)是臣陵君之象。其聲憤怒躁急,如人鬧相似,便
> 可見音節也。
>
> 君臣民事物是五聲所屬。如「宮亂則荒,其君驕」,宮屬君,最
> 大;羽屬物,最小。此是論聲。若商放緩便似宮聲。尋常琴家最取《廣陵
> 操》,以某觀之,其聲最不和平,有臣陵其君之意。[131]

此是依據音律的不協調而立論的。朱熹不喜〈廣陵散〉,與樓鑰的喜好很
不一致。朱熹認爲,琴弦五聲寓意著君臣關係;〈廣陵散〉呈現「臣陵
君之象」,「其聲憤怒躁急」、「最不和平」。在朱熹看來,音律和諧代
表音樂是否展現自然,使人愉悅;「雍容平淡」,自然好聽。過分強調技
巧造作,「只見繁碎」。自然愉悅,便是天理的呈現。[132] 在這標準下,

---

[130] 參蔡仲德(2003)。668-669。

[131] 《語類》卷25、78。906、2678。

[132] 朱熹說:「樂,亦只是一個樂,亦是用處自不同。古樂不可得而見矣。只如今人彈琴,亦自可
見。如誠實底人彈,便雍容平淡,自是好聽。若弄手弄腳,撰出無限不好底聲音,只見繁碎
耳。」「禮樂者,皆天理之自然。節文也是天理自然有底,和樂也是天理自然有底。」「向見一
女童,天理會得音律,其歌唱皆出於自然,蓋是稟得這一氣之全者。」《語類》卷39、87、
92。1402-1403、2973、3094。

從「游於藝」到「成於樂」：兩宋理學家與古琴文化之研究及其現代意義 | 241

今樂、古樂並無區分，全在「斟酌」二字。[133]「斟酌」，即在人之主體能否玩物適情，於朝夕游焉中收斂身心，若此，自然而然便能達到至理，並產生道德作用。[134]朱熹闡釋「格物致知」即言：「至於用力之久，而一旦豁然貫通焉，則眾物之表裡精粗無不到，而吾心之全體大用無不明矣。」[135]格物功夫之極致，即能豁然貫通；悠游於音樂亦是如此。

悠游於音樂，得以養成「中和」之正性。朱熹在〈紫陽琴銘〉說：「養君中和之正性，禁爾忿欲之邪心。乾坤無言物有則，我獨與子鉤其深。」[136]人欲展現「中和」之正性，有賴於通過自我修養方能完善；古琴有助於禁制忿欲之邪心，助益人之修養。宇宙大化的流行有其法則，理學體系與琴聲音韻，皆是與天地乾坤之精神一致與深邃的。此則將古琴賦予感通天地的地位，與宇宙大化、天理流行並行。

朱熹對古琴音樂的看法雖承續著儒家的音樂傳統，但有其十分特殊之處，即其主張「藝」有獨立性。孔子言：「志於道，據於德，依於仁，游於藝。」（《論語·述而》），朱熹註解：

此章言人之為學當如是也。蓋學莫先於立志，志道，則心存於正而不他；據德，則道得於心而不失；依仁，則德性常用而物欲不行；游藝，則小物不遺而動息有養。學者於此，有以不失其先後之序、輕重之倫焉，則

---

133 胡問：「今俗妓樂不可用否？」朱熹曰：「今州縣都用，自家如何不用得。亦在人斟酌。」《語類》卷92。3094。朱熹曾說：「今之樂，皆胡樂也，雖古之鄭衛，亦不可見矣。今〈關雎〉、〈鹿鳴〉等詩，亦有人播之歌曲。然聽之與俗樂無異，不知古樂如何。古之宮調與今之宮調無異，但恐古者用濁聲處多，今樂用清聲處多。……」《語類》卷92。3091。

134 朱熹說：「古人學樂，只是收斂身心，令入規矩，使心細而不粗，久久自然養得和樂出來。」《語類》卷35。1297。

135 《集注》。《大學章句》。20。

136 《文集》卷85。3994。

本末兼該，內外交養，日用之間，無少間隙，而涵泳從容，忽不自知其入
於聖賢之域矣。[137]

古琴，自屬「藝」之範疇，一般視爲「小物」，爲本末之「末」。朱熹
認爲，「藝」包含「禮、樂之文，射、御、書、數之法」，它們「皆至
理所寓，而日用之不可闕」，亦不可不去理會，對之「游」，在於「玩
物適情」，「朝夕游焉，以博其義理之趣，則應務有餘，而心亦無所放
矣」。[138]對「小物」不遺棄，方能使日用平常、動作休息之間絲毫沒有
間隙，從容求索，深入體會，則知「道無不包」、「道無不入」。小大精
粗、本末內外，皆做工夫，待豁然貫通，於涵泳從容之間，「忽不自知其
入於聖賢之域」。故朱熹將「藝」與「道」、「仁」、「德」列於同樣位
階，賦予「藝」之領域的自主性。

　　與朱熹同時的學者張栻，解釋「游於藝」說「藝者所以養吾德性而
已」，此是傳統儒家對「藝」的主調，一切皆以道德爲標的。對此，朱熹
提出異議：

　　……此句尤有病。蓋藝雖末節，然亦事理之當然，莫不各有自然之
則焉。曰「游於藝」者，特欲其隨事應物各不悖於其理而已。不悖於理，
則吾之德性固得其養，然初非期於爲是以養之也。……又按張子曰：「藝

---

[137] 《集注》。《論語集注》卷4。121-122。
[138] 《集注》。《論語集注》卷4。121-122。朱熹又說：「藝亦不可不去理會。如禮、樂、射、御、
書、數，一件事理會不得，此心便覺滯礙。惟是一一去理會，這道理脈絡方始一一流通，無那個
滯礙。因此又卻養得這個道理。以此知大則道無不包，小則道無不入。小大精粗，皆無滲漏，皆
是做工夫處。……『游於藝』一句，比上三句稍輕，然不可大段輕說。如上蔡云『有之不害為小
人，無之不害為君子』，則是太輕了。」《語類》卷34。1216。

者，曰爲之分義也。」詳味此句，便見得「藝」是合有之物，非必爲其可以養德性而後游之也。[139]

「藝雖末節，然亦事理之當然」，「是合有之物」，各有其自然之則。它們隨事應物，各不悖於其所應之理，乃天理之分殊，能產生道德作用，也能以道德爲目的，但它們存在的意義並不必然以道德作爲標的，所以說「非必爲其可以養德性而後游之」。若格義的對比，朱熹的音樂美學頗有康德（Immanuel Kant）主張無目的的蘊義，卻呈顯了欲達到的目的，[140]遂有「成於樂」之說。

孔子說：「興於《詩》，立於禮，成於樂。」（《論語·泰伯》）朱熹注：「按〈內則〉，十年學幼儀，十三學樂誦詩，二十而後學禮。則此三者，非小學傳授之次，乃大學終身所得之難易、先後、淺深也。」[141]指無論《詩》、禮、樂，皆是終身得用心學習，並非小學傳授次第。朱熹說，「成於樂」者，「成此心也」。[142]此「心」，即是孔子揭示的「爲己之學」，[143]即是下學上達、合內外之道的實踐之路，涵蘊著圓融

---

[139] 〈與張敬夫論癸巳論語說〉。《文集》卷31。1368。

[140] 此爲康德從關係角度分析的美學的術語。康德依據《純粹理性批判》的範疇（質、量、關係、模態四組）展開對美的分析，鑑賞判斷力也是從這四方面切入。從質的角度看，「鑑賞是通過不帶任何利害的愉悅或不悅而對一個對象或一個表象方式做評判的能力。一個這樣愉悅的對象就叫做美」；從量的角度看，「美是那沒有概念而普遍令人喜歡的東西」；從關係角度看，「美是一個對象的合目的性形式，如果這形式是沒有一個目的的表象而在對象身上被知覺到的話」；從模態角度看，「美是那沒有概念而被認作一個必然愉悅的對象的東西。」分別說明無利害感、非概念性、無目的的合目的性，以及共通感。見楊祖陶、鄧曉芒編譯（2001）。431、440、455、460。

[141] 《集注》。133。

[142] 朱熹說：「只是這一心，更無他說。『興於詩』，興此心也；『立於禮』，立此心也；『成於樂』，成此心也。今公讀詩，是興起個甚麼？」卷35。1298。

[143] 孔子說：「古之學者爲己，今之學者爲人。」（《論語·憲問》）所謂「爲己之學」，乃是自我要求精進完善，由「親親」而「仁民」、進而「愛物」的「推己及人」之道，或《大學》稱爲「絜矩之道」，使人我、人物之間，各得其宜，如是方能「成己成物」（《中庸》），實現人在天地之間的意義與價值。

諧和的價值人生。[144]朱熹又說：「樂有五聲十二律，更唱迭和，以爲歌舞，八音之節，可以養人之性情，而蕩滌其邪穢，消融其查滓。故學者之終，所以至於義精仁熟，而自和順於道德者，必於此而得之，是學之成也。」[145]乃是實踐之路的必然歷程，音樂可以「蕩滌其邪穢」、「消融其查滓」，在詩樂上展現「樂而不淫，哀而不傷」（《論語・八佾》）的哀樂中節，[146]與道德無必然關聯，但能消融人心較不完善的一面，使人趨向「義精仁熟」，「自和順於道德」的完滿，方是「學之成也」。

總的來說，朱熹主張，音樂的本質在感動人心。[147]基於如是的立論，朱熹認爲「藝」非小道，亦非末事，故而提出音律的重要：

> 人以五聲十二律爲樂之末，若不是五聲十二律，如何見得這樂？便是無樂了。五聲十二律，皆有自然之和氣。古樂不可見，要之聲律今亦難見。然今之歌曲，亦有所謂五聲十二律，方做得曲，亦似古樂一般。如彈琴亦然。只他底是邪，古樂是正，所以不同。……如金石絲竹匏土革木，雖是有許多，卻打成一片。清濁高下，長短大小，更唱迭和，皆相應，渾成一片，有自然底和氣，不是各自爲節奏。歌者，歌此而已；舞者，舞此而已。所以聽之可以和順道德者，須是先有興詩、立禮工夫，然後用樂以成之。[148]

---

[144] 參劉振維（2012）。97-158。

[145] 《語類》卷35。1297。朱熹並引述程頤之說：「古人之樂：聲音所以養其耳，采色所以養其目，歌詠所以養其性情，舞蹈所以養其血脈。今皆無之，是不得成於樂也。是以古之成材也易，今之成材也難。」

[146] 朱熹延續如是見解，在《語類》中多有記錄，特別強調「『樂而不淫，哀而不傷』，是言哀樂中節」，而非「無傷善之心」。卷25。905-906。

[147] 《語類》：「『成於樂』。曰：『而今作俗樂聒人，也聒得人動。況先王之樂中正平和，想得足以感動人。』」卷35。1298。

[148] 《語類》卷35。1300。

「五聲十二律」雖為技術，無論古樂、今樂皆需依之；若無此，怎能做得出曲子？怎能得出音律與樂曲？按朱熹的理解，「五聲十二律」承載的就是「自然底和氣」，是「天理」的分殊；因其更唱迭和皆能相應，渾然打成一片。因此，「五聲十二律」之技術並非「樂之末」。唱歌如此，舞蹈如此，彈奏古琴亦是如此。但若欲「聽之可以和順道德」，則需有興《詩》、立禮等格物工夫相配合，再佐以樂成全之。人心中一切不善，都滌盪得盡，自是純於「天理」；是為「成於樂」之意。[149]

由是可見，朱熹的古琴音樂美學核心為「和」，旨以琴聲展現的各種自然心緒，其必須透過技術性的五音十二律方能呈顯，因此朱熹深入研析琴律，定奪正聲，在「游於藝」的自主性中自在悠遊，展現從容不迫且無偏頗之心的「自然底和氣」，於不知不覺中豁然貫通，趨近至其所對應之理，瞭悟宇宙大化、天理流行，進而達到如中正平和的修身養性之境，抑或是完善「聲音之道與政通」的河宴海清；在此無目的的審美情境下，忽不自知地臻入聖賢之域，此是朱熹古琴音樂美學的特色。

肆、「弦歌不輟」的傳統之現代意義

儒學強調「禮樂」制度及其精神，於「弦歌不輟」的傳統中不斷學習。基本上，宋明理學家亦皆是如此。其中最明顯莫過於朱熹，於教學之餘，帶領學生吟唱鼓琴，休閒放逸。[150]朱熹為理學大師，然所學甚博，對古琴的彈奏與研析即是一例，這在理學家中十分特殊。錢穆指出：

---

[149] 朱熹說：「樂者，能動盪人之血氣，使人有些小不善之意著看不得，便純是天理：此所謂『成於樂』。」《語類》卷35。1297。

[150] 如《語類》卷107：「先生……及無事，領諸生遊賞，則徘徊瞻顧，緩步微吟。（賀孫）」「先生……微醺，則吟哦古文，氣調清壯。某所聞見，則先生每愛誦屈原《楚騷》，孔明《出師表》，淵明《歸去來》並詩，並杜子美數詩而已。（壽昌）」。3505、3506。

　　當時理學家風氣，爲學務求一出於正，於旁雜之學皆欲刪薙。即文史之學，亦尚以旁雜視之。學術影響於生活，故理學家常不免有拘束枯燥之嫌。其途嚴而窄。朱子力主博通，又其興趣橫逸，格物窮理，範圍無所不包，故其學似不免出於雜。[151]

　　程頤批評作文是「玩物喪志」，[152]要求人之精神集中於求理問道，無須花費精力於藝文技巧。這種「崇性理、卑藝文」的認知，[153]似乎成爲後人認識理學家的主調，故而使得生活拘束而枯燥；然頗多理學家是會鼓琴的，也專注於某些琴曲，會藏琴、斲琴，雖然不精於此道。朱熹不然，一生詩書相伴，嚮往弦歌不輟的孔顏樂處，發出「學館空廢址，鳴絃息遺歌」、「絃歌獨不嗣，山水無輝光」的慨嘆，期嚮「讀書之樂樂無窮，瑤琴一曲來薰風」的琴書生活。[154]對於友人之思念，亦多以古琴意象爲之。因此呈顯活潑潑的生活。故通過朱熹的古琴音樂美學當可探究儒學精神的現代意義。

　　現代，可從「現代性」（modernity）論起，然其極爲複雜。[155]從哲

---

[151] 錢穆（1971b）。176。

[152] 程顥、程頤（1983）。《二程集》。臺北：漢京文化公司。頁239。

[153] 此是晚宋周密批評「道學」發展流於淺陋與附偽的原因之一。《浩然齋雅談》卷上。15。〈慶元黨案〉。《宋元學案》卷97。《黃宗羲全集》第6冊。786-787。又袁桷也批評「理即詩」的主張，因取消文學修辭、格律等特性，造成創作與禪宗僧人偈語相似，自是益發淺陋。袁桷〈書括蒼周衡之詩編〉。《清容居士集》卷49。第9左頁。

[154] 〈白鹿洞故址愛其幽邃議復興建感嘆有作〉、〈奉同尤延之提學廬山雜詠十四篇・白鹿洞書院〉。《文集》卷7。469、483。〈四時讀書樂・夏景〉。《朱子佚文輯錄》。584。

[155] 「現代性」，早期較具體的意義應是出於對生活、藝文的審美省思，另外它可以作爲歷史分期的概念，也可作爲一個社會學的概念，或是作爲親身體驗的心理學範疇，也可視爲是人類發展過程中的一個「態度」，哲學家對之認爲最大特徵就是「主體性」。參梅泰・卡利內斯庫（Matei C linescu）（1999）。汪民安（2012）。河清（1994）。布萊克（Cyril Edwin Black）（1989）。吉登斯（Anthony Giddens）（1998）。馬歇爾・柏曼（Marshall H. Berman）（2003）。哈伯瑪斯（Jürgen Habermas）（2011）。等。

學意義上來看，「現代性」具有三個特點：一是「人」作為主體的「主體哲學」（Philosophy of Subjectivity）、二是「表象」（Representation）思維，三是「理性化歷程」所展現的「工具理性」（Instrumental Reason）。可是理性異化了，主體過度膨脹，使人淪於工具理性的牢籠，造成「意義」與「自由」的雙重喪失。[156]意義的喪失，造成人們的無所適從，[157]僅能於「大眾」（the Masses）中存活，因而自由亦喪失了。現代社會通過資本主義式運作的邏輯，創新各式各樣的休閒活動並不斷推廣，一切皆以商品化作為運作核心，並將人作為可以交換的商品，人等同動物放縱欲望，在不斷刺激欲望合理化之下，人們所追求的是燈紅酒綠、紙醉金迷、牟利消費、豪華享受的荒謬世界，生命糾纏於名利的漩窩，一切價值虛無化，致使人們找不到自我的精神家園而痛苦不堪，[158]這便產生嚴重的道德危機，道德理性、審美感受日漸消逝，日常逐漸淪為粗俗、不庸且毫無深度底蘊的媚俗文化與消費方式，故而產生真正的文化危機。對此，儒學「游於藝」的精神慧命或能匡正人類如是發展的偏差。

首先，古代之「藝」，實與現代「大眾」之各式喜好雷同，存在著

---

[156] 沈清松（1993）。「工具理性」是相對於「價值理性」（value reason）而言，此區分是由馬克斯·韋伯（Maximilian Emil Weber）於《社會學的基本概念》中所提出。

[157] 勞思光（2014）指出「現代性」引發了三重困境：一、「現代性」強調「解咒」（祛魅）（disenchantment），取而代之的是所謂「合理的就是有用的」之「工具理性」，「理性化」只是利害的計算，也就沒有指向未來的「道德理性」可談，故傳統與現代文化間產生許多無法相容並造成種種的衝突張力。二、「現代性」形塑的現代文化其本身即具有不完整性，如齊克果（Søren Aabye Kierkegaard）質疑的宗教墮落，馬克思（Karl Heinrich Marx）對經濟制度、生活方式提出種種剝削與不公現象之批判，以及從根本上懷疑理性思維的尼采（Friedrich Wilhelm Nietzsche）。由之剖析，可見現代文化的三個問題：包含擴張主義（expansionism）、工具理性、物化（reification）。三、反理性思潮。後現代文化興起，對現代文化加以質疑與破壞，宣稱「哲學之終結」（end of philosophy），呈顯了片段化（fragmentation）、特權化（privilege）、虛無化（nihilization）等病態。1-50。

[158] 參齊蒙特·鮑曼（Zygmunt Bauman）（2001）。

同樣的義理，分殊著天理。今日之「藝」，包含學術上的哲學、政治、教育、社會、文學、歷史等學門，藝術上的影劇、音樂、舞蹈、美術、設計等面向，體育上的各項運動、軍事、武功、射擊、電競等領域，技術上的科學、科技、駕駛（飛機、太空船……）等層面，範域擴及面向十分廣大。而其中最能聚眾的，即是訴諸於人欲最基本部分的吃喝玩樂之消費性活動。但是，誠如朱熹所揭示的，任何「藝」皆含有基礎工夫或技術之成分，必須費時費力練習方能臻至熟能生巧之境。然差別在於，該「藝」之「巧」是否符應道德人性，讓人得以怡情養性而有益於身心健康，甚至於有利於國計民生。因此，對於工具理性形塑出的諸藝，儒學不應再以衛道之姿加以排拒，應思索如何使現代諸藝升華以體現價值理性。朱熹曾言「藝是小學功夫」，代表其是不容忽略的基礎，所以朱熹主張當通過對「藝」的「從容潛玩」，「至於用力之久，而一旦豁然貫通焉，則眾物之表裡精粗無不到，而吾心之全體大用無不明矣」，通過對諸藝的潛玩，達致「豁然貫通」，此即是「格物」而「致知」的功夫，如是方得以成為「志於道、據於德、依於仁」的外在展現，是為臻至道德境界的實踐功夫。[159]因此，儒學應拋除道德保守主義的的包袱，面向新的現代世界，擁抱諸藝，闡述其中的義理。

其次，今日諸藝主要呈現在「對抗」式輸贏的競爭之上，技術為上的目標導向，失去道德人性的光芒，故缺乏藝術化的人生境界，該發展趨向應適可而止。然此乃是根植於「現代性」主體性原則之上，人與一切存在物、包括人與其自身的一切關係，皆以有用與否作為判準，人與世界的關係成為物與物的關係，使得現代人的形成過程是一個不斷個體化（in-

---

[159] 錢穆（1998）亦主此說：「孔子時，禮、樂、射、御、書、數謂之六藝。人之習於藝，如魚在水，忘其為水，斯有游泳自如之樂。故游於藝，不僅可以成才，亦所以進德。」237。

dividuation）與物化（reification）的過程，人陷於本能衝動（Drang）的欲望，失去人性，而失去價值理性引導的危機，形成莫可奈何的新野蠻悲劇。[160] 人與社會、人與他人，甚至人與自己皆產生疏離，一切顯得毫無意義。但傳統儒學早就指出人禽不同與作為「人」之意義與價值，故而倡導人道之尊、人性之善、人文之美。孔子揭示「游於藝」，便是希冀塑造「文質彬彬」的理想人格，體現不為物憂的人格境界，[161] 以及樂天知命的生命曠味。[162] 朱熹釋「玩物適情之謂」，即是指學習者在學習過程中，自當嫻熟其中技藝，但更應在此過程中同時感受心靈的愉悅，從而進入悠游、閑適的境地。因此，面對「現代性」下「大眾」之人欲氾濫的諸藝，除肯定其中合理性外，必須不斷提醒人生的意義與超越，方有可能將自身從慾望陷阱中拯救出來。於此，宋明儒學「天理」與「人欲」之辯，似乎更顯其視野的深邃。更重要是，人悠游從容於「藝」之際，無論輸贏，一旦豁然貫通，當能「忽不自知其入於聖賢之域」。

第三，對於人生意義的追求仍需以價值理性作為引導，因此，工具理性與價值理性必須保持於恰當的平衡位置。價值理性得為工具理性提供精神動力，但若無工具理性存在，價值理性也難以實踐。面對現代工具理性的氾濫，仍需延續當代新儒家前賢的呼聲與警醒，傳統儒學的精神慧命得以作為當代人們安身立命之所。[163] 譬如中國傳統文化中被稱為「四藝」

---

160 關於這點，一直是法蘭克福學派關注的焦點，如霍克海默與阿多諾（2006）在「前言」指出，該書的動機就在於「揭示人類沒有進入真正的人性狀態，反而深深地陷了野蠻的狀態，其原因究竟為何」。

161 如孔子說：「飯疏食，飲水，曲肱而枕之，樂亦在其中矣。不義而富且貴，於我如浮雲。」（《論語・述而》）

162 如孔子說：「富而可求也，雖執鞭之士吾亦為之；如不可求，從吾所好。」（《論語・述而》）

163 劉振維（2016）。

的「琴棋書畫」，[164]琴有「琴德」、棋有「棋道」、書有「書法」、畫有「畫理」，即是將技藝提升至某種精神境界，並與文人人格修為相融，形成一個極為特殊的「人文」文化現象，此即是價值理性與工具理性恰如其分的融匯之例。這彰顯的意義是多層面的，亦是孔子、朱熹「游於藝」的精神；而它是儒學「弦歌不輟」傳統生活方式的哲學特色。

人生自當追尋一條境界的上升之路，宛如古希臘神話故事十字路口的海克力斯（Hercules），善惡的選擇決定了未來的人生幸福與否。通過「游於藝」，從悠游自在、從容不迫到知識貫通、德行養成、「幾與理為一」的歷程，可以提醒我們，人生的任何追尋無法躐等，格物致知的工夫論與安身立命的修養論有其必要，諸「藝」之物也有其必要之位置，與天理相互輝映，並非懸空或落於經驗而價值貶抑。「游於藝」之「游」，得以證明價值理性引導的必要，在日用平常間的悠游自娛與自省中，忽不自知地跨入聖賢之域，是為「無目的的目的」的美學之思，也就是「成於樂」的完善。「游於藝」的精神正是今日教育最為疏忽之處。而此有助於「現代性」發展工具理性下所產生的偏失。

由是簡單地析論，傳統儒學「弦歌不輟」的精神，無疑可補苴「現代性」理性化歷程的偏失，找回人的意義與真正的自由。通過兩宋理學家對古琴之涵養的美學，當有助於糾正現代「大眾」諸藝過度商品化的金錢衡量、人欲氾濫的偏失，其「游於藝」帶來的音樂美學，有助於人們脫離現代性漩窩的鐵籠，而重新省私人的主體，以及主體與團體間的適當關係。

---

[164] 「琴棋書畫」並稱首見唐張彥遠編。〈唐何延之蘭亭記〉。《法書要錄》卷三。將「琴棋（碁）書畫」稱為「四藝」，最早見於李漁。〈聲容部・習技第四・文藝〉。《閒情偶寄》卷七。

伍、結論

　　本文從兩宋理學家與古琴文化的關係探究起，進而論述理學家的古琴音樂美學，已能證明兩宋理學家與古琴文化間的關係是十分密切的，善於鼓琴者不在少數，但是除了朱熹對古琴音律與音樂美學有特殊貢獻外，其他理學家並無特殊的理論見解。不過，儒學傳統「弦歌不輟」的學習生活依然延續。古琴風行的兩宋，理學不可能不受影響。在理學家們的詩文集中，我們得以發現，理學家們琴書相伴於日用平常間，不時通過與古琴相關典故自勉或勵人，如趙抃攜一琴一鶴入蜀彰顯治績最為常見。諸此，呈顯理學家在道貌岸然之外的另一層面，與「弦歌不輟」的學習生活並無後人認知的巨大落差。此得以補實如陳榮捷、馮友蘭、牟宗三、陳來等前賢對理學理解的不足。

　　理學家的古琴音樂觀，基本上是在《樂記》的基礎上呈現人與外在事物的和諧與統一，音樂同於「天地」、「得其自然」。音樂核心是「淡」、「和」，目地在使人「心平」，哀而未傷，樂而未淫，以達政治安樂之效。「淡」、「和」的音樂觀點，對後世古琴音樂無疑產生頗大的影響，故南宋理學家與方外人士（特別是道士）的琴人交流並無任何違和，也吸收道家或道教捨世或離世的觀點，呈顯衰世人心普遍的現象，也使理學的「天理」似已轉為宿命的無奈。然其中朱熹創發是不容忽略的，其最大貢獻是揭示了人從「游於藝」到「成於樂」的成長過程，通過音樂得以袪除心中不完善的一面，進而使人趨向完滿；清楚指出人間的理性思索、道德成就需佐以藝文音樂的涵養，不可失卻精神生活與生命境界的追尋。從「游於藝」到「成於樂」之無目的的審美情境與人生實踐道路，正是朱熹古琴音樂美學的特色。《禮記・曲禮下》早已明言「士無故不徹琴瑟」，理學家並未遺忘「弦歌不輟」的儒學傳統，而是當代儒學在「現代性」思維之下不知不覺中淡忘了。

　　從本文研究可以總結的說，理學家與古琴文化並不疏離，只是在「文以載道」的束縛下被忽略了，於「玩物喪志」的警省下被壓抑了，強調「崇性理、卑藝文」下忘卻了「弦歌不輟」的孔子之教，也離卻了朱熹的格物致知的工夫。理學家與琴人追求的人生目標固然不一，所呈顯出的古琴文化也自有差異，不過均豐富的古琴文化的內涵。以朱熹為核心的古琴音樂美學，得以讓我們反思，儒學精神與現代「大眾」的諸藝並無不合，然需以價值理性引導工具理性，有助於人們脫離現代性漩渦的鐵籠，而重新找回人的真正主體，以及主體與團體間的適當關係。

參考文獻

一、傳統典籍（依作者時代先後排序）

晉・陳壽（1997）。《三國志》。《二十四史》第4冊。北京：中華書局。

南朝宋・范曄（1997）。《後漢書》。《二十四史》第3冊。北京：中華書局。

唐・孔穎達疏（1993）。《尚書正義》。《十三經注疏》第1冊。臺北：藝文印書館。

唐・張彥遠編（1983）。《法書要錄》。《景印文淵閣四庫全書》第812冊。臺北：臺灣商務印書館。

唐・元稹（1983）。《元氏長慶集》。《景印文淵閣四庫全書》第1079冊。臺北：臺灣商務印書館。

宋・歐陽脩撰、李逸安點校（2001）。《歐陽修全集》。北京：中華書局。

宋・趙抃，四川大學古籍研究所編纂（2004）。《趙清獻公文集》。《宋集珍本叢刊》第6冊。北京：線裝書局。

宋・邵雍著，郭彧整理（2010）。《邵雍集》。北京：中華書局。

宋・周敦頤著，清・胡寶瑛編（1990）。《周子全書》。臺北：武陵出版社。

宋・張載撰（1983）。《張載集》。臺北：漢京文化公司。

宋・沈括（1983）。《夢溪筆談》。《景印文淵閣四庫全書》第862冊。臺北：臺灣商務印書館。

宋・二程子（1983）。《二程集》。臺北：漢京文化公司。

宋・朱長文（1983）。《琴史》。《景印文淵閣四庫全書》第839冊。臺北：臺灣商務印書館。

宋・葉夢得（1983）。《石林詩話》。《景印文淵閣四庫全書》第1478冊。臺北：臺灣商務印書館。

宋・朱松（1983）。《韋齋集》。《景印文淵閣四庫全書》第1133冊。臺北：臺灣商務印書館。

宋・葉紹翁撰，沈錫麟、馮惠民點校（1989）。《四朝聞見錄》。北京：中華書局。

宋・劉子翬（1983）。《屏山集》。《景印文淵閣四庫全書》第1134冊。臺北：臺灣商務印書館。

宋·朱熹著，朱傑人、嚴佐之、劉永翔主編（2002）。《四書章句集注》。《朱子全書》第6冊。上海：上海古籍出版社、合肥：安徽教育出版社。

宋·朱熹著，朱傑人、嚴佐之、劉永翔主編（2002）。《晦庵先生朱文公文集》。《朱子全書》第20-25冊。上海：上海古籍出版社、合肥：安徽教育出版社。

宋·朱熹著，朱傑人、嚴佐之、劉永翔主編（2002）。《朱子遺集》。《朱子全書》第26冊。上海：上海古籍出版社、合肥：安徽教育出版社。

宋·張栻撰，鄧洪波校點（2010）。《張栻集》。長沙：嶽麓書社。

宋·樓鑰（1983）。《攻媿集》。《景印文淵閣四庫全書》第1152-1153冊。臺北：臺灣商務印書館。

宋·姜夔著，王雲五主編（1935-1937）。《姜氏詩說》。《叢書集成初編》第2571冊。上海：商務印書館。

宋·黎靖德編，朱傑人、嚴佐之、劉永翔主編（2002）。《朱子語類》。《朱子全書》第14-18冊。上海：上海古籍出版社、合肥：安徽教育出版社。

宋·魏了翁（1983）。《鶴山集》。《景印文淵閣四庫全書》第1172-1173冊。臺北：臺灣商務印書館。

宋·真德秀（1983）。《西山文集》。《景印文淵閣四庫全書》第1174冊。臺北：臺灣商務印書館。

宋·文天祥（1983）。《文山集》。《景印文淵閣四庫全書》第1184冊。臺北：臺灣商務印書館。

宋·周密撰，孔凡禮點校（2010）。《浩然齋雅談》。北京：中華書局。

元·袁桷（1983）。《清容居士集》。《景印文淵閣四庫全書》第1203冊。臺北：臺灣商務印書館。

元·吳澄（1983）。《吳文正集》。《景印文淵閣四庫全書》第1197冊。臺北：臺灣商務印書館。

元·吳澄著，清·曹秋嶽選輯（1964）。《琴言十則附指法譜》。《學海類編》第103冊。臺北：文海出版社。

元·脫脫等撰（1997）。《宋史》。《二十四史》第14-16冊。北京：中華書局。

明·朱權著，中國藝術研究院音樂研究所、北京古琴研究會編（2010）。《神奇秘譜》。《琴曲集成》第1冊。北京：中華書局。

明·楊表正撰輯，中國藝術研究院音樂研究所、北京古琴研究會編（2010）。《重修眞傳琴譜》。《琴曲集成》第4冊。北京：中華書局。

明·蕭鸞著，中國藝術研究院音樂研究所、北京古琴研究會編（2010）。《杏莊太音續譜》。《琴曲集成》第3冊。北京：中華書局。

明·尹爾韜編輯，孫淦重訂，中國藝術研究院音樂研究所、北京古琴研究會編（2010）。《徽言秘旨訂》。《琴曲集成》第10冊。北京：中華書局。

明·黃宗羲著，沈善洪主編（2005）。《宋元學案》。《黃宗羲全集》第3-6冊。杭州：浙江古籍出版社。

清·胡文煥編，中國藝術研究院音樂研究所、北京古琴研究會編（2010）。《文會堂琴譜》。《琴曲集成》第6冊。北京：中華書局。

清·徐祺編，中國藝術研究院音樂研究所、北京古琴研究會編（2010）。《五知齋琴譜》。《琴曲集成》第14冊。北京：中華書局。

清·李漁（1995）。《閒情偶寄》。《續修四庫全書》1186冊。上海：上海古籍出版社。

清·王懋竑（1984）。《朱子年譜》。臺北：世界書局。

清·蔣士銓（1995）。《忠雅堂文集》。《續修四庫全書》第1436-1437冊。上海：上海古籍出版社。

清·孫希旦（1988）。《禮記集解》。臺北：文史哲出版社。

清·吳錫麒（1995）。《有正味齋詩集》。《續修四庫全書》第1468冊。上海：上海古籍出版社。

清·徐經（1998）。《雅歌堂髤杅詩話》。《全宋詩》第68冊。北京：北京大學出版社。

清·郭慶藩集釋，王孝魚點校（1961）。《莊子集釋》。北京：中華書局。

清·陳遹聲、蔣鴻藻纂修《諸暨縣志》。

朱述祖等纂修。《古吳朱氏宗譜》（民國四年敘化堂鉛印本，北京中國社會科學院歷史研究所圖書館1985微捲）。

二、研究書目（依作者姓氏筆畫排序）

王世襄（2007）。《自珍集》。北京：三聯書店。

王照圓（2012）。《列女傳補注》。上海：華東師範大學出版社。

布萊克（Cyril Edwin Black）著，景耀進、張靜譯（1989）。《現代化的動力——一個比較史的研究》（*The Dynamic of Modernization: A Study in Comparative History*, 1966）。杭州：浙江人民出版社。

吉登斯（Anthony Giddens）著，趙旭東、方文譯（1998）。《現代性與自我認同：現代晚期的自我與社會》（*Modernity and Self-Identity: Self and Society in the Late Modern Age*, 1991）。北京：三聯書店。

汪民安（2012）。《現代性》。南京：南京大學出版社。

何曼庵（1984）。《禮山草堂緒餘》。香港：何曼庵叢書第六種。

河清（1994）。《現代與後現代：西方藝術文化小史》。香港：三聯書店。

金文達（1981）。《中國古代音樂史》。北京：人民音樂出版社。

哈伯瑪斯（Jürgen Habermas）著，曹衛東譯（2011）。《現代性的哲學話語》（*Der Philosophische Diskurs Der Moderne*, 1985）。南京：譯林出版社。

范曉利（2017）。《儒家琴學思想史》。北京：紅旗出版社。

徐公喜（2018）。《朱子門人學案》。南昌：江西人民出版社。

馬克斯・韋伯著，顧忠華譯（2005）。《社會學的基本概念》。《韋伯作品集》。桂林：廣西師範大學出版社。第7冊。

馬庫色（Herbert Marcuse）著，李明璁譯（2015）。《單向度的人：發達工業社會的意識型態研究》（*One Dimensional Man: Studies in the Ideology of Advanced Industrial Society*, 1964）。臺北：麥田出版社。

馬歇爾・柏曼（Marshall H. Berman）著，徐大建、張輯譯（2003）。《一切堅固的東西都煙消雲散了——現代性體驗》（*All That Is Solid Melts Into Air: The Experience of Modernity*, 1982）。北京：商務印書館。

章華英（2013），《宋代古琴音樂研究》。北京：中華書局。

陳榮捷（2007）。《朱子門人》。上海：華東師範大學出版社。

勞思光（2014）。《當代西方思想的困局》。臺北：臺灣商務印書館。

楊祖陶、鄧曉芒編譯（2001）。《康德三大批判精粹》。北京：人民出版社。

楊蔭瀏（1981）。《中國古代音樂史稿》。北京：人民音樂出版社。

齊格蒙特・鮑曼（Zygmunt Bauman）著，郭國良、徐建華譯（2001）。《全球化——人類的後果》（Globalization: The Human Consequences, 1998）。北京：商務印書館。

劉子健著、趙冬梅譯（2002）。《中國轉向內在——兩宋之際的文化內向》。南京：江蘇人民出版社。

劉振維（2012）。《論先秦儒家思想中禮的人文精神》。新北：花木蘭文化出版社。

蔡仲德（2003）：《中國音樂美學史》。北京：人民音樂出版社。

霍克海默（Max Horkheimer）、阿多諾（Theodor Ludwig Wiesengrund Adorno）著，莊敬東、曹衛東譯（2006）。《啟蒙辯證法：哲學斷片》。上海：上海人民出版社。

龍榆生（1985）。《東坡樂府箋》。臺北：華正書局。

錢穆（1971a）。《朱子新學案》。臺北：三民書局。

錢穆（1971b）：《朱子學提綱》。臺北：東大圖書公司。

錢穆（1977）。《宋明理學概述》。臺北：臺灣學生書局。

錢穆（1998）。《論語新解》。《錢賓四先生全集》第3冊。臺北：聯經出版事業公司。

三、期刊或專書論文（依作者姓氏筆畫排序）

李玫（2008）。〈《琴律說》文本解讀——兼及常見的校勘錯誤〉。《音樂研究》5: 79-80。

沈清松（1993）。〈從現代到後現代〉。《哲學雜誌》4:4-25。

章瑜（2018）。〈宋代古琴音樂文化整體歷史發展思考——編年史體例與宋代古琴音樂文化研究〉。《音樂文化研究》3:71-80。

梅泰・卡利內斯庫（Matei C linescu）著，顧愛彬譯（1999）。〈兩種現代性〉，《南京大學學報（哲學・人文科學・社會科學版）》3:50-52。

康勤（2016）。〈論《樂記》對宋代理學家樂論的塑形〉。《學術界》05:177-185。

黃樹志（2015）。〈中國古代琴弦用思考〉。耿慧玲、鄭煒明、段炳昌、王衛東、劉振維、龔敏主編《琴學薈萃：第五屆古琴國際學術研討會論文集》31-36。濟南：齊魯書社。

熊浩莉（2017）。〈理學與晚宋士風〉。《西南大學學報（社會科學版）》43卷3:168-173。

劉婷婷（2009）。〈衰世多信鬼──宋季士大夫與相士交往詩文透視〉。《文學遺產》6:57-64。

劉振維（2018）。〈從朱熹理解的古琴聲韻論其音樂美學〉。《應用倫理評論》65:147-179。

劉振維（2016）。〈試論儒家面對現代性生活世界之挑戰〉。《止善》21期31-62。

劉振維（2010）。〈朱熹與古琴〉。耿慧玲、鄭煒明、劉振維、龔敏主編《琴學薈萃：第一屆古琴國際學術研討會論文集》309-328。濟南：齊魯書社。

劉澤亮（2002）。〈從《五經》到《四書》：儒學典據嬗變及其意義──兼論朱子對禪佛思想挑戰的回應〉。《東南學術》6:14-19。

歐陽平彪（2017）。〈周敦頤與古琴考述〉。《湖南科技學院學報》38:8，27-30。

四、其他（包含會議論文、網路訊息）

丁怡（2018）：「24位世界哲學家訪談⑦｜陳來：跨文化對話、人倫日用中，儒學『又新』」。2018年8月5日刊於「文匯網」（網址：http://wenhui.whb.cn/zhu-zhan/jtxw/20180805/206815.html）。查詢日期：2019年7月24日。

吳釗（2016）。〈劉少椿舊藏朱熹制靈機式古琴亮相北京匡時2016秋拍〉。雅昌藝術網（網址：https://news.artron.net/20161124/n886996.html）。查詢日期：2018年7月25日。

邱紹雯（2011）。〈看「琴為何物」：朱熹古琴「冰磬」尋知音〉。2011年8月20日《自由時報》（網址：http://news.ltn.com.tw/news/local/paper/517881）。查詢日期：2018年7月25日。

淄博市情網（2012）。〈朱熹琴〉。百度百科（網址：https://baike.baidu.com/item/朱熹琴/5064571?fr =aladdin）。查詢日期：2018年7月25日。

陳成（2019）。〈擘托名實考〉。《第十屆古琴國際學術研討會》。西安：西安
　音樂學院。

劉振維（2019）。〈南宋理學家與古琴〉。《第十屆古琴國際學術研討會》。西
　安：西安音樂學院。

劉振維（2018）。〈從「游於藝」到「成於樂」：論朱熹的古琴音樂思想及其
　意義〉。《「朱熹思想的當代價值」國際學術研討會——紀念朱熹誕辰888週
　年》。成都：四川師範大學。

劉振維（2018）。〈北宋理學家與古琴〉。《2018古琴國際學術研討會》。麗
　江：藝兮坊。

From "Enjoying the Arts" to "Attaining Fulfillment in Music": A Study of Two Songs Time Confucianism and Qin Culture

Liu, Cheng-Wei

Professor, General Education Center, ChaoYang University of Technology

Abstract

In the *Analects* Confucius proposes to "enjoy the arts" and to "attain fulfillment in music" in order to further moral man's moral character. In recent years research on qin music aesthetics has echoed these views. This research project endeavors to study the relation between Song times Confucianism and qin music culture in order to fill a blanc space in the study of qin aesthetics as well as Confucian philosophy. Both Confucianism and the qin have had a formative influence on Chinese culture throughout the last 2500 years. In the course of this development they merged efforts often. It is stated in the *Book of Rites* that "the scholars put down the qin and se only for a reason". But in Song times the philosopher Cheng Yi was critical of the arts. as he saw them as a distraction. This kind of criticism did not have any influence on Zhu Xi who devoted considerable effort to the study of the *qin*. This research tries to shed light on the understanding of the *qin* and its role in personal moral fulfillment during the Song period. Due to the high development of the arts and culture in Song times, this research will be a valuable source for re-examination for the present.

Keywords: Neo-Confucianism, Guqin, Culture, Enjoying the Arts, Attaining Fulfillment in Music

家圖書館出版品預行編目資料

灣社會的多元發展與融合／中國哲學
會編著. -- 初版. -- 臺北市：五南
圖書出版股份有限公司, 2022.12
　面；　公分. --（中國哲學會學術集
　刊；5）
ISBN 978-626-343-481-3（平裝）

1.CST: 中國哲學　2.CST: 文集

7　　　　　　　　　111017050

PH05 中國哲學會學術集刊 05

台灣社會的多元發展與融合

編 著 者：中國哲學會

發 行 人：楊榮川

總 經 理：楊士清

總 編 輯：楊秀麗

主　　編：蔡宗沂

執行編輯：李偉銘

美術設計：姚孝慈

出 版 者：五南圖書出版股份有限公司

地　　址：106臺北市大安區和平東路二段339號4樓

電　　話：(02)2705-5066　　傳 真：(02)2706-6100

網　　址：https://www.wunan.com.tw

電子郵件：wunan@wunan.com.tw

劃撥帳號：01068953

戶　　名：五南圖書出版股份有限公司

法律顧問：林勝安律師事務所　林勝安律師

出版日期：2022年12月初版一刷

定　　價：新臺幣350元

經典永恆・名著常在

五十週年的獻禮 —— 經典名著文庫

五南，五十年了，半個世紀，人生旅程的一大半，走過來了。
思索著，邁向百年的未來歷程，能為知識界、文化學術界作些什麼？
在速食文化的生態下，有什麼值得讓人雋永品味的？

歷代經典・當今名著，經過時間的洗禮，千錘百鍊，流傳至今，光芒耀人；
不僅使我們能領悟前人的智慧，同時也增深加廣我們思考的深度與視野。
我們決心投入巨資，有計畫的系統梳選，成立「經典名著文庫」，
希望收入古今中外思想性的、充滿睿智與獨見的經典、名著。
這是一項理想性的、永續性的巨大出版工程。
不在意讀者的眾寡，只考慮它的學術價值，力求完整展現先哲思想的軌跡；
為知識界開啟一片智慧之窗，營造一座百花綻放的世界文明公園，
任君遨遊、取菁吸蜜、嘉惠學子！